# 新时期大学生社会责任感教育研究

陈然然 著

北京工业大学出版社

图书在版编目（CIP）数据

新时期大学生社会责任感教育研究 / 陈然然著. —
北京 ：北京工业大学出版社，2021.4
ISBN 978-7-5639-7914-1

Ⅰ. ①新… Ⅱ. ①陈… Ⅲ. ①大学生－社会责任－责任感－教育研究－中国 Ⅳ. ①G641.6

中国版本图书馆 CIP 数据核字（2021）第 081804 号

# 新时期大学生社会责任感教育研究

XINSHIQI DAXUESHENG SHEHUI ZERENGAN JIAOYU YANJIU

**著　　者**：陈然然
**责任编辑**：郭志霄
**封面设计**：知更壹点
**出版发行**：北京工业大学出版社
（北京市朝阳区平乐园 100 号　邮编：100124）
010-67391722（传真）　bgdcbs@sina.com
**经销单位**：全国各地新华书店
**承印单位**：天津和萱印刷有限公司
**开　　本**：710 毫米 ×1000 毫米　1/16
**印　　张**：13.25
**字　　数**：265 千字
**版　　次**：2022 年 1 月第 1 版
**印　　次**：2022 年 1 月第 1 次印刷
**标准书号**：ISBN 978-7-5639-7914-1
**定　　价**：80.00 元

# 作者简介

陈然然，女，1982 年 10 月出生，内蒙古赤峰人，毕业于燕山大学，研究生学历，在广东海洋大学任辅导员、助理研究员。研究方向：思想政治教育专业。主持并完成广东省教育厅科研项目两项、主编教材一部，发表论文十余篇。

# 前言

当前，中国特色社会主义建设进入新时期，大学生社会责任感教育受到党和国家的高度重视。党和国家通过制定一系列相关政策，颁布一系列相关法律，制定一系列发展规划来推进新时代大学生社会责任感教育的发展。习近平总书记在中国共产党第十九次全国代表大会上做的题为《决胜全面建成小康社会 夺取新时代中国特色社会主义伟大胜利》的报告中明确指出："青年一代有理想、有本领、有担当，国家就有前途，民族就有希望。"这实际上为新时代大学生的培养提出了"三有"标准，即"有理想、有本领、有担当"，具体来说就是：有实现中华民族伟大复兴中国梦的伟大理想，有建设新时代中国特色社会主义的过硬本领，有承担新时期大学生社会责任的有力担当。为了培养"三有"大学生，增强新时期大学生社会责任感教育的实效性，提高高校思想政治教育的质量，我们要加强新时期大学生社会责任感教育。可见，新时期大学生社会责任感教育研究是建立在一定问题基础上的，是对新时期大学生社会责任感教育面临一系列新问题的时代回应，具有深刻的时代背景和重要研究意义。

全书共八章。第一章为绪论，主要阐述了大学生社会责任感相关概念界定、大学生社会责任感教育的理论依据、大学生社会责任感教育的重要意义等内容；第二章为大学生社会责任感的现状，主要阐述了当代大学生社会责任感现状、大学生社会责任感存在问题的原因等内容；第三章为大学生社会责任感教育的内容，主要阐述了大学生社会责任感教育的基本内容和大学生社会责任感教育的重要内容等；第四章为大学生社会责任感教育的理念，主要阐述了大学生社会责任感教育理念的内涵和大学生社会责任感教育理念的意义等内容；第五章为大学生社会责任感教育的原则，主要阐述了大学生社会责任感教育的一般原则和大学生社会责任感教育的特殊原则等内容；第六章为大学生社会责任感内在生成机制，主要阐述了大学生社会责任感心理机制、大学生社会责任感动力机制、大学生社会责任感能力机制等内容；第七章为大学生社会责任感外在培育机制，主要阐述了大学生社会责任感导向机制、大学生社会责任感激励机制、大学生社会责任感保障机制、大学生社会责任感调节机制等内容；第八章为大学生社会责任感教育的目标和路径，主要阐述了大学生社会责任感教育的目标和大学生社会责任感教育的路径等内容。

为了确保研究内容的丰富性和多样性，笔者在写作过程中参考了大量理论与研究文献，在此向涉及的专家学者表示衷心的感谢。

最后，限于笔者水平，加之时间仓促，本书难免存在一些疏漏，在此，恳请同行专家和读者朋友批评指正！

# 目　录

# 第一章 绪 论

学生社会责任感的强弱不仅关系大学生自身成长，更关系国家安危、民族兴亡。增强大学生的社会责任感是思想政治教育的重要内容，也是学校、家庭、社会共同的责任。强化大学生的成人观念、感恩意识、文化传承自觉和担当精神，是增强大学生社会责任感的有效途径。本章分为大学生社会责任感相关概念界定、大学生社会责任感教育的理论依据、大学生社会责任感教育的重要意义三部分。主要内容包括：责任与责任感、社会责任感与大学生社会责任感、马克思主义相关理论、国外教育学相关理论、社会心理学相关理论等内容。

## 第一节 大学生社会责任感相关概念界定

### 一、责任与责任感

#### （一）责任

1. 责任的概念

在日常生活中，我们经常提到“责任”一词，并不感到陌生，责任强调每个人应该对自己、朋友、亲人负责任，做一个有责任心的人。纵观古今中外各国的发展历史，人们对于“责任”的定义和理解有很多种不同的说法，关于责任的相关名人名言举不胜举。在中国历史上，顾炎武曾提过“天下兴亡，匹夫有责”，将国家的盛衰与个人的责任结合起来；诸葛亮在《后出师表》文章里讲“鞠躬尽瘁，死而后已”，教导人们勤恳踏实，尽自己的全力做事；梁启超认为“人生须知负责任的苦处，才能知道尽责任的乐趣”；李大钊提出“铁肩担道义”，鼓励有志之士要敢于匡扶正义、担当重大责任；我们中国共产党的根本宗旨就是全心全意为人民服务。在国外历史上，很多思想家也对“责任”提出了自己的见解。最早对“责任”含义进行界定的是古希腊著名的哲学家苏格拉底，他认为“责任”是作为符合善良标准的公民，必须要具备为国家、为人民服务的实践能力、担当。马克思提到，“作为确定的人，现实的人，你就有规定就有使命，就有任务，至于你是否意识到这一点，那是无所谓的”。他还提到，“社会中有很多必须去做的事，但是人们不是都愿意去做，这就是责任的含义”。从他的话中可以明白，一个有担当能力的人，就要主动承担职责，完成自己的任务，如果放弃担当，则会受到谴责。英国的丘吉尔认为“高尚、伟大的代价就是责任”。列夫·托尔斯泰说过，“一个人若是没有热情，他将一事无成，而热情的基点正是责任心”。从这些名人名言中可以看到责任对人们生活的重要性，责任是一个人应具备的最基本素质。

“责任”从其字面意义上来看，可以分为“责”与“任”两层意思，“责”是说应当按照一定的规范、标准来完成事情，“任”则是说对他人和事情要有承受、担当能力。我国出版的《汉语大词典》中关于“责任”的定义为：一是使人们肩负起某种职责或职务，二是要履行自己应该完成的义务，三是对自己应该做的事没做或没做好的事所承受的惩罚和后果。从这一解释可以看出，责任就是要求我们做好应做之事，如若没有按标准做到，就会受到相应的惩罚。人是具有社会属性的个体，人们的生存环境与社会密不可分，每个个体都肩负着不同的责任，是不可推卸的，要想体现出自身的价值，就要敢于承担，认真完成该做的事情，积极履行义务。

“责任”一词涉及的内容和领域较为广泛，国内外学者众说纷纭，目前还没有统一的定论。对此，在结合已有的不同说法的基础上，笔者认为“责任”是指有担当能力的人按照一定的社会准则和标准，对自己的分内之事应尽职尽责完成，如若不能勇于担当而选择推卸，则会得到一定的惩处。责任是社会历史发展的结果，本质属性表现为具有社会性。责任是人特有的情感表现，我们每个人对他人、对家庭、对国家甚至对全世界都存在着一种使命，在这种使命意识的支配之下，将其内化于心，最终落实并体现在自己的行动上，达到知行合一。

2. 责任的结构

（1）关于责任结构的定位

责任即职责任务：责有索取负责、责罚之意，任有任务担负、任职之意。只要是社会主体，就应负有一般意义上的责任。责任的约束可以有法律、法规、规章及伦理、道德等。就责任的追究来说，可以有舆论批评、纪律处分、行政处分、诉讼责任、侵权赔偿、刑罚处罚等，这个定义在青少年责任感研究中做课题设计很难把握，需要对其进行结构上的明确。

我们在研究中，对责任结构进行了划分，见表1-1，将责任分为义务责任、职务责任和代价责任。义务责任是指在一个群体内每个成员都应该遵守一定的责任规范，主动承担相应的义务，这是最起码的责任底线，如果做不到或做不好，都会受到该群体的排斥、谴责、批评。职务责任是指在其职谋其责，这个层面的责任是具有强制性质的，必须履行，不可推卸，对其约束可以有法律、法规、规章及伦理、道德等。改革开放以来，在管理思路上不断完善的目标责任制，责任落实到人，就是对职务责任的认知和应用。代价责任是指如果不能完成职务责任，将要受到责任的追究，这些追究可以有舆论批评、纪律处分、行政处分、诉讼责任、侵权赔偿、刑罚处罚等。换言之，失职的人，要付出被追究的代价，我们平时提到的社会责任感指的是义务层面上的责任，研究青少年责任感也应该集中在这个层面上。

**表1-1 责任的结构划分**

| 责任类别 | 性质 | | 时间特征 | 主要特点 |
|---|---|---|---|---|
| 义务责任 | 主动 | 自律 | 事先 | 自我认同、舆论监督 |
| 职务责任 | 主动+被动 | 强制+自律 | 事先+事后 | 有约束、有权利、有义务 |
| 代价责任 | 被动 | 强制 | 事后 | 因责任而承受责罚 |

（2）德国哲学家康德对责任的分类

康德按照习惯将责任分为对我们自己和对他人的责任；完全的和不完全的责任。完全的责任就是指绝对的、不容例外的责任，是一种消极的善。而不完全的责任则是一种积极的善，就是指在客观上不要求一定要成功，但主观上必须认真、全力以赴，要用自身附加的一些能力去主动地参与，在某些情况下没有去做是可以原谅的。

因此，康德把责任分为以下四种。

第一，对自己的完全责任。康德在阐述这一责任时，所举的例子是自杀。联系责任的普遍性来看，把缩短生命当作对自身最有利的原则是不可以同时也不可能成为普遍的自然规律的，也就是说，这是和责任的最高法则完全不相容的。因为自杀这一行为会使得人自身产生一种矛盾性，因此一个追求善的有理性的个体是不可能将其作为普遍的自然规律的。康德主张将人作为行为的目的，不是行为的手段，这就将有理性的人与无理性的只作为工具存在的物明确划分开来，为人的最高尊严提出了有力的论证，而自戕者却将人当作毁灭苦难人生的工具，模糊了人和物之间的界限，使得自在的人成为可替代者。只有那种面对人生苦难无所畏惧同时还迎难而上努力生活的人在康德这里才能算是有道德的。

第二，对他人的完全责任。康德在阐述这一责任时，所举的例子是说谎。这是康德最具逻辑的论证之一，是认知确定性和行为确定性的统一。一个人在自己困难的时候，利用他人对自己的信任而做出不负责任的诺言，这样的利己原则是否可以成为一条普遍原则呢？康德认为这同样是不可能的。如果利用别人对自己的信任做出不负责任的诺言变成一条普遍规律，所有的人都开始说谎，那么最终就没有谎言和真话之分，也就没有信任可言，因此也就不存在谎言，所以这是不合理的。

同时，康德还认为说谎这一行为是把别人当作实现自己目的的工具，践踏了他人的权利，这种行为还模糊了人和物之间的界限。

第三，对自己的不完全责任。康德所举的第三个例子是实现自我。一个有才能并且受到文化培养之后本应该去努力发挥自己的才能的人，然而他却为了享乐忽视自身过人的天赋，那么，这种享乐的原则是否可以成为一种普遍的自然规律呢？康德认为是不可以的，因为作为一个有理性的个体，他必须愿意把自己的才能，从各个不同的方面发挥出来。闲暇享乐的生活之所以没法成为一条普遍的规律，是因为康德认为人的理性是追求至善的、是向上发展的，一个人生活在这个世界上，不仅仅是为了获得某种自我利益，更重要的是为了完善自我。

第四，对他人的不完全责任。第四个例子是帮助他人，也就是促进他人发展。一个一帆风顺的人当看到别人在痛苦中挣扎，同时自己又有能力去帮助他人却置身事外时，康德认为，这样一种准则，不可以作为一种普遍的自然规律持续下去。因为，如果这一原则成为普遍的自然规律，那么人们就无望得到任何他所需要的东西了。帮助别人并不是为了获得回报，而是人作为有理性的个体所具有的一种义务。

康德所举的这四个例子都是在具有理性的前提下进行的假设，结果都是把个人的行为作为普遍规律，它们与所有责任的最高原则相矛盾。他说：“当我们每一次违背责任时都反省自察，就会发现，实际上，我们不愿意我们的准则应当成为一个普遍的规律。”要注意的是，这里的“责任”不仅指的是一个理性存在者的责任（如果不是一个理性的存在者，就不会负有责任），理性存在者的存在既是责任也是目的；同时这里的“责任”也指对社会的责任，存在者是社会关系的存在，他有义务参与对社会关系的维系活动。

（3）康德责任观的意义

康德的道德哲学具有划时代的意义，其所散发的魅力吸引了无数后人学习、赞扬和讨论，也引起了一些人的批判，如黑格尔对其责任的空洞性进行了批评，反对康德纯粹的动机论，强调要注重行为的效果等。无论这些批判是对是错，无论后人对康德的责任观是赞扬、学习还是批判，都无法否认康德责任观具有重要的现实意义。此外，在康德的责任论中，自由是责任所追求的价值目标，是人的全部尊严和价值所在，康德的责任观完全建立在自由意志的基础上。尽管康德在其责任论的分析论断中存在漏洞，甚至最终陷入悖论，但是，其责任论带来的深远意义是我们无法否定的。

## （二）责任感

责任感属于德育范畴，也被称作责任心或责任意识，它是责任在人们头脑中的情感呈现，是对责任的一种认知、态度，以及对自身承担责任程度的自觉认识和评价标准，是人们在生活中对责任的承担结果是否符合自身内心感受的情感体验，它反映出一个人的自觉程度和思想品德，包含着丰富的感情色彩，是一种复杂的情绪体验。结合国内外关于责任感的研究，责任感是人们应具备的基本道德素质，是对自己应承担的义务的认识、知晓与觉察，以及对自身的行为是否符合心理感受和标准的体会与反思。责任感包含的内容源自对社会发展历史成果的总结，体现为人们应尽的义务和职责，具有客观性。责任感的表现形式是主观的，人们会做出不同的责任行为。从对责任感的定义来看，责任感主要具有以下几个特点。第一，责任感具有时间阶段性。对于一个有责任担当能力的人，在其不同的成长阶段，相应地肩负着不同的责任和义务，不同时期对不同的人或事有着不同的责任感，因此不同阶段责任感的含义并不相同。第二，责任感具有实践推动性。责任感能在潜移默化中促使我们对自己应尽的责任和义务进行实践，促进责任行为的实现，因此，责任感的推进作用是完成职责的重要力量保证。责任感的内涵丰富，包含着多个范畴。从心理学的范畴来看，责任感具有自律性，是人们一种积极主动的情感体验和精神状态。一般我们强调，责任感主要由责任认知、责任情感和责任行为这三部分组成。

首先，对责任感的认识是前提和基础，责任认知是对责任的认识与评判，是对自身所应肩负义务的认识，主要包括对责任的内容及意义的认识。作为一名社会上的成员，我们要对自己应履行的义务有一个深刻的了解，要有最起码的价值观念。每个人由于身处的环境和扮演角色的不同，肩负着不同的责任，但是，总体来说，每个人的责任可以分为对自己、他人、自然、集体、国家和世界的责任。我们不仅要随着自身年龄的增长和生活的变化，对自身应负的职责形成正确的理解，还要对自己的能力做出合理的评价与评判，对自身各项素质评价得深入、恰当，这有助于增强自身的责任感，所以，我们要经常反思自己的所作所为，及时总结教训和经验，从而做出积极有效的行为。

其次，情感是源泉。在责任感的形成过程中，情感体验这一环节显得尤为重要，责任情感对责任行为的产生起着促进作用。著名的心理学家皮亚杰曾提出，将人们的行动产生看作有机的形成过程，那么情感是行为产生的动机所在，没有不以情感为动力的行为。责任情感可以调节人的行为，在一个人完成了一件有意义的事并得到他人的赞许后，内心就会产生一种积极的情感，并在这种情感的鼓舞下，不断努力，久而久之会形成以责任为主导的情感态度。因此，我们要将责任意识真正内化到自己的心中，形成强烈的责任情感，时刻保持高度的责任意识，鼓励自己做一个有责任感的人。

最后，行为是保证。认知和情感最终要通过行动来体现，这才是一个完整的过程。实践是检验真理的唯一标准，只有在实践活动中，才可以看出一个人是否有高度的责任感，一个毅力坚韧的人，可以在考验中抵御诱惑，尽到自己的义务，认真完成自身的使命。可以说，责任行为是将责任付诸实践的决定性因素。

另外，从人的本质这一范畴来看，责任感表现为人与社会的辩证联系，个体的价值主要体现在为社会所做出的贡献大小，我们不仅具有自然属性，还具有社会属性，社会属性是根本体现。从这一层面来理解，当人在意识到应按照要求和准则为社会和他人承担责任并且有能力承担时，责任感意识将会凸显得更加明显。责任认知、责任情感和责任行为这三部分密切联系在一起，它们之间的互相影响和联系形成了责任感的有机整体，责任认知是责任情感和行为产生的基本，而责任情感与行为又深化了对责任的认知，提供了动力源泉，责任认知和情感推动了责任行为的形成，责任行为的落实相对地又加深了责任认知和情感，通过这三个方面的不断变化与作用，不断丰富了责任感的内容。从道德教育范畴来说，当一个人具备一定的责任感并能自觉地履行责任行为时，他便会自觉地将成果与道德评判联系在一起，当结果符合社会或自身的道德要求时，会产生快乐、幸福的感受，反之，则会对自身的做法加以反思与自责。所以，责任感是道德体系中的一个重要部分，是道德教育的基本内容，表现人们在自我成长和社会生活中，对应该承担的职责所形成的自觉、主动的意识和情感体验。

## 二、社会责任感与大学生社会责任感

大学生是社会发展的主要力量，其社会责任感的有无关系到国家的命运，必须要注重对大学生社会责任感的培养，结合当代大学生的特征采取有针对性的教育方式，进而提高大学生的社会责任意识。

### （一）社会责任感的内涵

根据责任对象范围的不同，责任可划分成自我责任和社会责任两大类。自我责任是指对自己的言行举止负责任，对自身的生活、工作、学习负责任；社会责任是指对他人、家庭、集体、国家负责甚至对整个世界负责，范围更广。总体而言，社会责任是指个体对他人、所生存的社会应尽的义务，还包括应承担的历史使命和重担，反映出个人与社会、个人与其他社会成员之间的关系。社会责任作为人类社会性质的根本表现，是个人社会化的必然选择，是实现人生价值的有利途径。作为社会的一个公民，无论以何种身份、角色存在，我们都要把社会的集体利益放在首要位置，要尽可能多地为社会的进步做出贡献，给人们的生活创造出财富。根据责任的分类相应地将责任感分为自我责任感和社会责任感。自我责任感是对自己负责任的态度和认知，是对自身生活的规划和监督；社会责任感是对他人、家庭、集体、国家、世界负责的认知，能主动把个体努力与外部条件结合在一起，献身于社会事业中去，完成该尽的义务。

关于社会责任感的定义，有不少学者做了探究，王廷彦、蔡小超在《大学生社会责任感淡薄现状探析》一文中提到，社会责任感是公民对自然、对他人、对社会责任的强烈的自觉认知和高尚的意志和态度；刘志远在《大学生社会责任感现状调查——从对待弱势群体角度揭示》中提到，社会责任感指每个具有独立人格的社会公民，对自身应该做的、自身肩负的义务的情感认知和体现。

综上，关于社会责任感，大致可以分为以下几个方面的内容。

1. 对自然的责任感

自然界是人类得以生存的物质环境基础，给我们的生活提供了能源保证，为我们提供了很多宝贵的资源，但是由于社会的快速发展，人们对资源过度采伐，造成了资源的短缺，导致气候环境发生恶化，例如雾霾天气的产生，这些问题的产生都是因为我们对自然界缺乏认识，没有很好地保护自然界。因此，在生产活动中，我们要珍惜利用不可再生资源，在自然界可承受的开采范围内进行生产消费活动，保护环境，节约资源，对自然界拥有爱护、保护的意识。

2. 对他人的责任感

对他人的责任感是指对除自己以外的人负责任的态度，具体表现为对他人的尊敬、关心和爱护。我们每个人在社会中都不可能孤立存在，都需要他人的帮助，但是研究发现，现在的一些人由于受社会风气等影响，对他人缺乏责任感，不乐于帮助他人，对待他人态度冷漠，缺乏热情。因此，在建设社会主义和谐社会的大背景下，我们每个人在进行人际交往的过程中，要保持积极热情的态度，乐于助人，主动关心别人，只有树立起这种责任态度，人与人之间才能实现和睦相处，进而有利于和谐社会的建设。

3. 对家庭的责任感

我们每个人从出生之日起就享受权利和承担义务，对家里的其他成员具有相应的责任感，主要包括对父母的感恩以及对自己婚姻生活的负责。古语说“百善孝为先”，从小父母把我们辛苦养大，我们要懂得他们的不易，要从思想上和行动上接受他们的教诲，特别是要重视父母的晚年生活，多与他们联系，多去看望他们，丰富他们的生活，给予他们精神上的慰藉。另外，要对自己的婚姻、配偶和孩子建立深厚的责任情感，主动承担自己的家庭责任，与家人平等交流，这样有利于形成幸福和睦的环境。

4. 对集体的责任感

集体是相对于国家一个小范围的概念，如班级、学校、单位等组织。个人对集体的责任感主要体现在处理集体利益与自身利益的关系上，当自身利益与集体利益产生矛盾时，要毫不犹豫地舍弃自身利益，选择集体利益，坚决杜绝自私自利现象的发生，在集体活动中养成自觉、自律的好习惯，形成稳定的集体主义责任感和归属感，并且帮助集体内的其他成员完成相应的责任行为，提升集体的团结性与稳定性。

5. 对国家的责任感

国家和民族的繁荣昌盛、各项事业的建设与我们每个人的努力都息息相关，个人理想的实现与国家的发展紧密联系在一起，二者相辅相成。国家繁荣发展，才能为我们提供更好的平台。我们应肩负起国家兴旺的责任，为实现“中国梦”而努力奋斗，心系国家发展的前途命运，培养浓厚的爱国主义情感，形成民族自信心、自尊心和自豪感，自觉维护我们国家的利益与社会统一，继承并发扬我国的优秀文化，主动履行保卫国家的职责与义务。

6. 对世界的责任感

随着经济全球化的发展，我们生活在一个“地球村”，马克思主义关于世界是普遍联系的原理告诉人们，要以联系的观点研究问题，以整体的眼光对待这个世界大环境。人类由于受到生存的压力，在全球范围内进行大量的社会生产，对我们的生活造成了巨大的影响，因此，我们整个人类要在遵循世界的发展规律的前提下进行实践活动，保护地球，此外，要呼吁世界和平，反对霸权主义，使得世界有序发展。

此外，从宏观层面上来看，社会责任感也包括对自己的责任感，我们自己本身就是社会组成的一分子，只有首先对自己负起责任、有高度的责任感，才能主动地对社会、对他人承担起应尽的责任。对自身的责任感与对社会、对他人的责任感是密切联系的，我们应该从对自己负责任做起，树立正确的责任感意识，进而对社会和国家产生高度的责任感。

## （二）社会责任感的性质

社会责任感的性质是社会责任感培养中需要明晰的特性属性，在这里，社会责任感是社会个体在责任情境中产生的具有情境性、主观性的情感体验，是通过承担道德责任获得他人认可的具有稳定性、一致性的价值品质，是社会中人们所向往和追求的具有历史性、综合性的人文素养，它们在情感程度上呈现层层递进的特点。

1. 情境性和主观性

社会责任感是一种由内心生发感受形成的情感体验，具有情境性和主观性的特点。社会责任感的情境性指社会个体自身的某种责任情感是基于特定的社会道德情境产生的，因为人类的感情在一定程度上是具有一致性的。特定的情境让我们将自己放入他人所处的情境中，从而能唤起我们类似经历的生动回忆，想象当我们自身面对这类问题时的脆弱和无助。正如我们可以通过自己或者身边朋友所遭受的痛苦和不幸想象到类似责任情境中当事人的痛苦和不幸；正如那个经典的同理心测试那样，一个完全置身事外的人在看到别人遭受突然的疼痛时，也会感同身受，立马皱起眉毛，似乎自身也有切肤之痛。

社会责任感的主观性指社会个体自身对特定责任情境的类似经历或者通过对责任情境的想象而产生的内在情感，是个体自身通过想象责任情境中当事人身处其中的痛苦或是快乐的感受而唤醒心中的仁爱之心和同情之心。这种情感是由身体的综合活动而直接形成精神中枢特定区域的情感活跃，并且个体也直接地感受着这种活跃，而这种直接是说它未必通过意识而被直接感受。尽管个体必然关注着意识并不同程度地受意识所控制，但它却可以直接被唤醒并不经由意识而被直接感受，这种感受在情感活动中有自己的唤醒与强度调整的渠道。比如：当面对突如其来的苦痛或愉悦这样强烈、直白的感情时，个体自身的情感共鸣可能看起来几乎是自动的；相对地，当面对更复杂和微妙的感情时，就必然需要一定的想象力了。尽管如此，个体自身的主观感受才是社会责任感的直接主体形态，而在心理情境复现的体验在情感中往往比在认知中更为直接。它是个体想象对方的处境后直接与其达到的一种情感共鸣，并不受社会环境和观念舆论的影响。

在此意义上，社会责任感作为一种情感体验主要表现为个体对身处弱势的当事人产生情感上的共鸣，这不仅是一种感知觉上的通感，更类似于一种情感上的自然联通，这种自然联通是建立在一种共同的思维基础上的。正如古罗马哲人西塞罗说，我们有责任阻止社会中发生的不公正的事情，而这种情感体验就是因为看到不公正的事情或不幸的事情发生而导致的不幸个体通过想象而引起自身强烈情绪的心理过程。在这里，我们说社会责任感是一种情感体验，意在表达的就是个体本身面对责任情境时，通过情境想象感受当事人的处境而产生的内在情绪波动，并希望通过恰当的行为使当事人摆脱困境的情感体验。

2. 稳定性和一致性

社会责任感是一种经由他人认可的价值品质，是一定道德原则和社会规范在个体观念和行为中的体现和凝结，是个体在日常的责任行为中表现出来的行为习惯，具有稳定性和一致性的特点和倾向。社会责任感的稳定性是指个体能够长期持续平稳地遵守社会规范、履行和承担义务以及做他分内所应做的事情，不会随着情境或者条件的变化而发生变化，人们也可以借此预测个体在未来道德情境中的责任行为和态度。社会责任感的一致性是指个体遵循道德观念和道德情感的一致性，道德观念即个体长期以来接受的道德教育和社会约定俗成的规范或规则，道德情感即个体通过想象情境对当事人的遭遇深感同情而生发的内心感受。道德观念和道德情感的一致性具体体现在当个体在面临道德情境时，通过想象当事人所处的情境而产生的情感冲动与长期以来所接受的社会规范和道德观念所引导个体的责任行为表现是基本一致的。

此外，在前面笔者提到这种价值品质是由他人来认可的，意在说明这种价值品质的肯定是受外部评价的，是主动或被动接受外部的影响并且由旁观者（或者第三方）来评判的。在日常生活中，个体也会希望外部旁观者可以对自己的社会责任行为表现给予肯定的、正面的反馈和评价。其实英国哲学家亚当·斯密提到过“公正的旁观者”，个体通过想象将自己不自觉地代入事件主体身份中去，置身其中激发最直接的情感，获得最直接的体验，接受现在情境下的身份安排和角色规定。就是建立在人类情感可以实现互通的假设前提之下，设计一个特定的情境，观察这个情境中的当事人和旁观者是否共享了一种相似的情感体验。在这个过程中，旁观者的身份或者表现形式是多样的，可以是你的朋友，可以是一个毫不相关的陌生人，也可以是自己意志观念里的另一种声音。这种对抗是一种行为上的冲突，也是一种内在情感上的挣扎。他人是相对于有自觉自知概念独立个人而言的，每个人都会有自己建构的独特的精神世界，在这个世界里，任何人都是非自我的“他者”，他者对于个体正在经历的情感体验做出的判断是完全中立的，可以不牵涉个人情感，换句话说，由于他人的身份利益的不相关，这种判定就天然地具备了一种公平性。这种来自他人的判断又会反过来对于自我的行为起到干预调节的作用，也就实现了“旁观者”的价值。

因此，我们说社会责任感是一种价值品质，意在表达个体通过在社会中长期履行道德责任和遵守社会规范逐渐成为个体自身的行为习惯，同时外部对个体社会责任感的认可也是评定个体道德水平的品质之一。

3. 历史性和综合性

社会责任感是一种经过长期积淀而形成的人文素养，是我们在竭力追求的一种精神理想和超然状态，是一种整体的精神素质的体现，具有综合性和历史性的特点。

社会责任感的历史性是指个体经过长期历史文化的积淀并通过后天培养形成的气质和修养；社会责任感的综合性是指个体通过经年累月地对内在自我责任的反思以及对外在世界责任的积极实践和探索而形成的精神气质。在面对社会中紧迫的责任情境时，有社会责任感的个体可以为国家、民族、社会牺牲自己，他们是孔子的“当仁不让”、孟子的“舍我其谁”、文天祥的“留取丹心照汗青”，是冯友兰先生人生四重境界中的“天地境界”。这些历史人物身上所表现出来的优秀素养往往让我们折服和钦佩，它就像黑夜里递过来的火把，让我们看到光亮，感到振奋。

康德说：“位我上者，灿烂星空；道德律令，在我心中。”社会责任感已不再只是得到他人的认可，在更大程度上是个体对自我的认同，通过对内心道德原则的信仰和遵从，使自己精神愉悦，达到内心的平静和满足。正如有位哲人所说，评价一个人品格的高尚与否，就是看一个人能够在多大程度上愿意牺牲一己之利而帮助他人，相比个人物质上的满足，更加注重自己给他人带来的价值。社会个体伟大的事迹和优秀的品质被我们所钦佩和崇拜，我们会因此而心潮澎湃，因此而感动落泪，这种感情催促着我们向他们靠近，使我们的社会责任感进一步增强的同时，也促使我们的精神境界得到提升。因此，我们说社会责任感是一种人文素养，意在表达社会责任感是经过时间磨砺和沉淀而实现的令人敬佩和向往的内在追求。

综合以上分析，从理论上讲，社会责任感是指个体作为社会成员，在对社会关系的体认过程中，履行分内社会责任并且对自身行为对社会造成的不良后果主动承担的整体责任素质，是一种将社会责任、公共责任内化于心的情感体验，是一种将社会责任、公共责任外显于行的价值品质和人文素养。

## （三）大学生社会责任感的内涵

### 1. 大学生社会责任感的概念

当代大学生是社会成员的重要组成群体，是社会发展的优秀人才力量，承担着国家富强和民族复兴的历史任务，青年大学生的素质代表着国家进步的实力，所以，要重视对当代大学生社会责任感的培养工作，培养其为国家发展和社会进步做贡献的责任认知与行为。大学生的人生价值不仅仅体现在完成自身目标方面，更应该对国家和社会的建设发展奉献出自己的力量，做对社会有益的人。结合社会责任感的含义及其分类，大学生的社会责任感主要体现在对自己的责任感、对自然的责任感、对他人的责任感、对家庭的责任感、对集体的责任感、对国家和民族的责任感、对世界的责任感等方面，这几方面的相互作用，构成了大学生应具备的社会责任感结构体系。从狭义层面上来说，大学生的社会责任感是对除自身之外的一切人和事物负责；从广义层面上来说，大学生的社会责任感也包含了对自身在内的一切他人和事物负责，是对个人履行责任的一种情感态度与评判。无论是从狭义还是广义的层面看，大学生的社会责任感都要求青年大学生把握好自身的人生定位，明确自身地位，根据相应的社会规范与准则，履行自身的责任与义务。

步入大学生活，大学生的生理和心理逐渐成熟，道德水平提升到了一个新的高度，其世界观、人生观和价值观处在重要的塑造阶段。由于周围生活环境和学习氛围的变化，大学生的社会责任感呈现出鲜明的特点，具体体现为如下三点。

第一，当代大学生的社会责任感具有规定性。一方面，社会责任感是每个人生存于社会中必须具备的基本道德素质，我们都不可能离开社会而独立生存，生活在这个社会中，就必须承担起社会责任，这体现了责任的社会规定性，说明了社会责任是客观存在的，是自然以及社会对于人类的基本规定。作为青年学生，更加应该承担起这份责任，始终把个人的发展与社会的进步密切联系为一个整体，自觉遵守规定。另一方面，社会责任感对不同的人群有不同的责任内容规定。对于初中学生来说，要加强学生的社会责任感，提升学生的社会实践能力，使其形成健康的心理；对于高中生来说，要教育他们具有爱国主义、集体主义和社会主义的思想情感，关注国家发展，积极参与社会实践，增强社会责任感和民主法治意识；对于大学生来说，中央下发的《关于进一步加强和改进大学生思想政治教育的意见》文件重点提出，要重视对大学生进行思想政治教育，帮助大学生对社会发展规律形成准确的认识，看清国家的发展趋势，了解自身的社会职责所在，因此要把对大学生社会责任的教育作为高校教育的重点工作来开展，从而促进社会主义事业的发展。由此可见，对大学生社会责任感的培养是国家发展的客观要求，也是社会对当代大学生成才的根本要求。

第二，当代大学生的社会责任感具有时代性。社会责任感的内容是伴随着社会的不断发展进步而不断发生改变的，在不同的历史时期，每个人所应具备的社会责任情感都有所不同，也可以说，社会责任感是具体的，它只有在一个特定的历史范围内才得以淋漓尽致的体现，具有鲜明的时代性。现在，我们的社会处于关键的转型时期，经济、政治、文化等方面发展极为迅速，这一阶段给我们带来了很大程度上的物质满足，但是我们不能只谈享受，不言付出。作为大学生，要联系国家的实际情况，认清自己的历史任务，为我国社会主义现代化事业的建设做出自己的贡献。

第三，当代大学生的社会责任感具有实践性。大学生不仅应该从心理和思想上重视社会责任感的重要地位，更加应该将这种态度情感、认知落实到平时的行动中去，要踏实去实践，如若没有亲身体验，大学生的社会责任感教育就会成为一纸空话，不存在任何价值。在课堂上，大学生应认真学习思想政治理论；在生活中，要乐于助人，帮助有困难的同学，认真履行对他人的承诺，诚实守信，培养勤俭节约、艰苦奋斗的价值观，懂得美好生活的来之不易；在课余时间，要积极参加学院组织的各种义务志愿活动，通过实践活动，有效地将责任认知以实践的形式表现出来，从而为今后走向社会、为社会做出贡献打下坚实的基础。

2. 大学生社会责任感的构成要素

（1）对国家的责任

从抽象的角度讲，国家是由在一定范围内的人群所形成的共同体形式。国家乃人民的事业，而人民是许多人基于法的一致和利益的共同而结合起来的集合体。马克思认为：国家就是暴力机器，是一个阶级用来镇压另一个阶级的有组织形式的暴力机器。所谓的阶级即在生产关系中处于不同地位的各种集团。国家、民族与人类的责任属于公共责任范畴，是个体对国家繁荣、民族强盛和全人类生存与发展应当承担的责任与使命。它既反映出个体如何正确处理与国家和民族的关系，也反映出价值的取向始终要考虑国家和民族的整体利益。只有对国家和民族负起责任，促进国家的繁荣昌盛，才会最终实现个人价值。

（2）对家庭和学校的责任

家庭和学校教育对大学生的生存和发展有重要影响，大学生从小就受到父辈们的养育和教育，承载着父辈们的期盼与希望，大学生应当承担起子女应尽的责任，孝敬父母、赡养老人、维护家庭的团结和睦、为父母分忧等。作为学校的成员，大学生应当热爱学校、尊敬师长、团结同学、认真遵守学校的规章制度，为学校的发展壮大贡献力量。

（3）对他人和集体的责任

在对他人的责任方面，个人主要是做到关心他人，积极承担起对他人的责任，尊重他人的个性与权利。在对集体的责任方面，个人应当正确对待和处理个人利益与集体利益之间的关系，一方面，集体的利益是由个人的利益组成的，个人利益没得到保障，集体利益也将不复存在；另一方面，个人利益取得的前提是集体利益的存在，只有个体积极为集体利益着想，才会有个人利益的取得。

（4）对自我的责任

广义的大学生社会责任感既包括对社会与他人的责任感，也包括对自我的责任感。大学生本身就是社会的成员之一，应努力学习科学知识，使自己成为社会整体中的一个独立、完整、和谐的组成部分，对个人负责也就是对社会负责的表现，个人责任感在这种情况下也变成了社会责任感的一部分。对自己负责也是能够更好地对国家和民族负责的前提条件和内在基础，如果一个人连对自己的生存和发展都不负责，就更不能期望他对他人和社会负起责任。

除了对家庭、学校、他人、集体、国家、民族和人类的社会责任感外，广义的社会责任感中的自我责任感是大学生自我生存的责任感和自我发展的责任感的综合，具体是指大学生要关爱自己的生命，关心自己的身体健康，丰富自己的精神生活，树立正确的世界观、人生观、价值观，有明确的奋斗目标和远大的人生理想；认真学习，努力提高自身修养，使自己的人生变得有价值；对自己的言行负责，时刻牢记自己的职责、履行自己的义务。要求大学生树立全球意识和国际化的观念，积极从人类长远发展的角度考虑问题，承担起对子孙后代负责的重任。

3. 大学生社会责任感的基本特征

探讨大学生社会责任感的特征，要从大学生社会责任感的主体、目的、内容、本质、范围出发，辨别大学生社会责任感与其他组织社会责任感的区别，以及与大学生其他责任范畴的区别。正确把握这些特征，将有利于进一步深入理解大学生社会责任感的内涵。

（1）层次性

大学生社会责任感的发展是具备一定特点的。有学者通过问卷调查及统计分析，结果发现，大学生社会责任感的整体特征为：大一年级高于大二年级。这表明，大学生社会责任感具有层次性特征。大学生社会责任感不仅不是整体一致的，还是按年级分层的。原因可能是，刚刚进入大学的一年级学生，对社会的各方面期望值都较高，认为自己是“准成人”，因此具有更高的自我要求，对于各项社会活动态度积极，关心国家政治生活，并渴望在其中扮演角色、分担责任，为整个社会做出贡献。因此出现大一学生的社会责任感普遍偏高的现象。当大学生升入大学二年级以后，对学习内容、生活环境等各方面的新鲜感逐渐消失，同时尚没有毕业、就业等各方面压力，这一特殊阶段可能影响到他们对社会的看法和态度，所以社会责任感处于低水平状态。

（2）差异性

研究显示，我国当前大学生社会责任感具有差异性，最显著的差异为女生的社会责任感普遍高于男生。这一现象不难理解，通常女性情感丰富，富有同情心，在做责任判断和归因时，女性感到自己拥有更多的责任。女性比男性更容易把自我融入社会环境中，对与她有关的对象拥有更多的责任心。

（3）单一性

社会责任感是社会关系的产物，每个人在社会中所扮演的角色不同，所承载的社会关系不同，其责任感的内涵也不同。责任感在广义范畴中是具有多样性的，一是指具有不同身份处于不同社会地位的社会成员，具有不同的责任，如领导者与被领导者、工人与农民、老师与学生、父母与子女等，各自负有不同的责任感。二是指作为各种社会关系总和的人，在不同的社会关系中具有不同的身份，从而其责任感不同。如成年人，他在工作单位里，若是领导者，则具有领导者的责任感；若是被领导者，则具有对领导负责的责任感。他在社会里，作为公民，则具有一个公民应有的责任感。他在家庭里，作为父亲，则具有一个父亲应有的责任感；作为丈夫，则具有一个丈夫应有的责任感；作为子女，则具有一个子女应有的责任感。

因此，广义的社会责任感是具有多样性的。然而，对于大学生来讲，身处学校，主要从事各种学习活动，尚未涉足社会，没有复杂的社会关系，身份较单一，因此其社会责任感的内容也相对单一，仅仅表现为对整个社会负责任的一种使命感及高尚情怀。大学生的主观、客观条件是有限的，社会历史条件是有限的，因而其所能承担的责任也是有限的，履行职责的范围和程度都是有限的。所谓权利的有限性决定了责任的有限性。因此，大学生的社会责任感的内容是单一的，并非复杂多样，可以无限拓展的。

（4）自愿性

所谓自愿性是指个体以自身的觉悟、良知、责任心等为内驱力，自觉自愿地承担和履行责任。在这种自愿性中，个体是不被强制的，一切行为是在没有外力的作用下发生的。它以个体的主观意志为转移，个体以一种积极的态度去推进各种行为。这需要个体具有高度的自觉性，自愿无偿承担某些责任，付出自己的劳动，为社会做出贡献。社会中有一种责任感是以“利”为前提的，所谓责任的有偿性，尽“责”必有“利”。这是由于人们思想觉悟的局限性，往往把尽责作为取利的前提条件，将取利作为尽责的目的和动力。这不仅是人们的要求，在某种程度上也是社会的要求和倡导。然而，大学生的社会责任感完全不涉及所谓的利益交换，它的内容更加纯粹、目的更加崇高，从某种角度看，大学生的社会责任感具有超功利性特征。大学生社会责任感的根本目的并不是为个人或某个社会共同体创造经济利益，而是一种道德感促使的生命认同，是一种对人类社会的终极关怀。因此，大学生的社会责任感必然具备自愿性这一特征。

4. 大学生社会责任感的形成过程

大学生社会责任感基于价值冲突、价值取向、责任行为倾向和责任行为四个方面。同时这四个方面又是逐一产生、逐一形成的，即价值冲突—价值取向—责任行为倾向—责任行为的过程。其中，价值取向与责任行为倾向分别可以形成社会定向的价值取向和对社会负责的行为倾向。简单地说，就是主观调控下的责任行为即社会责任感，而这种社会责任感又受价值观和社会评价的影响。总体来说就是大学生的社会责任感主要由个人价值观和社会评价来决定。大学生只有具备了高度的社会责任感才能做出社会责任行为。

大学生社会责任感的形成是一个动态变化的过程，其很容易受到其他因素的影响，如价值观和社会评价等。大学生责任感的核心是价值观。然而，在现实生活中大学生因受到周遭环境与人群的影响，其价值观很容易出现偏差，所以要努力培养大学生的社会定向价值观，这样才能形成社会责任感。同时，我们也不可忽略责任行为倾向这一重要环节。所谓倾向，即事物发展的方向和趋势。大学生要通过受到的教育将自身对社会负责的行为倾向通过自我调控将其转化为社会定向价值观。

另外，大学生社会责任感形成的另一个重要因素是社会评价。评价即外界对特定的一项事物或者是对某个人评定的价值，社会评价即社会对特定的一项事物或者是对某个人评定的价值。人是社会的产物，任何人的生存和发展都离不开社会，大学生也不例外。所以，当大学生在面对客观存在的事物对其发出的信号或者说受到外界刺激时，是否能够表现出负责任的行为，其都逃避不了社会评价，大学生的一言一行都有与之对应的社会评价。大学生通过自尊心与道德需要会本能地去选择那些对自己有利的、赞美的社会评价。社会评价就是在这种缓慢的、潜移默化的过程中逐渐改变、影响着大学生的社会行为的，使其往有利的方面发展，使大学生做出更多对社会、对他人负责任的社会责任行为，最终形成一种良好的社会责任制度，引领当代大学生做出更多社会责任行为即责任成果。简而言之，大学生社会责任感的形成过程就是责任意识—责任能力—责任行为—责任制度—责任成果。

## （四）大学生社会责任感教育的内涵

### 1. 大学生社会责任感教育的概念

西方发达国家的社会责任感教育以培养“负责任的公民”为目标开展。美国自 20 世纪 90 年代开始兴起品格教育，特别注重价值观教育。品格教育主要代表人里可纳，把尊重和责任视为普遍道德价值观的核心。美国的学校德育，注重培养学生的独立能力、道德推理能力、参与意识，特别是参与社会生活，创造新生活的创新能力。“承担起公民应该承担的个人、政治和经济责任”是公民品格教育的要点之一。德国学校也很重视公民责任教育，把敬畏上帝、尊重人的尊严；自制与承担责任；乐于助人；对一切真善美开放；对自然和环境负责作为最高教育目标。新加坡也将责任纳入学校德育目标当中，旨在培养良好而有用的公民，引导学生对自己、家庭和国家尽应尽的义务，增强社会责任感。日本学校的责任教育则强调对学生民族精神的培养，将拼搏精神、忧患意识与责任品格有机统一起来。

新时代大学生社会责任感教育指教育者按照新时代中国特色社会主义建设

的要求，有目的、有计划、有组织地对新时代大学生进行系统的教育，通过教育者和新时代大学生双主体在建设中国特色社会主义，实现中华民族伟大复兴中国梦的伟大实践活动中的互动，把新时代的社会责任认知内化为新时代大学生个体的责任意识的教育或直接对新时代大学生进行有关建设中国特色社会主义行为训练以养成良好责任习惯的教育，旨在培养新时代大学生对国家、对民族、对他人和对自己所承担责任的自觉意识和情感体验，其包括了新时代大学生自我责任感。新时代大学生社会责任感教育是新时代思想政治教育的重要内容，是高校有目的、有计划地通过提高社会责任认知、深化社会责任认同、强化社会责任行动，从而培养新时代大学生服务国家、服务人民的社会责任感的教育活动。党的十九大报告明确指出要“培养担当民族复兴大任的时代新人”。“时代新人”主要指的就是青年一代。因为，“青年兴则国家兴，青年强则国家强。青年一代有理想、有本领、有担当，国家就有前途，民族就有希望”。

2. 大学生社会责任感教育的本质

大学生社会责任感教育的本质是大学生社会责任感教育的实践性，也就是大学生社会责任感教育的现实性和大学生社会责任感教育价值实现的实效性，在社会生活中表现为与其他实践活动的结合和渗透，它是大学生社会责任感教育显著的本质属性。

首先，从大学生社会责任感教育的出发点看，大学生社会责任感教育只能从现实人、具体人的实际出发开展教育。现实的人，其本身就是实践活动的主体。人的思想，虽然是一种主观形态的东西，但它产生的基础和根源、发展变化的动力，只能是实践活动。

其次，从大学生社会责任感教育的落脚点来看，大学生社会责任感教育的目的是要帮助大学生增强社会责任感。而社会责任感增强的动因，归根结底来自社会实践和社会发展的需要，社会责任感最终要用于指导人们的实践活动。因此，大学生社会责任感教育所要遵循的知行统一、认识世界与改造世界的统一、改造主观世界与改造客观世界统一的原则，充分体现了大学生社会责任感教育实践性的本质属性。

最后，从大学生社会责任感教育的价值实现来看，大学生社会责任感教育是有效，还是无效；是正面效果，还是负面效果；效果是大，还是小，其效果的质和量，都不能用主观认识来检验，而只能用社会实践来检验。所以毛泽东强调：“对于马克思主义的理论，要能够精通它、应用它，精通的目的全在于应用。”因此，要强调大学生社会责任感教育的有效性，实现大学生社会责任感教育的价值，必须深刻认识和把握大学生社会责任感教育实践性的本质属性。

3. 大学生社会责任感教育的构成要素

作为一种实践活动，大学生社会责任感教育包含多种构成要素。正确把握这些构成要素，有利于进一步深入理解大学生社会责任感教育的内涵。

（1）大学生社会责任感教育的主体

大学生社会责任感教育的主体是社会责任感教育的承担者、发动者和实施者。它与大学生社会责任感教育的客体相对应，是对一定的客体实施大学生社会责任感教育活动的主体。大学生社会责任感教育的主体具有主动性、主导性、创造性和超越性的特点。主动性是指主体能够积极主动地进行大学生社会责任感教育活动。主导性是指在大学生社会责任感教育活动中主体起着主导和支配作用。创造性是指在大学生社会责任感教育活动中勇于探索、开拓创新，具有创新精神和创新能力。超越性是指主体在大学生社会责任感教育活动中既要立足现实，从受教育者现实的思想道德状况出发，又要超越现实，引导受教育者树立与社会未来发展需要相适应的社会责任感。

大学生社会责任感教育的主体分为两种类型。一是个体主体，指承担、发动、组织、实施大学生社会责任感教育活动的个人，即个体实施者，如领导者、思想工作者、教师、家长等。二是群体主体，指承担、发动、组织、实施大学生社会责任感教育活动的群体组织，即群体施教者，如各种组织、团体和机构等。

（2）大学生社会责任感教育的客体

大学生社会责任感教育的客体是社会责任感教育的接受者和受动者，它与大学生社会责任感教育的主体相适应，是大学生社会责任感教育主体的作用对象。大学生社会责任感教育的客体具有受动性、受控性和可塑性的特点。受动性是指大学生社会责任感教育的客体是大学生社会责任感教育主体的作用对象，必然要接受主体施加的作用和影响。受控性是指客体在社会责任感教育过程中始终受到主体的主导、支配和调控，处于从属地位。可塑性是指大学生社会责任感教育的客体可以在主体的教育、影响和塑造下，思想行为发生主体所希望的变化。

大学生社会责任感教育的客体既包括每个大学生这样的个体客体，也包括班集体、共产党员群体、留学生群体和学生社团群体等群体客体。

（3）大学生社会责任感教育的介体

大学生社会责任感教育的介体是大学生社会责任感教育的主体和大学生社

会责任感教育的客体相互联系、相互作用的中介因素。大学生社会责任感教育的介体的基本特点是具有中介性。中介性可以由关联性、传导性和互动性体现出来。关联性是指大学生社会责任感教育的介体不仅与大学生社会责任感教育的主体有关，而且与大学生社会责任感教育的客体有关，它是把大学生社会责任感教育的主体和客体联系起来的桥梁和纽带。传导性是指大学生社会责任感教育的介体总是要承载和传递一定的思想信息，具有社会责任信息输出与输入的导体功能，大学生社会责任感教育的主体和客体要凭借一定的介体来沟通信息。互动性是指大学生社会责任感教育的介体是主体和客体相互作用的手段，不仅大学生社会责任感教育的主体可以运用一定的介体作用于客体，客体也可以运用一定的介体作用于主体。

大学生社会责任感教育的介体主要包括社会责任感教育的主体作用于社会责任感教育的客体时的各种社会责任内容以及各种教育方式和策略。

（4）大学生社会责任感教育的环体

大学生社会责任感教育的环体是指与社会责任感教育有关的、对大学生社会责任感的形成和发展产生影响的外部因素。大学生社会责任感教育的环体的基本特点是具有条件性。条件性可以从具体性、综合性、开放性和历史性来理解。具体性是指大学生社会责任感教育的环境是具体的，不是抽象的，一定要从社会责任感教育的环境或条件出发来开展社会责任感教育活动，脱离了具体环境和条件，大学生社会责任感教育就会显得空洞乏力。综合性是指大学生社会责任感教育的环境所提供的条件因素不是单方面的而是多方面的，多种外部条件因素综合作用于社会责任感教育和社会责任感形成与发展过程，才使得社会责任感教育活动丰富多彩，各具特色。开放性是指大学生社会责任感教育的环境不是封闭的，而是开放的。历史性是指大学生社会责任感教育的环境不是一成不变的，而是不断发展的，一定的社会责任感教育活动总是在一定的历史条件下进行，我们既不能割断社会责任感教育的历史，也不能忽视社会责任感教育所面临的现实，而要随着历史的发展，在继承社会责任感教育优良传统的前提下，不断改革、更新社会责任感教育的内容和方式。

大学生社会责任感教育的环境可以分为大环境与小环境。大环境包括国际和国内的政治、经济、文化环境。小环境是指大学生直接学习、工作和生活于其中的局部环境，如学校、社区、家庭和实习单位。

4. 大学生社会责任感教育的功能

大学生社会责任感教育作为一种人们认识世界和改造世界的实践活动，作为新时期高校思想政治教育的重要内容，有着突出的历史地位和现实意义。所谓“有为”才能“有位”，可见大学生社会责任感教育必然具备一定的功能。

（1）个体功能

大学生社会责任感教育的个体功能是指对大学生个体自身的功能。个体功能包括个体生存功能和个体发展功能。

个体生存功能是指大学生社会责任感教育在引导大学生个体遵循客观规律、服从生存原则以便获得更好的生存状态的过程中所发挥的作用。一方面，大学生社会责任感教育有助于大学生增强社会责任感，有助于大学生个体最大限度地完成生活中的特定任务，从而有助于大学生个体的物质生活顺利进行。另一方面，大学生社会责任感教育是大学生的精神生活的一种方式，这种方式使得大学生在自我与社会的平衡中寻找到生存和发展的意义。

个体发展功能是指大学生社会责任感教育对于塑造大学生的品德，促进大学生个体的发展所起的积极作用。首先，大学生社会责任感教育能够引导大学生的思想向积极的方向发展，具有目标导向作用。其次，可以在一定程度上指导和约束大学生的社会行为，具有规范作用。再次，能够激发大学生积极向上的精神动力，具有激励作用。最后，能够培养大学生积极的人格品质，促进大学生自由全面地发展，具有塑造作用。

（2）社会功能

大学生社会责任感教育的社会功能是指对社会发展有促进作用的功能。社会功能包括政治功能、经济功能和文化功能。

政治功能是指大学生社会责任感教育通过培养具备一定社会责任感的大学生，促使其积极参与政治生活，以推动社会政治发展的作用。它在大学生社会责任感教育的多重社会功能中居于首要地位，起着主导作用。政治功能涵盖传播政治意识、引导政治行为、造就政治人才等方面。从这个意义上讲，政治功能起着维护社会政治稳定的作用。

经济功能是指大学生社会责任感教育通过调动大学生的积极性，促使其主动参与经济建设以促进经济发展的积极作用。

一方面，大学生社会责任感教育是经济建设坚持社会主义性质和方向的可靠保证。这是大学生社会责任感教育的经济功能的首要表现。大学生社会责任感教育能够帮助大学生牢固树立建设中国特色社会主义的共同理想。

另一方面，大学生社会责任感教育是推动社会生产力发展的精神动力。人的社会责任感在社会生产力发展中起着非常重要的作用，大学生社会责任感教育就是增强作为未来社会建设者的大学生群体的社会责任感，调动他们工作的积极性和主动性，使他们创造性地进行生产管理，从而促进社会生产力的发展。

文化功能是指大学生社会责任感教育对社会文化结构及其各组成部分的影响。大学生社会责任感教育作为社会意识形态的组成部分，包含于文化之中，是社会文化的一个结构单位。首先，文化功能具有文化传播功能。大学生社会责任感教育能够传播文化中的正能量。其次，文化功能具有文化选择功能。大学生社会责任感教育不是对原有文化的照搬，而是一种文化选择的过程，包含了对各种文化内容的吸收、排斥与舍弃。最后，文化功能具有文化创造功能。大学生社会责任感教育的文化创造功能是通过培养既具有高度社会责任感，又具有创造精神和创造能力的人才来实现的。

## 第二节　大学生社会责任感教育的理论依据

### 一、道德教育理论

大学生社会责任感教育的主要任务之一就是培养大学生的社会责任感，而社会责任感实际上就是一种道德感，具体说来，就是一种社会责任道德，一种社会公德，一种大德。1995 年颁布的《中国普通高等学校德育大纲》把使学生“努力为人民服务，具有艰苦奋斗的精神和强烈的使命感、责任感”作为高等学校的德育目标之一。可见，大学生社会责任感教育也是一种道德教育。那么，道德教育相关理论也就为大学生社会责任感教育提供了理论来源。

#### （一）道德教育与社会关系论

道德教育一方面具有其自身的独立性，另一方面又与社会中的经济制度、政治制度、社会和谐等有着密切关系。对这两方面的了解有助于我们更好地整合市场经济道德与社会主义道德，把握社会主义市场经济条件下高校道德教育的价值取向，更好地为新时代大学生社会责任感教育服务。

1. 道德教育的相对独立性

道德教育作为一种独立的教育实践活动，有其自身的独立性。主要体现在以下两方面。首先，道德教育的规律具有客观性。道德教育一方面要依据道德教育的客观规律进行，另一方面要依据大学生认知发展的客观规律进行，因为一个人的认知水平限定了他在道德发展上可能达到的水平。大学生社会责任感教育既要依据社会责任感教育的客观规律，又要依据大学生对社会责任认知的客观规律。其次，道德教育的方法具有客观性。道德教育中的榜样教育法、行为锻炼法、说服教育法、陶冶教育法等都是依据教育对象的特征而定的。大学生社会责任感教育也必须依据新时代大学生的特点因材施教。

2. 道德教育与社会经济政治制度的关系

道德教育以传播社会占统治地位的道德意识为己任，受社会经济政治制度的制约，同时对社会经济政治制度又具有反作用。

（1）经济政治制度对道德教育有影响

从人类社会历史看，经济政治制度经历了封建社会、资本主义社会、社会主义社会三个阶段，前两个社会的经济政治制度都是为剥削阶级服务的，因而受经济政治制度决定的道德教育也是为剥削阶级服务的。在社会主义社会中，道德教育要坚持社会主义方向，为社会主义公有制经济制度和社会主义人民民主专政的政治制度服务。大学生社会责任感教育要坚持中国特色社会主义发展方向，为新时代中国特色社会主义经济政治制度服务。

（2）经济政治制度决定道德教育的目标

经济政治制度不同，道德教育的目标也不同。中世纪欧洲以培养具有信仰上帝和忠于皇权的道德的人为道德教育目标。当代资本主义以培养公民具有资本主义社会的价值理念和政治信仰为道德教育目标。我国社会主义社会以培养公民具有社会主义思想觉悟和共产主义道德为道德教育目标。大学生社会责任感教育要以培养大学生具有实现中华民族伟大复兴中国梦道德为道德教育的目标。

此外，道德教育通过传播为一定经济政治制度服务的道德意识，培养具有一定道德的人才，促进社会政治民主化，反作用于经济政治制度。大学生社会责任感教育通过培养愿意承担，能够承担社会责任的一代代新人，反作用于新时代中国特色社会主义经济政治制度。

3. 道德教育与社会和谐的关系

道德教育属于社会意识，而“社会存在决定社会意识”。因此，社会存在决定道德教育。社会的和谐发展也需要道德教育来调节人与人、人与自然、人与社会的矛盾。大学生社会责任包括自己对他人、对自然、对社会的责任。大学生社会责任感教育要培养大学生对促进社会和谐的责任意识。

### （二）道德教育与人的品德发展论

道德教育的直接目的是促进人的品德发展，以道德教育方式进行的大学生社会责任道德教育或以社会责任道德教育方式进行的大学生道德教育，目的是促进道德教育和大学生社会责任感教育的有效融合，最终促进大学生品德的发展。

1. 品德概说

有学者认为品德是指“调节一定社会关系的占统治地位的政治规范、思想规范、道德规范和法制规范表现在个人思想和言行中的政治品质、思想品质、道德品质和法纪品质几个方面凝结而成的比较稳定的心理特征和行为倾向的总和”。可见，品德包括以下几点：一是品德是人的一种稳定的心理特征和行为倾向的统一，要求言行一致，且具有稳定性，那种偶尔为之的道德行为不能说明这个人是一个有道德的人。二是品德范围广，包括政治品德、思想品德、道德品德、法纪品德。三是品德具有现实性，是对现实内容的反映，包括对现实社会中的政治规范、思想规范、道德规范和法制规范的反映。四是品德具有阶级性，反映的是占统治地位的东西，为统治阶级服务。此外，也有许多学者对品德结构提出了自己的见解。例如：“知、情、意、行”四因素说；品德是由最深层（包括人的本能、气质等先天素质），较低层（指人的性格品质），最高层（指人的精神、意识等方面）构成的；品德是心理内容、心理形式、心理能力的有机统一；等等。

2. 人的品德的影响因素

影响人的品德因素包括遗传、环境等因素。遗传为人的品德发展提供了可能性，制约着人的品德发展的过程和阶段，也使人的品德发展具有个别差异。环境包括物质生活水平、社会关系等。人的品德随着物质生活水平的提高而得以发展。社会关系影响着品德发展的方向和性质。

3. 道德教育与人的品德发展

道德教育可分为家庭道德教育、学校道德教育和社会道德教育。其中，学校道德教育以其计划性、系统性、目的性等特点，在人的品德发展中起主导作用。以上所论述的有关道德教育与人的品德发展之间的关系，对大学生社会责任感教育带来些启示。例如：要关注大学生社会责任品德的特点和影响因素，把握政治责任品德、思想责任品德、道德责任品德、法纪责任品德的有机统一；大力发展生产力，促进经济发展，为大学生社会责任品德的发展打好坚实的物质基础；同时，也要发挥高校道德教育对大学生社会责任感教育的主导作用。

### （三）道德教育功能论

道德教育功能是多方面的，具有复杂性和客观性的特点。道德教育一方面要回答“道德教育应该干什么”的问题，即道德教育是道德教育目标、任务和行为的结果，是道德教育活动的主观设想；另一方面要回答“道德教育究竟干了什么”的问题，即道德教育还需要面向真实的道德实践。道德教育是世界观教育、人生观教育、价值观教育、政治观教育、法制观教育、社会公德教育、职业道德教育、家庭美德教育、个人品德教育、心理健康教育、劳动教育、集体主义教育、社会责任感教育、爱国主义教育、社会主义理想教育和共产主义教育等方面的载体。

1. 道德教育功能分类

道德教育按不同的分类标准可以分为不同类别。按道德教育功能对象分，可以分为个体功能和社会功能。道德教育的个体功能是指道德教育对个体身心发展的作用，是道德教育的本体性功能，包括道德教育的个体生存功能、道德教育的个体发展功能、道德教育的个体享用功能。道德教育的社会功能是指道德教育对社会发展的作用，是道德教育本体功能在社会中的延伸，包括道德教育的政治功能、道德教育的经济功能、道德教育的文化功能。按道德教育功能呈现形式分，可以分为显性功能和隐性功能。道德教育的显性功能是指道德教育在实践中促进人的品德发展、社会进步、风气改善等一系列与道德教育目的相吻合的结果。道德教育的隐性功能是指伴随着道德教育显性功能出现的非预期性功能。按道德教育功能方向分，可以分为正向功能和负向功能。道德教育的正向功能指道德教育对个体发展和社会进步的积极影响。道德教育的负向功能指道德教育对个体发展和社会进步的消极影响。

2. 道德教育功能对社会责任道德教育功能的启示

社会责任道德教育功能包括社会责任承担个体的生存功能、发展功能、享用功能。个人离不开社会，社会也离不开个人。个人对社会责任的承担表现在个人对社会的奉献，促进社会的进步发展方面。而社会的进步发展反过来会反哺个人的生存发展。大学生社会责任道德教育一方面有利于新时代大学生的成长成才，有利于自我责任的担当；另一方面有利于新时代大学生社会责任的担当。

### （四）道德教育内容论

道德教育的内容随时代不同而有所不同。道德教育要发挥有效作用需要在分析当下道德教育内容基础上，依据一定的原则对道德教育内容进行最优化设计。这些对大学生社会责任道德教育有启示意义。

1. 当下道德教育内容分析

当下道德教育内容整体情况良好，但也面临一些挑战。

（1）道德教育内容的现实性有待进一步提高

道德教育内容不仅要有超前性，还要有现实性。与受教育者个体社会生活经验相一致的道德教育内容更能满足受教育者个体的需求。相反，如果道德教育内容缺乏现实性，与社会上现行的现象不一致，则会削弱道德教育的实际效果。例如，当我们向学生进行艰苦奋斗教育时，学生见到的是大吃大喝，挥霍浪费等现象；当我们向学生进行诚信道德教育时，学生目睹的是商业欺诈等现象。这些道德教育的理想与现实的差距会让学生感到无所适从。

（2）道德教育的开放性有待进一步提升

道德教育内容要实现从面向学生开放到面向全人类开放，要借鉴国外道德教育的有益经验，要克服道德教育内容规定过死的弊端，允许地方编写具有地方特色的道德教育教材。

2. 确定道德教育内容的原则

确定道德教育内容要有方向性原则、高尚性原则、基本性原则、整体性原则、针对性原则。道德教育内容的方向性原则要求道德教育内容的选择必须以马列主义、毛泽东思想、邓小平理论、“三个代表”、科学发展观、习近平新时代中国特色社会主义思想为指导，以确保道德教育内容的社会主义方向。道德教育内容的高尚性原则要求道德教育要以代表人类未来道德方向的共产主义道德为内容，使其能起到示范和引领作用。道德教育内容的基本性原则要求道德教育要以社会公德、国民公德、职业道德、家庭美德、法律法规等基本内容教育绝大多数人。道德教育内容的整体性原则要求道德教育内容要全面，要按照由浅入深、由近及远、由小到大、由易到难、由具体到抽象来安排道德教育内容。道德教育内容的针对性原则要求道德教育内容要根据受教育者的不同年龄、不同能力、不同特点来确定，根据不同历史时期来确定。

3. 道德教育内容论对大学生社会责任道德教育的启示

大学生社会责任道德教育内容除了要对大学生社会责任道德进行超前教育，还要与新时代大学生的学习和生活实际经验相结合，将大学生社会责任道德教育内容确定的方向性原则、高尚性原则、基本性原则、整体性原则、针对性原则有机统一起来，实现大学生社会责任道德教育内容的落地生根。

## 二、马克思主义相关理论

马克思和恩格斯萃取先哲的思想精髓，凝练历史的实践经验，创立了辩证唯物主义和历史唯物主义，其核心便是社会存在是社会意识的客观来源，社会意识则是社会物质生活过程及条件的主观反映。在此基础上，提出“人的本质”和“人的全面发展”理论，强调责任主体之所以可以承担相应的责任，主要是因为他（或他们）是自由发展的人，并提出了自由与责任的关系理论。

### （一）社会存在与社会意识的关系理论

剩余价值学说和历史唯物主义是马克思一生中两个重大发现和重要成就。历史唯物主义是关于人类社会历史发展的普遍规律的科学，其创立具有重大意义。它科学地解决了社会存在和社会意识的关系问题，将唯心主义从社会历史领域中驱逐出去，将唯物主义的哲学路线贯彻到底。作为人类科学思想中的最大成果，它的创立使社会主义由空想变成了科学，同时也为研究社会生活的各门学科提供了科学的世界观和方法论，也为无产阶级和劳动人民认识和改造社会提供了强大的思想武器。社会存在和社会意识的关系问题作为社会历史观的基本问题，是哲学基本问题在社会历史领域中的具体表现。

历史唯物主义在人类思想史上所引起的变革，根本在于其科学地处理了这两者的关系。社会存在和社会意识的关系问题之所以是社会历史观的基本问题，这是因为，第一，其是任何哲学派别和研究社会历史问题的思想家和社会历史学家都无法回避而必须回答的问题，并以此作为研究问题的出发点和方向指南。第二，社会存在和社会意识何者为第一性的问题是划分历史唯物主义和历史唯心主义的唯一标准，凡是认为社会存在第一性、社会意识第二性、社会存在决定社会意识，社会意识是对社会存在反映的便是历史唯物主义，反之便是历史唯心主义。第三，对社会存在和社会意识关系的不同回答是解决其他社会历史问题的前提和基础，决定着整个社会历史观的基本倾向。第四，社会存在和社会意识的关系问题也是存在于人们社会实践中的根本问题。综上所述，社会存在和社会意识的矛盾运动规律是历史唯物主义所揭示的社会规律群中最基本的规律之一。正确揭示并理解社会存在和社会意识的矛盾运动规律，应当首先对社会存在和社会意识做出科学规定。

社会存在作为社会生活的物质方面，也被称为社会物质生活条件，是指人类社会赖以生存和发展的物质生活条件的总和，主要包括物质资料的生产方式、地理环境和人口因素。其中，物质资料生产方式是起决定作用的部分。所以，历史唯物主义所指的社会存在决定社会意识的观点，主要是指物质资料的生产方式决定和制约着社会意识及其变化发展。

物质资料生产方式是社会发展的决定力量，主要体现在以下几个方面。首先，其作为人类社会赖以存在的基础，是社会这一特殊机体的物质担当者。生产方式的构成及其所体现的关系是不以人的意志为转移的，而其他的政治关系、思想关系都是在其基础上建立起来的。其次，生产方式决定着整个社会的结构、性质和面貌，制约着整个社会生活、政治生活和精神生活的全部过程。最后，生产方式的变化决定着社会形态的更替，生产方式的新陈代谢推动着社会由低级向高级发展。物质资料生产方式既是社会物质生活的最重要的条件，又是社会物质生活本身的具体样式。地理环境指的是人类社会存在和发展所需要的各种自然条件的总和，包括气候、土壤、地形、河流、海洋、动植物分布以及地下矿藏资源等。地理环境在社会存在发展中的作用有以下几个方面。首先，它作为人类社会存在和发展不可或缺的物质条件，为人类的生存提供了必不可少的活动场所。其次，其为人类的生存和发展提供了生产、生活资料，以及生产建设的资源。最后，其的现实情况，对劳动生产率和生产发展速度产生一定的影响，并且它们在某种程度上能够加速或延缓社会发展的进程。法国思想家孟德斯鸠指出，地理环境影响一个民族的性格和心理，进而又会影响社会制度。人口因素指的是人口的数量、构成、分布、增长的速度及人口的质量等。人口因素及其变化的规律对社会发展的影响主要表现在以下几个方面。第一，人口作为社会主体，人类社会的存在和发展依赖着人口因素，因为人既是生产力的首要因素，又是生产关系的具体体现者。第二，适当的人口增长速度和人口数量能够促进社会的发展。第三，人口的构成和分布状况及人口质量的高低对社会的发展具有一定的影响。

社会意识是指社会生活的精神方面。就其本质来说，其是社会存在的反映；就其作为同社会存在相对应的范畴来说，其包括人的一切意识要素和全部精神现象，以及精神生活过程。社会意识作为物质世界发展到高级阶段的产物，具有极其精微的结构。从不同视角出发，其可以划分为社会心理和社会意识形态、个人意识和群体意识，以及作为上层建筑的意识形态（社会意识形态）和非上层建筑的意识形态。社会心理作为一种低水平的社会意识，是一种不系统、不定型、处于自发状态的社会意识，既包括阶级心理也包括民族心理；社会意识形态作为一种高水平的社会意识，是对社会存在较为间接的反映，包括艺术、道德、宗教、政治思想、法律思想、科学、哲学等多种形式。社会心理和社会意识形态之间既有区别又有联系，社会心理是社会意识形态的基础，社会意识形态高于社会心理，对社会心理具有指导作用。社会意识形态又可以分为这样两类：一类是属于社会上层建筑的社会意识形态；另一类是不属于社会上层建筑的社会意识形态。前者是对社会经济基础和政治制度的直接反映，包括政治思想、法律思想、道德、艺术、宗教、哲学以及绝大部分的社会科学，是社会经济形态和政治形态在社会意识中的表现；后者主要是自然科学，也包括一部分社会科学和思维科学（如语言学、普通逻辑学）。政治思想是人们关于社会政治制度、政治生活、国家及阶级和社会集团的政治地位、政治关系等问题的观点和理论的总和；法律思想是关于法的关系、规范、制度和设施等观点和理论的总和；道德是调整人与人之间及个人和社会之间关系的行为规范的总和，主要是通过依靠社会舆论、人们的信念、传统、习惯和教育来起作用的；艺术是通过塑造具体生动的形象来反映社会生活的意识形态；科学是人们基于社会实践，关于自然、社会和思维的知识体系；宗教则是统治人们的自然和社会力量在人们头脑中虚幻而颠倒的反映。个人意识作为个体实践的产物，是个人独特的社会经历和社会地位的反映；群体意识指的是一定人群所结成的社会共同体（团体、政党、阶级、民族甚至整个社会）的共同意识，其作为群体实践的产物，是对群体共同的社会地位、生活条件和社会经历的反映。个人意识和群体意识是相互联系、相互作用的，并在一定条件下相互转化。群体意识影响并作用于个人意识，个人意识又影响并作用于群体意识，当个人意识被社会所公认的时候，其便转化为群体意识；同样地，当意识被个人所接受的时候，它就成为支配个人行为的个人意识。

社会存在是社会意识的客观来源，社会意识则是社会物质生活过程及条件的主观反映。从其本原来说，意识在任何时候都只能是被意识到了的存在观念的东西不外是移入人的头脑并在人的头脑中改造过的物质的东西而已。社会意识的内容同样来源于社会存在，同样是一定社会物质生活过程及其条件的产物。随着社会存在的发展，社会意识也相应地或迟或早地发生变化。社会物质生活及其物质资料的生产方式是具体的、历史的。既然社会意识的内容来源于社会存在，那么社会意识也必然是具体的、历史的。

同时，社会意识具有社会性，其中意识形态部分在阶级社会具有阶级性。每一时代的统治思想，都是在经济上居支配地位的统治阶级的思想，支配着物质生产资料的阶级，同时也支配着精神生产资料。社会存在是社会意识的根源，有什么样的社会存在就会有怎样的社会意识，正确的社会意识如实地反映了社会存在，错误的社会意识则是对社会存在的歪曲反映。同时，社会意识具有相对独立性。社会意识的相对独立性，即在社会存在基础上形成的社会意识有其自成系统、相对独立发展的一面，有其不同于社会存在的运动规律，但其作用及运行规律，又要受到社会物质生活及条件的制约。

社会意识的相对独立性主要表现在以下几个方面。第一，社会意识发展变化与社会存在发展变化的不完全同步性。第二，社会意识的发展同社会经济发展水平的不平衡性。经济发达的国家，社会意识不一定是先进的；经济落后的国家，社会意识不一定是落后的。第三，社会意识的发展具有历史继承性。尽管每个时代都有不同于以往时代的社会意识，但每个时代的社会意识并不是彼此隔绝的，它们都要批判地吸收借鉴前人积极的思想成果。同时，各社会意识形态之间是相互作用的，其中，政治思想和法律思想对其他社会意识形式的影响最大。第四，社会意识一个重要的特点便是社会意识对社会存在具有能动的反作用。先进的社会意识对社会的发展起促进作用，落后的社会意识对社会的发展起阻碍作用，这两种反作用的性质取决于它所服务的经济基础的性质和其所反映的那个阶级的要求，以及其是否符合社会发展的客观规律。

总之，如果否认社会意识具有相对独立性就会犯机械论的错误；如果将社会意识的相对独立性绝对化就会犯唯心主义的错误。历史唯物主义在坚持社会存在决定社会意识的基础上，坚持社会意识的相对独立性。

## （二）人的本质与全面发展理论

马克思、恩格斯提出了“人的本质”和“人的全面发展”理论，其核心是强调人的自由发展。责任主体之所以可以承担相应的责任，主要是因为他（或他们）是自由发展的人。

### 1. 人的本质理论

在马克思主义产生之前，思想家就人的本质的问题各持己见，但大都未挣脱机械唯物论或抽象人性论的桎梏。马克思在《黑格尔法哲学批判》一文中首次提出了关于人的本质的论述，“批判的武器当然不能代替武器的批判，物质力量只能用物质力量来摧毁；但是理论一经掌握群众，也会变成物质力量”。同时，马克思认为将人从神性中解放出来是人的本质的某种复归，即“人以一种全面的方式，也就是说，作为一个完整的人，占有自己的全面的本质”。在《1844 年经济学哲学手稿》一文中，关于人的本质，马克思提出了较为系统的表述，“一个种的全部特性、种的类特性就在于生命活动的性质，而人的类特性恰恰就是自由的有意识的活动”。马克思又站在异化劳动理论的视角上深思人的本质，提出了“类本质”的概念，并指出“劳动是人的内在本质”的观点。从人与动物相区别的角度，马克思指出，“人是最名副其实的社会动物，不仅是一种合群的动物，而且是只有在社会中才能独立的动物”“只有在社会中，人的自然的存在对他来说才是他的人的存在”“自然只完成了人的一半，另一半留给人自己去完成”，这是人的本质的一种体现。同时人“不是处在某种虚幻的离群索居和固定不变状态中的人，而是处在现实的、可以通过经验观察到的、在一定条件下进行的发展过程中的人”。1845年，马克思在《关于费尔巴哈的提纲》中进一步提出，“人的本质不是单个人所固有的抽象物，在其现实性上，它是一切社会关系的总和”。人类社会离不开个人的存在，而人总要受到其所在的社会关系的制约，“不管个人在主观上怎样超脱各种关系，他在社会意义上总是这些关系的产物”。人并不是自然简单进化的产物，而是在由社会关系创造的属人世界中造就自己，实现并维持着自己的“社会性”。诚如恩格斯所言，“在我看来，社会本能是从猿进化到人的最重要的杠杆之一。最初的人想必是群居的，而且就我们所能追溯到的来看，我们发现，情况就是这样”。所以，在现实社会中不存在脱离社会关系的人，人的权利与义务是在一定社会中人与人之间关系的反映，是某种社会关系在法律和政治上的体现。

由此，马克思做出了关于“人的本质是社会关系总和”的科学论断，并将人的本质现实化，从人的进化和发展的层面对“人的本质”进行深思与追问，从而为考察人的本质提供了科学而辩证的思维方法。人的本质是社会性，这是由全部社会关系的总和来规定的。因此需要用发展、联系、辩证的观点来分析人与社会的关系问题。

第一，人和社会是紧密相连、不可分割的有机统一体。一方面，个人的生存和发展离不开社会的发展，个人的实践活动需要在社会的大环境下进行，一定的社会环境不但是满足个体需求的必要条件，也是保障个体健康成长发展的必要前提。而个体不可能脱离社会而单独存在，其所实施的实践行为具有社会性。另一方面，个人的活动作为社会存在和发展的前提和基础，与社会发展的每个环节都密切相关，社会的进步依赖于个人的社会实践活动。倘若个人不复存在，社会也将湮没消失，个体的发展彼此作用，从而串联成整个社会的历史链条。

第二，个人与社会相互作用、相互影响、相互促进，并在某种程度上具有相对独立性的特点。一方面，个体都是作为单独的社会存在而存在着的，每个个体都具有区别于其他个体的属性。另一方面，社会是由个体的历史活动构成的，体现了社会管理和制约个人的过程。马克思关于人的本质的理论表现出人作为人最根本的特点，即人作为一种社会存在物，是唯一将社会性作为基础和特色的存在物。同时，人不仅是自然存在物，更是社会存在物，因此，必须将人置于具体的社会关系中和特定的历史条件下来考察。人的本质只能通过后天实践创造活动获得，这说明了人的本质不是一种状态，而是一个不断发展的过程。在社会实践中，人完成了由自然人向社会人转变的社会化过程，从而在社会实践中将人的本质体现出来。在实践中，认识主体能动地将感性认识发展为理性认识，再将理性认识运用到实践中去。通过这样不断循环往复的过程，人不断地适应社会。社会关系的总和是建立在一定生产力基础上的、所有物质和思想的社会关系，其包括人们在实践活动中形成的经济、政治和思想关系等，而现实的人是其所生活的社会关系的综合体现。个人作为构成社会的基本个体，无法离开社会而孤立存在。同时，人不是孤立而静止地存在于社会中的，而是能动而主动地生活在一定社会关系中，并受一定社会关系的制约的。所以，人的社会本质决定了一个自主、自由、自觉的人必须具有一份无从推卸的人生责任。马克思曾指出，“作为确定的人，现实的人，你就有规定，就有使命，就有任务。至于你是否意识到这一点，那都是无所谓的”。

首先，责任主体是自主的“人”。下面将从人与自然、人与社会和人与人的关系三个方面进行阐述。从人与自然的关系角度出发，马克思指出，“自由就在于根据对自然界的必然性的认识来支配我们自己和外部自然；因此它必然是历史发展的产物”。关于自然的自由度，其不但指的是人能动地改造自然，以获得更多的物质财富，而且也包括人不断提高对自身主体性的认知，并思考自身存在的意义。人作为主体，在与自然和谐相处的过程中，需要对自然承担不可推卸的责任，而责任蕴含着主体的内在价值，是主体自由发展的重要价值指标。马克思在这里所指的“自由”是人类对自然的认识，而自由的人是指能够认识并驾驭自然规律的人。人类作为自然界长期发展的产物，通过自身的生产和生活实践，不断地改造自然，从而使自身上升为征服自然和改造自然的主体。实践证明，人类只有摆脱自然界的束缚才能成为自由的人，并且在生产和生活实践中不断提升驾驭自然的自由度，从而充分地发展和提升自己，实现从必然王国向自由王国的跨越。从人与社会的关系角度出发，自由是必然的认识和世界的改造。所以，人的自由发展不仅仅表现为对自然规律的认识和把握，更表现为在社会生活中获得自由的权利与价值。人在履行自身责任的时候，需要有充分的自由，这样才能全面地发展自己。

在社会生活中，人有多大的权利就意味着其应承担多大的责任。正是由于责任主体即社会人是自由的，才可以承担起对自身的责任，而承担责任的同时又促进其自由而全面地发展。从人与人的关系角度出发，马克思指出，人作为一定社会关系的总和，是构成社会有机整体的具体的人，而不是抽象的人。人的自由发展包括个人的自由发展，而这个“自由发展”又包括以下两层内涵：一是社会必须保证个人的自由，使人的个性可以得到充分而自由的发展；二是个性的自由发展是在有利于社会整体利益的前提下的自由发展，因而不能危及整个社会的正常运行。

其次，责任主体作为自主的“人”，应该具备独立的人格，而这个“人格”体现了个人尊严、品格和价值的伦理特质，是个人在社会生活中通过自身的创造性活动所实现的人的类本质。其有如下两个含义，既是指人与其他动物相区别的内在规定性，也是指人与人之间相区别的独特性。责任主体的自主性具体表现在这样两个方面：一是对于个体人而言的独立性；二是就社会整体而言，其必然是由多元化人格组成的社会有机体，而社会又为个体提供物质生活环境，因此具有独立人格的责任主体也必然是责任的恪守者与履行者。作为具有独立人格的人，其必须在意志上能够自主控制，在思想上是自由的，在行为上是自主自愿的，在不影响社会整体利益的前提下，个人可以选择自己的生活方式，并对自身的行为负责。同时，责任主体必须具备独立处理事务、独立行动的能力，其作为保持个体主体性价值的重要条件，是个体独立人格的必然要求。责任主体只有具备了独立自主能力，才能确立正确的责任原则和科学的责任导向，在社会发展过程中明辨是非，巧甄善恶，并根据相应的价值标准来权衡自身的责任行为。

最后，责任主体是自觉的“人”。马克思对自觉的人做了这样的描述，每个人都愿意自由发展和发挥各方面的才能，并且不会因此而危及这个社会。每个人都有权利追求幸福，但不能妨碍他人追求幸福，因为个人的幸福与大家的幸福是不能分割的。这种“自觉”始终蕴含在权利与义务、自由与责任的统一过程中。

与此同时，自由、自主和自觉三者是内在统一的，并且统一于人自由而全面发展的活动中。只有自觉意识到自身的权利与责任，才可以在社会中获得真正意义上的自由与自主。倘若一个人只有个人的自由和自主，没有自觉的社会责任意识，也不管他人的需求和利益，甚至将对个人自由和自主的追求建立在危害社会利益上，那么其也将失去自由和自主的权利。

2. 人的全面发展理论

马克思主义提出“人的本质是社会关系的总和”，其将人的本质归结为自由、自主、自觉的活动，而实现这一本质则要求人的全面发展，体现了人的自然属性、社会属性和精神属性的统一。人的发展离不开社会关系的充分丰富与全面占有。关于人的全面发展理论，马克思提出了一系列观点和论述。其指出，“任何人的职责、使命、任务就是全面地发展自己的一切能力，其中也包括思维的能力。”个人能力的发展是指德、智、体、美、劳的均衡发展，是个人潜力与智能较大程度的发挥，其从提高个人能力的角度阐释了人的自由而全面发展。同时，马克思还从人的群体本质角度阐释了人的自由而全面发展。在他看来，“社会关系的含义在这里是指许多个人的共同活动，至于这种活动在什么条件下、用什么方式和为了什么目的而进行，则是无关紧要的”。马克思在《1857—1858年经济学手稿》中提到，“个人的全面性不是想象的或设想的全面性，而是他的现实关系和观念关系的全面性”。此外，马克思认为，未来的新社会是比资本主义更高级的社会，是“以每个人的全面而自由的发展为基本原则的社会形式”，这就从人的个体本质角度论述了人的全面发展。人类社会的理想状态是社会主体可以各得其所，完成特定的责任，履行相应的义务，最终实现个体的自由全面发展。马克思提到，人类的解放是社会发展的最终目标，而人类的解放包括人的解放和社会的解放。其中，人的解放是社会解放的终极目的，而社会的解放则是人的解放实现的必要条件。任何人的职责、使命、任务就是全面地发展自己的一切能力。劳动分工是社会生产力发展到一定阶段的产物，但并非所有的劳动分工都有利于人的全面发展，旧式的劳动分工压制工人的多种多样的生产志趣和生产才能，人为地培植工人片面的技巧，致使智力和身体上的畸形化从根本上侵袭了个人的劳动力。在资本主义生产方式下，由于财产私有制的存在，人们为了生存，只能通过各种异化的劳动来达到超越资本主义生产方式的目的，从而从根本上为人的全面发展创造充分必要条件。这种新的生产方式能够创造出通晓整个生产系统的人，而不是只隶属于某一个生产部门的人。这样一来，根据共产主义原则组织起来的社会，将使自己的成员能够全面地发挥他们的得到全面发展的才能。只有在共产主义社会，个性的自由才能实现。而所谓的自由，则是指摆脱外在事物的制约，充分发展自身的个性，从而自由、自主、自觉地从事实践活动。马克思按照人对外在事物的依赖程度，提出了“社会发展三形态”。前两个阶段分别为“人的依赖关系”和“以物的依赖性为基础的人的独立性”。前者为资本主义社会，后者为社会主义社会。无论是人对人的依赖还是人对物的依赖，都体现了人存在的不自由状态。第三个阶段为“建立在个人全面发展和他们共同的社会生产能力成为他们的社会财富这一基础上的自由个性”，即共产主义社会。在共产主义社会中，每个人都能够获得自由而全面的发展，其便是这样一个联合体，即每个人的自由发展是一切人的自由发展的条件。在共产主义社会中，由于生产力的极大发展，人可以自由支配的时间逐渐增加，因而可以自主而自觉地发展自己的特长，从而获得自身的自由而全面的发展。马克思关于人的全面发展理论说明了人的全面发展不仅是个人的全面发展，而且是人的个性的发展和需要的多元化发展，更是人的素养及能力的多维度发展。其中，人的需要是指除了物质需要以外，社会关系与精神生活中的各种需要，以及自我实现与发展的需要。马克思曾将人的本质与人的需要联系在一起，认为人的需要是全面、多层次、综合的。

因此，为了实现人的本质，应全面、多层次、综合性地满足人的需要。另外，人的全面发展也是人的社会关系全面化和普遍化的发展。马克思主义哲学从人的全面发展出发，仍然将人的发展问题作为研究的归宿，这是马克思主义哲学的最高价值取向。

### （三）自由与责任的关系理论

任何选择行为都构成主体与客体的相互关系，而主客体之间的彼此作用影响并规定着选择的双向过程。因而处在特定社会历史条件下个人的选择行为受到主客体条件的制约，个人选择的范围及做出选择的方式，都会受到其所处时代诸多客观因素的制约。因此，选择的自由度是相对的，诚如唯物史观所指出的那样：如果他要进行选择，他也总是必须在他的生活范围里面、在绝不由他的独自性所造成的一定的事物中间去进行选择的。例如，作为一个爱尔兰的农民，他只能选择或者吃马铃薯或者饿死，而在这种选择中，他并不永远是自由的。与此同时，选择行为取决于主体本身的具体情况。就一般意义而言，人具有对外界物的能动性、选择性，选择的范围不但受客观环境的规定，而且受到主观条件的制约。人生的选择过程，即其理性认识和社会实践的发展过程。诚然，由于缺乏一些知识和经验，人们的选择自然带有一定的自发性和盲目性。随着人们知识的增多、思维的发展和阅历的增长，尤其是社会实践的反复锤炼，人们逐渐提高选择的自觉程度，从而摆脱行为的随机性。

换言之，选择行为在主观上不是绝对自由的，主体的自由只能通过理性选择来争取。在既定条件与选择自由的相关性上，存在着外在地发生着相互作用的主观与客观，以及内在地发生着相互作用的理智与情感这两对基本的关系范畴。

马克思与恩格斯在谈到人的责任时，指出，“在革命战争时期，人们有拯救国家于危亡的责任，而在和平发展时期，人们则有推动国家发展的责任”。在马克思的哲学观中，自由与责任是互为前提、对立统一的。自由位于价值的顶端，是人的本性，是人性最深刻的需要。恩格斯认为，“如果不谈谈所谓自、人的责任、必然和自由的关系，就不能很好地讨论道德和法问题”。

要使人承担责任，就必须保证其的意志是自由的，这也是个人承担道德的基础和前提。一个人只有在他握有意志的完全自由去行动时，他才能对这些行为负完全的责任。主体在道德活动及其结果中，能够根据自身的意或愿望任意做出选择，这是道德意志的终极目标。一个自由的人可以去选择自己的行动，并为自己的行动负责；也可以选择不行动，但要承担不行动而带来的后果。换言之，人在做出自由选择的同时，责任也就选择了你，自由就是责任，你们是自由的，因此也是负有责任的。

由此可见，马克思主义的责任观是在肯定自由的基础上来谈论责任的，人只为自己意志自由的行为负责。个人作为自由意志的主体，在明确自由意志的范围后才能履行自身的责任与义务。诚然，世界上不存在绝对的自由，在一定限度内的自由才是真正的自由。

马克思认为：“自由就是从事一切对别人没有害处的活动的权利。每个人所能进行的、对别人没有害处的活动的界限是由法律规定的，正像地界是由界标确定的一样。”马克思将个人对他人的责任当作自由的“界标”，所以，人们需要正确理解责任与自由的辩证关系，避免因无限责任而导致的“责任超重”现象和无责任论导致的“责任失重”现象。马克思认为：“资产阶级社会的成员根本不是什么原子，他们不过是把自己想象成原子而已，因为他们并不像原子那样独立自在，而要依赖别人，他的需要每刻地使他们处于这种依赖地位。”

因此，在现实社会中，人与人之间有着千丝万缕的联系，个人并不是一个自由自在的“原子”。人与人之间由于需要便具有依赖关系，而这种依赖关系决定了人的自由是受限制的。所以，每个人在享受自由的同时，需要对他人和社会承担责任。

每个个体对其他人而言都是鲜活而独特的个体，都有着专属自己的内在需求和理想追求。人之为人的神圣在于人具有满足自己内在需求的自由，即社会对人所要负的责任。诚如学者刘峰在《人与教育》中所言，“人与动物的重要区别之一在于每一个人都有自己独特的内心世界和个性特征……但是，倘若人只局限于自身，而不与周围的自然和社会发生密切的联系，那么其便很难生活下去……人是一切社会关系的总和，人的个性形成总是无法逃脱其所置身其中的社会制约，这就是所谓人的社会化问题”。

因此，虽然人是一个特殊的个体，并且正是他的特殊性而使他成为一个个体，成为一个现实的、单个的社会存在物，同样，他也是总体，观念的总体，被思考和被感知的社会的自为的主体存在，正如他在现实中既作为社会存在的直观和现实享受而存在，又作为人的生命表现的总体而存在一样。人需要学会满足他人的内在需求，帮助他人实现他们的自由，以满足自身的内在需求，并实现自己的自由，而这些就是所谓的责任。自由和责任便是这样一对如影随形的孪生兄弟，当人们选择去扮演某一社会角色、享受某种自由的时候，也就意味着其必须要为此承担相应的责任。自由和责任辩证地存在于社会生活中，让人们既可以实现人之为人所应有的神圣性，又约束着人们必须保持人之为人所必须具备的社会性。

## 三、思想政治教育理论

大学生社会责任感教育与思想政治教育有着密切联系。简单点说，思想政治教育就是指思想政治教育者依据一定的规范对思想政治教育的对象施加有目的、有计划、有组织的影响，使他们形成符合一定社会标准和要求的思想政治素质和思想政治行为的教育活动。大学生社会责任感教育就是指大学生社会责任感教育者依据新时代中国特色社会主义思想对广大青年学生的要求对新时代大学生施加有目的、有计划、有组织的影响，使他们形成符合中国特色社会主义建设和中华民族伟大复兴中国梦要求的思想政治素质和思想政治行为的教育活动。因此，大学生社会责任感教育是思想政治教育的具体化，思想政治教育相关理论也为大学生社会责任感教育提供了理论基础。

### （一）世界观教育理论

世界观教育理论是思想政治教育理论中的具有哲学指导意义的基础理论。世界观教育理论主要包括两部分。

1. 辩证唯物主义教育理论

辩证唯物主义包括物质与意识、联系与发展、量变与质变、对立与统一、认识与实践等方面的内容。辩证唯物主义教育就是要帮助人们掌握并运用辩证唯物主义的基本观点去认识问题、分析问题和解决问题。即掌握并运用全面的、联系的、发展的、矛盾的观点看问题；把尊重客观事物的规律和发挥人的主观能动性结合起来；把“两点论”与“重点论”结合起来，在两点中把握好重点，在把握重点的同时兼顾两点；要坚持一切从实际出发，实事求是；等等。

2. 历史唯物主义教育理论

历史唯物主义包括社会存在与社会意识、社会历史发展客观性、生产力与生产关系、阶级斗争、历史创造者等方面的内容。历史唯物主义教育就是要帮助人们掌握并运用历史唯物主义的基本观点去认识问题、分析问题和解决问题。即要使人们认识到社会主义代替资本主义的客观历史必然性；要使人们以生产力与生产关系原理为指导，把是否有利于生产力发展作为我们一切工作的根本标准；要使人们认识到人民群众是历史的创造者，在实际行动中切实做到一切以人民群众为中心，全心全意为人民服务；等等。社会责任观是人们对社会责任总的看法，是世界观的一部分。新时代大学生社会责任观是新时代大学生对社会责任总的看法，主要包括辩证唯物主义社会责任观（例如，社会责任承担的物质基础和社会责任意识的关系，社会责任承担的义务与社会责任的权利，等等）和历史唯物主义社会责任观（例如，社会责任存在与社会责任意识的关系，新时代大学生是社会责任的承担者，等等）。大学生社会责任观教育要以世界观教育理论为指导，帮助大学生掌握并运用辩证唯物主义社会责任观和历史唯物主义社会责任观去认识、分析、解决相关问题。

### （二）政治观教育理论

政治观教育理论是思想政治教育理论中的具有方向把握意义的基础理论。政治观教育理论主要包括三部分。

1. 国情教育

毛泽东曾指出:“认清中国的国情，乃是认清一切革命问题的基本的根据。”同样，认清新时代中国的国情是认清新时代中国特色社会主义建设问题的基本依据。当前，进行国情教育就是教育人们认识并准确把握中国特色社会主义进入新时代这一国情。

首先，要帮助人们认识并把握“虽然中国特色社会主义进入新时代，但是仍处于社会主义初级阶段”这一点。中国特色社会主义进入新时代指的是进入社会主义初级阶段的新时代，因此，新时代中国特色社会主义建设仍然要以社会主义初级阶段为出发点。为此，要帮助人们深入认识并把握社会主义初级阶段的科学含义，一方面是我国已经进入社会主义社会，而不是资本主义社会，另一方面是我国的社会主义社会处在初级阶段，而不是高级阶段；要帮助人们认识并把握社会主义初级阶段的基本特征；要帮助人们认识并把握社会主义初级阶段的长期性。正如邓小平指出：“我们搞社会主义才几十年，还处于初级阶段。巩固和发展社会主义制度，还需要一个很长的历史阶段，需要几代人，十几代人，甚至几十代人坚持不懈地努力奋斗。”

其次，要帮助人们认识并把握新时代中国特色社会主义的新情况。包括过去五年的工作和历史性变革；新时代中国共产党的历史使命；新时代中国特色社会主义思想和基本方略；如何决胜全面建成小康社会，开启全面建设社会主义现代化国家新征程；如何贯彻新发展理念，建设现代化经济体系；如何健全人民当家作主制度体系，发展社会主义民主政治；如何坚定文化自信，推动社会主义文化繁荣兴盛；如何提高保障和改善民生水平，加强和创新社会治理；如何加快生态文明体制改革，建设美丽中国；如何坚持走中国特色强军之路，全面推进国防和军队现代化；如何坚持“一国两制”，推进祖国统一；如何坚持和平发展道路，推动构建人类命运共同体；如何坚定不移全面从严治党，不断提高党的执政能力和领导水平。

2. 爱国主义教育

爱国主义教育就是要帮助人们激发爱国情感、培养爱国思想、引导爱国行动，还要依据爱国主义的时代性把握好爱国主义的时代特征，认识到新时代大学生爱国主义的集中表现就是承担起社会责任，为建设富强民主文明和谐的现代化强国，实现中国梦而努力奋斗。

3. 形势政策教育

形势政策教育就是帮助人们认识和把握国际国内政治形势、经济形势、文化形势、社会思潮等，帮助人们认识和把握党和国家的路线、方针、政策。社会责任政治观是人们对社会责任的政治性所持的总看法。大学生社会责任政治观是新时代大学生从政治角度对社会责任的总看法，主要包括承担社会责任的国情依据，承担社会责任是爱国主义的集中体现，承担社会责任的政策依据，等等。大学生社会责任政治观教育要以政治观教育理论为指导，帮助新时代大学生认识社会责任承担是一项政治性任务，运用正确的政治观去认识、分析、解决相关问题。

## （三）人生观教育理论

人生观教育理论是思想政治教育理论中的具有人生哲理意义的基础理论。人生观教育理论主要包括四部分。

1. 理想信念教育

理想信念教育就是要使人们树立共产主义远大理想和中国特色社会主义共同理想，确立马克思主义信仰，在中国共产党领导下走新时代中国特色社会主义道路。

2. 人生价值观教育

人生价值观教育包括以下三部分。一是要帮助人们认清人生价值的内涵。人生价值包括自我价值和社会价值。自我价值是个体生存和发展的条件，社会价值是自我价值实现的基础，自我价值和社会价值统一于人生价值。二是要帮助人们认清人生价值评价的标准。人生最大的价值在于奉献，对人生价值的评价主要看一个人对中国特色社会主义建设的贡献，对全心全意为人民服务的贯彻执行程度。三是要帮助人们践行人生价值。践行是实现人生价值的途径。要帮助人们认清践行人生价值的客观条件，树立践行人生价值的目标，增强践行人生价值的本领。

3. 生命价值观教育

生命价值观教育包括以下三部分。一是珍爱生命教育。生命具有“一去不复返”性，人的生命只有一次，生命不仅属于个人，也属于其他人。因各种原因导致的青少年、中年人的死亡会给家庭带来重大影响。因此，每个人都应该尊重和敬畏自己的生命、他人的生命、所有人的生命。二是生命磨炼教育。人生是顺境和逆境的统一。生命磨炼教育就是要帮助人们积极面对逆境中的困难，充满自信，迎难而上。三是生命终止教育。生命终止教育就是要帮助人们认识到生命有开始必然有终止，终止意味着死亡，死亡是绝对性与相对性的统一；要帮助人们在有限的生命里创造更多的财富，在死亡来临时克服无谓的恐惧。

4. 艰苦奋斗精神教育

艰苦奋斗精神教育就是要帮助人们全面理解艰苦奋斗精神的实质和重要意义。社会责任人生观是人们对社会责任融入人生全过程的看法。新时代大学生社会责任人生观是新时代大学生对社会责任的人生理想、人生态度、人生价值、人生奋斗等方面的看法（例如，社会责任是人生的理想信念，人生价值在于承担社会责任，社会责任的承担需要艰苦奋斗，等等）。新时代大学生社会责任观教育要以人生观教育理论为指导，帮助新时代大学生在承担社会责任过程中实现最大的人生价值。

### （四）法治观教育理论

法治观教育理论是思想政治教育理论中具有行为规范意义的基础理论。法治观教育理论包括以下三部分。

1. 社会主义民主教育

进行社会主义民主教育，一要帮助人们认清和把握社会主义民主的本质和内涵，社会主义民主是大多数人的民主，是真实的民主，是对人民民主与对敌人专政的统一，是人民当家作主这一国体与人民代表大会这一政体的统一，与资本主义的民主有本质上的区别。二要帮助人们正确认识民主与集中，民主与法治的关系。一方面，脱离集中的民主会导致极端民主化。另一方面，脱离民主的集中会导致官僚主义、集权主义。因此，要将民主与集中统一起来。三要帮助人们培养民主意识。民主意识是人们参与民主政治的自觉意识，是政治责任感的表现。为此，要用马克思主义理论武装人，用社会主义制度规范人，用集体主义引导人，用政治参与锻炼人。

2. 社会主义法治教育

社会主义法治教育包括社会主义法律制度教育和社会主义依法治国教育。社会主义法律制度教育就是要帮助人们认识我国各级各类法律法规制定的主体、依据、程序等。例如：人民代表大会是制定法律的机关；宪法是国家的根本大法，是制定其他法律法规的根本依据；等等。进行社会主义依法治国教育，一要帮助人们树立依法治国的观念，明白依法治国是党的一种执政方式，也是人民当家作主的重要形式，树立宪法至上、法律面前人人平等的观念。二要帮助人们从“知法”到“守法”再到“用法”，帮助人们掌握宪法的基本内容、基本原则，要依法办事，从法律角度分析解决身边的问题，自觉维护法律的权威，同违法犯罪行为坚决做斗争。

3. 遵守纪律教育

遵守纪律教育就是要帮助人们正确认识纪律与自由的对立统一关系，须知纪律是自由的保障，没有绝对的自由，使人们形成以遵守纪律为荣，以违反纪律为耻的荣辱观。社会责任法制观是人们对如何在法治框架下担当社会责任的看法。大学生社会责任法治观是大学生在法治社会中对社会责任的看法，主要包括社会责任担当中的民主与法治，社会责任担当中相关的法律制定等。大学生社会责任法治观教育要以法治观教育理论为指导，帮助人们在履行相关法律责任与义务中承担好自己的社会责任。

### （五）道德观教育理论

道德观教育理论是思想政治教育理论中具有境界提升意义的基础理论。道德观教育理论主要包括四部分。

1. 职业道德教育

职业道德倡导爱岗敬业、办事公正、诚实守信、服务群众、奉献社会。职业道德教育要帮助人们树立爱岗敬业意识，干一行，爱一行，专一行，以主人翁的责任感全身心地投入自己的工作中去，要恪守职业道德规范，做到公平、公正、公道，要树立职业无高低贵贱之分，只有分工不同，各行各业的从业者无高低贵贱之分，在政治上、人格上一律平等的观念。

2. 社会公德教育

社会公德是人们在人与人、人与社会的交往中，在人与自然的相处中所应该遵守的行为准则，包括文明礼貌、爱护公物、保护环境、助人为乐、遵纪守法等。社会公德教育就是要帮助人们了解社会公德的内容，运用多种途径，采取多种方式，营造良好的氛围，提高人们的思想道德素质和文明素质。

3. 恋爱、婚姻和家庭道德教育

高尚的爱情、美满的婚姻、和谐的家庭对个人的身心健康、社会的稳定发展都有重要意义。恋爱、婚姻和家庭道德教育就是要教育人们把共同理想、情趣作为爱情基础，把思想品德放在第一位，要把爱情、事业、义务统一起来。

4. 共产主义道德教育

共产主义道德的核心就是集体主义，即坚持集体主义高于一切。共产主义道德教育就是要教育人们按照集体主义原则行事，分辨个人利益和个人主义的区别，将个人正当利益与集体、社会、国家整体利益保持一致。社会责任道德观是人们对社会责任所体现的道德因素的一种看法。大学生社会责任道德观是大学生从道德视角对自己的社会责任的总看法，主要包括职业是社会责任承担的载体，只有在职业中履行职责才能称得上是承担社会责任。对新时代大学生而言，学习是为职业做准备，也是一种职业。社会责任体现了人与社会的一种责任关系，这一关系中存在着起调节作用的社会公德。家庭是社会的细胞，家庭责任是社会责任的基础，是社会责任在家庭层面的缩影。社会责任意味着个人责任，家庭责任与社会责任冲突时，要发扬集体主义，义无反顾地承担起社会责任。因此，社会责任担当是一种职业美德，也是社会公德的一种体现，还是家庭道德的一种展示，更是共产主义道德的题中之意。大学生社会责任道德观教育要以道德观教育理论为指导，帮助人们按照道德要求承担好自己的社会责任。

## 四、国外教育学相关理论

国外教育学理论主要有以路易斯·拉斯为代表的价值澄清理论、以罗杰斯为代表的人本主义道德教育理论等，这些理论各自有着相应的适用性和局限性。

## （一）价值澄清理论

价值澄清教育理论重视现实生活，并且具有实效性和可操作性，因此较大地影响了国外道德教育的发展，并在国外各国得到较为广泛的传播和发展。在美国，主要以拉斯、哈明和西蒙等为代表。他们合著的《价值与教学》成为价值澄清理论的重要开山之作。在此基础上，柯申鲍姆针对国外无所适从的道德教育实际，撰写了《对价值澄清的澄清：一些理论问题》一书。该理论认为价值观教育的主体直接向教育客体灌输价值观念是不正确的，因为这样会对教育客体个人价值观的形成和发展造成阻碍。

价值澄清理论将价值相对论作为立论基础，认为在价值多元的现实社会中，在遇到挫折、转机抑或是处理问题时，每个个体都会面临着选择，他们所做出的选择都是根据自己已有的价值观。然而当选择比较急迫时，他们还没有明白自己所持的价值观是什么的时候，就已经有选择结果了。

因此，该理论认为教育主体的任务是利用一些特别的途径和方法，为教育客体确立自己的价值观，并创造环境以帮助教育客体在面临价值选择时，首先需要澄清自己选择时内心的价值观，从而提高教育客体在分析和处理各种道德与社会问题时的能力。运用价值澄清理论以强调教育客体的主体性，需要具备以下四个要素。①选择一个与价值观或道德相关联的主题。主题包括与日常生活或者政治有关的问题，可以由教育主体选定，也可以由教育客体选定。②教育主体在引导选择与价值观或道德相关联的主题时，需要促使教育客体理解目前人们所关注与重视的东西，并用理智的方式在可供选择的价值观点中，分析不同选择的结果。③在确定相关联的主题后，教育主体应该积极引导并帮助教育客体去思考这一主题。④在讨论主题的过程中，教育主体需要尊重教育客体在讨论过程中所提的观点和意见，并为教育客体创造和谐的讨论氛围。价值澄清理论正是通过引导教育客体在没有外在压力的情况下做出自由选择，随后用重复的形式来践行这样的价值观，从而促使教育客体走上独立而正确的价值选择之路的。

价值澄清理论具有很多优势，然而其也有难以摆脱的缺陷。①忽视理解道德教育内容，缺乏对道德行为培养和训练的重视，容易导致形式主义。②把相对主义价值观作为教育理论的基础，很容易滑入道德的相对主义。教育主体只是重视“我们的价值标准不同”，因此缺乏单一而权威的答案。③强调在价值多元的现实社会生活中，个体根据已有的价值观和经验分析，在多种价值观面前做出选择。在群体之中，个人不可避免会受到群体的影响，为了不被排斥抑或是孤立，个体便容易选择与群体的多数保持一致，那么在选择上就会出现道德从众现象。

价值澄清的过程必须要经历以下“三个阶段”“七个步骤”。

第一阶段：选择。

①受教者自由选择。倘若受教者被迫采纳某种价值观，其无法将所接受的价值观整合到自己的价值观体系中。受教者可以自由进行选择，当且仅当受教者自己自由选择价值观时，其才能据此去行动。

②受教者从可供选择的项目中进行选择。施教者需要多提供些可以供受教者进行选择的项目，这样受教者才有进行自由选择的可能性。

③受教者对可能选择的后果进行独立思考后做出选择。对于多种多样的选择，受教者需要反复衡量利弊，在经过理性思考后，独立做出选择。

第二阶段：珍视。

④受教者对选择感到满意。受教者珍视自己所选择的价值观，并把其融入生活中，也为拥有理性的选择而感到自豪。

⑤受教者愿意向别人确认自己的选择。受教者高兴地确认经过自己考虑后所选择的价值观，并乐于与别人分享。

第三阶段：行动。

⑥受教者根据选择行动。施教者需要积极鼓励受教者将自己所选择的并信奉的价值观付诸行动，并在行动中彰显自己所选择的价值观。

⑦受教者以某种生活方式不断重复。受教者需要以前后贯通的形式将价值观付诸行动，使其成为某种相对固定的生活方式抑或是行为模式。

将价值澄清理论付诸实践的具体方法有二十几种，其中最主要的且具有显著效果的是书写、对话和讨论等方法。书写法适用于那些不太适合交换意见的场景，其需要经过精心设计和深层次的价值观思考。运用书写法，首先，施教者需要选择有价值的但可能容易出现价值冲突的社会问题；其次，受教者需要巧妙地独立设计问题，并谨慎地回答问题；最后，施教者需要鼓励受教者在独立完成价值书写后，公开自己的答案，并与施教者进行小范围的交流。而对话法主要针对那些对自身价值观不甚明确的受教者。往往以非正式而短暂的对话形式，出现在走廊、操场上抑或是其他施教者能接触到单个受教者的地方。施教者通过对受教者所说的话抑或是所做的事做出反应，鼓励受教者积极提出问题，并反省自己的思想、行为和生活，从而澄清自己的价值观。讨论法则主要通过团体讨论的形式。该方法主要是为了帮助受教者更加明确自己的价值观，并努力理解别人的价值观。在进行团体讨论的时候，为避免讨论变成争论抑或是少数几个健谈的受教者的私下讨论，在制订计划时，首先，施教者需要认真选择受教者深感困惑的问题，并设计出富有价值的主题；其次，施教者需要给每个受教者留有思考的余地，要求所有受教者在讨论之前安静地思考问题，并做好笔记；再次，施教者需要把受教者分成若干个小团体进行小范围的讨论，尽量促使每个受教者都有发言的机会；最后，施教者通过让小团体派代表发言、相互交流，从而促使受教者学到知识。

## （二）人本主义道德教育理论

人本主义道德教育理论，究其本质，是人本主义心理学理论在道德教育领域的延伸，即人本主义心理学家在进行关于心理学的研究的过程中，结合道德教育实践而阐发的一系列的教育见解。因此，人本主义道德教育理论的代表人物也是人本主义心理学的代表人物。其中，以马斯洛和罗杰斯为重要代表人物。罗杰斯在人本主义心理学研究过程中，比较关注将理论与教育实践相结合，并提出不少针对学校教育工作的有益见解。“自我实现”是人本主义心理学理论的核心概念，德国医生哥尔德斯坦最早提出心理学自我实现这一概念。在第一次世界大战期间，哥尔德斯坦在医治伤员的过程中，总结出一套机体整体论的思想，并将其全部的思想总结在《机体论》一书中。其认为有机体是由一种主要的内驱力激发的，而该种内驱力便是个人对实现自身潜能的不断追求。马斯洛和罗杰斯关于人本主义自我实现论主要来源于哥尔德斯坦的《机体论》，马斯洛在动机论中证实了“自我实现”这一概念的真实性，提出了一套自我实现理论，其将“自我实现”作为最高级需要，排列在需要层次的“象牙塔”之巅；而罗杰斯的自我实现理论与马斯洛的理论有所不同，其在哥尔德斯坦和马斯洛的共同影响下提出了“人类有机体最基本的动机便是自我实现的需要”。同时，罗杰斯也指出人的其他动机都是“自我实现”的不同表现形式。受心理物理场和现象学派的影响，罗杰斯认为每个人的内心或经验世界都是一个现象场，他们都以独特的方式感知这个世界，因而人们内心隐私世界的现象场也不尽相同。自我是现象场中与自身相关的知觉，即个人独特的思想、观念、价值，以及对事物的态度等。由于人的发展是在与环境的交互作用中实现的，因此自我便开始与环境分化开来。个体直接的机体经验和别人的评价决定着个人自我概念的形成。

因此，个人的观念、知觉和态度等实际上是自身经验和别人评价相结合的产物。20 世纪 40 年代以后，罗杰斯开始逐渐将他的理论应用于临床治疗，并在此基础上创立了心理治疗方法，从而使人本主义理论中关于“人的本性是积极向上”“人生来具有自我实现的趋向”等观点得到了佐证。

人本主义道德教育理论与其他理论相比，具有明显的跨学科、综合性的特征，从而在心理学、社会学、哲学和教育学等领域都有较大影响。跨学科的特点促使人本主义道德教育理论根基深厚、思想深刻。同时，人本主义者所强调的自我实现和完善人格等概念超越了以往道德教育理论的范畴，但又不失其被当作道德现象或道德教育现象研究的必要性。同时，人本主义道德教育理论强调将建立新型的师生关系作为教育成功的首要前提。该理论把以人为中心的观点置于教育的研究领域，提出改变过去以教师或权威领导者为中心的传统，并建立以学生为中心的新型师生关系。在该种新型师生关系中，教师是学生成长的促进者，教学活动的过程是启发的过程，而不是灌输的过程。在进行具体道德教育的时候，人本主义道德教育理论要求营造一种能使学生表达内心真实世界的氛围。同时，教师要积极倾听，耐心接受。价值观澄清理论要求教师将学生心目中已有的价值观念通过提问的程序引发出来，而人本主义道德教育理论不要求教师进行提问，只是复述学生的表达，以帮助他们理清表达内容，因而具有一定的局限性。

## 五、社会心理学相关理论

社会心理学相关理论主要包括道德认知发展理论、儿童道德发展理论和人格发展八阶段理论。道德认知发展理论认为，整个教育的过程是在一个相对宽松开放的环境下让受教者各抒己见的，而并不需要达成一致的结论。皮亚杰提出的儿童道德发展理论，主要集中在儿童道德情感和道德判断两个方面，即儿童尊敬情感和责任感、对规则的态度、对正确和错误的判断，以及关于“公正”的评价等。而埃里克森的人格发展八阶段理论主要观点是人的品德和个性在最开始的时候并无好坏之分，其有向任何一个方向和程度发展的可能。

### （一）道德认知发展理论

在20世纪五六十年代，美国人民漠视社会道德，而过分崇拜科学技术，整个社会因此出现道德危机与混乱。在综合皮亚杰、涂尔干以及杜威教育思想的基础上，著名教育学家柯尔伯格比较分析了美国城市中学和以色列集体农庄的教育经验，通过实验创造性地得出“道德思维能力是内在于个体身上，并随着个体的成熟而发展”的结论，从根本上改变了传统的道德仅仅是社会道德灌输教育结果的观点，从而形成道德认知发展理论。该理论通过两难故事的方法进行道德和价值观教育。教育过程从关于价值抑或是道德的两难问题展开，随后对这一两难问题给予假定的理解后，并进行检验推理，最后反思个人的理解。道德发展的核心是道德能力的提高，而道德认知发展具有阶段性。因此，判断能力的发展对群体核心价值观教育而言也是具有阶段性的。要实现核心价值观教育的目标指向，需要鼓励受教者在道德认知冲突中实现自我选择，只有这样才能促使群体激发道德思维，并在寻求社会接受和自我实现的过程中达到较高的阶段。

道德认知发展过程需要经历以下“三种水平”“六个阶段”。

1. 前习俗水平

个体会关注行为的结果和与之相关的利益关系，其道德的价值不在于准则，而主要表现于外在的要求，包括以下两个阶段。

第一阶段，服从与惩罚的道德定向。儿童在这个阶段中，会因为担心受到惩罚而对成人抑或是准则采取服从的态度。

第二阶段，相对的快乐主义的道德定向。儿童处在这个阶段，在进行道德评价的时候，开始学会将需要与行为联系起来，但是由于较为强烈的自我意识，其会认为符合自己需要的行为便是正确的。

2. 习俗水平

个体会逐渐开始关注社会的希望和他人的要求，其道德价值在于为社会尽义务和满足他人的要求，旨在维持社会的秩序，包括以下两个阶段。

第三阶段，好孩子的道德定向。在这个阶段，个体在进行道德评价时，总会考虑他人和社会对“好孩子”的期许和要求，并会逐渐尝试尽量按照他们的期许和要求展开思考。

第四阶段，遵从权威与维护社会秩序的道德定向。在这个阶段，个体开始逐渐意识到维持普遍社会秩序的重要性和必要性，并越来越注重对相关法律和权威的服从，以及对行为准则的遵守。

3. 后习俗水平

个体不仅会自觉地遵守行为准则，还会愈发认识到法律的特殊性，并会认真考虑在人类正义和个人尊严的基础上，形成超越法律的普遍性的原则，包括以下两个阶段。

第五阶段，民主地承认法律的道德定向。在这个阶段，个体将不再把社会公则和法律当作不可变更的条文，并愈发认识到其的灵活性。

第六阶段，普遍原则的道德定向。个体在这个阶段，会逐渐认识到社会秩序和维持共同秩序的重要性。

## （二）儿童道德发展理论

皮亚杰提出了儿童道德发展理论，在他看来，与智慧和认识的发展过程相一致，道德的发展也会相应地呈现出一些阶段性的特征。因此，皮亚杰将儿童道德发展的过程分为感知运动、前运算、具体运算和形式运算阶段这四个阶段。

1. 感知运动阶段

感知运动阶段对儿童今后的发展有很大的影响，包括从婴儿诞生到语言出现这两年左右的时间。因为在这一期间他建成了所有的认识基础，作为他日后知觉发展和智慧发展的起点，同时还建成了一定数量的基本的情绪反应，这些将部分地决定着他日后的情感。首先是智慧的发展，根据该阶段婴儿发展的水平不同，皮亚杰将感知运动阶段智慧的发展分为以下六个时期。一是反射练习时期（出生至一个月）。在这个时期，婴儿活动主要是遗传性的反射活动，主要表现在从被动的反射发展为积极地利用这些反射活动。二是习惯动作时期（一个月至四个半月）。在这个时期，婴儿的发展主要是不同的感觉运动开始协调。三是有目的的动作形成时期（四个半月至九个月）。在这个时期，婴儿开始选择某些能够引起有趣的效果的活动。四是手段和目的分化时期（九个月至十一二个月）。在这个时期，婴儿能够在新环境中，运用其过去学过的一些手段来达到目的。五是感知运动智慧时期（十一二个月至十八个月）。在这个时期，婴儿能够通过“尝试—错误”的方法发现新的手段以达到目的，同时，他们开始产生关于客体稳定性的认识。在此之前，自我和外在世界没有分化开来，他们没有“自我”的个人意识，总认为自己是宇宙的中心。而关于客体稳定性的认识使其建成了客观宇宙，在这个客观宇宙中，主体自己的身体乃是许多因素中的一个因素，而在主体自己身体内部的活动则是和这个客观宇宙对立的。六是感知运动智慧的综合时期（十八个月至两岁）。儿童在这个时期，首先，行动格式开始内化，并能够在头脑中将许多行动格式相联系，从而产生新的手段来解决新的问题。其次是情感的发展，其与智慧的发展相适应。初生的婴儿有构成情绪的情感反射，这些反射与生理系统有着密切联系。在婴儿获得关于客体稳定性的认识之前，其的情感仅与自己的动作有所联系，而其他的人与物都不会引起情感反应。当婴儿获得关于客体稳定性的认识后，客体便逐渐成了独立于自我之外的对象，婴儿的情感便会产生相应的变化。一方面与客体的构成紧密相关，借助于现实的内在一端，开始逐渐意识到有一个自我的存在，以区别于外在的抑或是客观的一端。另一方面在和这个自我的类比下，把客体视为生动、有生气和有意识的东西了。对人类这个尤其不可预测、有趣的客体而言，特别如此。现在由于人与物的客体化，欢喜与哀愁、成功与失败这些基本的情感而随之发生了变化，并发展成人与人之间的情感了。

2. 前运算阶段

皮亚杰将两岁至七岁的阶段称为前运算时期抑或是自我中心时期，该阶段将儿童开始运用象征化的符号作为主要标志。就语言的实质而言，其是约定俗成的、在社会生活中产生的象征化符号，因此，语言的出现也标志着这个时期的开始。

（1）自我中心的思维

在这个阶段，儿童的思维与以前的行为有着一定的连续性，开始以一种自我中心的态度来对待其面临的客观世界，从而出现表象思维，既表现在延缓模仿的活动中，又表现在“象征性游戏”中，并逐渐过渡到直观思维。直观思维是儿童最倾向现实的思维形式。

（2）单方面的尊敬情感

在情感方面，儿童处在这个阶段的主要特征是对成人单方面的尊敬。在皮亚杰看来，这种对成人单方面尊敬的情感，既不像康德所认为的来自法律，也不像涂尔干所主张的来自体现个人的社会集体；它是幼儿和他周围人的感情关系中的一个主要现实。与此同时，皮亚杰认为情感和认知是不可分割的，其在《儿童的语言与思维》一书中，不但分析了儿童语言与思维的特点及两者之间的关系，也研究了语言对儿童社会化影响的过程。儿童对成人说话，首先是把他当作真理的源泉，而不是把他当作具有同等智力的反对者或合作者。在这个阶段，儿童思维的不可逆性和他们所处的劣势地位使这种尊敬的情感以儿童对成人单方面尊敬的形式表现出来。

（3）规则的实践

皮亚杰认为，所有道德都是一个规则体系，而且，所有道德的实质都要在人所学会的那种对于规则的尊重中去求。因此，他对儿童道德发展理论的研究是从心理学的角度探索儿童“怎样”尊重规则来展开的。

（4）规则的意识

皮亚杰表明，儿童的规则意识在该阶段的不同时期是有变化的。六岁左右，儿童的典型特征是认为规则来源于成人，而且将永远存在下去；规则是神圣的，不可触犯。儿童对成人的尊敬是单方面的，而尊敬却包含爱和怕两个方面，它是同劣势地位和优势地位间的关系相联系的，从而决定对命令的接受，最后导致责任感的形成。因此，儿童在这个阶段，一方面，把规则看作神圣而不可变更的；另一方面，实际上，他们并不会将这些规则真正付诸实践。所以，皮亚杰认为这两种特征由于单方面尊敬的内部逻辑而得以共存。儿童对成人单方面的尊敬和成人对儿童所施加的强制，由此造成儿童在规则意识和实践间的矛盾。

（5）客观责任感

客观责任感是指儿童对行为做出判断的主要依据是行为符合或违犯规则的程度，而不考虑行为者的主观动机。皮亚杰关于儿童客观责任的研究，集中分析儿童对说谎行为做出的评价。

（6）抵罪的惩罚

皮亚杰对儿童惩罚的研究围绕着以下两个问题展开：一是儿童认为什么类型的惩罚是公正而合理的；二是儿童认为施加什么类型的惩罚是更加有效的。

3. 具体运算阶段

七岁至十二岁阶段的儿童可以进行具体运算，因此皮亚杰将七岁至十二岁阶段称为具体运算阶段。在道德的发展方面，儿童在这个阶段逐渐由前运算阶段的他律向自律过渡。皮亚杰指出，自律的道德是随着社会性互相协作的进展以及相应的运算的发展，儿童获得了新的基于相互尊敬的道德关系而产生的。在规则的意识方面，皮亚杰则认为儿童在这个年龄阶段会经历一些重大的变化；在规则的实践方面，这个阶段最重要的特征是协作。因此，皮亚杰认为，合作的过程消除了对强制的神秘看法，并且导致了规则成功的运用和对规则含义更为广泛而内化的理解。

因此，该阶段的儿童不但可以掌握谎言的确切含义，而且关于谎言内容和后果的评价也转向着重于主观的意图。儿童间的协作和互相尊敬除了引起规则观的变化以外，还会使这个阶段儿童的公正感得到发展。同时，皮亚杰认为，意志是能量的调节者，其同具体运算的思维有着密切的联系，是儿童成长到一定阶段的时候所呈现出的一种机能。

4. 形式运算阶段

大约从十二岁开始，儿童进入青春期。在认知的发展方面，这个阶段的儿童会出现新的逻辑运算，从而达到形式运算的水平。与以前的发展阶段一致，儿童在情感方面的变化与思维领域的变化是息息相关的。因为形式运算阶段可以对超出特定经验范围的抽象观念进行运算，所以儿童借助于形式思维，进一步获得了超越个人价值的新境界。皮亚杰指出，同样的情况也适用于社会公正、合理、审美及社会理想等概念。

该阶段儿童在情感领域里所表现出来的特征，对人格的形成具有举足轻重的作用。儿童可以根据自己的价值标准对一些道德问题做出判断。在进行判断时，他们从考虑规则的要求转向考虑有关人的需要。

因此，在公正感方面，他们逐渐开始把公道的原则作为进行道德判断的内在基础。在形式运算阶段，儿童的思维、情感和道德的发展都会逐渐臻于成熟，随着人格的逐步形成，他们也开始向成人的生活过渡。

## （三）人格发展八阶段理论

人格发展八阶段理论的主要观点是人的品德和个性在开始的时候并无好坏之分，其有向任何一个程度发展的可能性。在人格发展的各阶段中，个体的人格发展有着鲜明的阶段性，因为所需要完成的任务不同，每个阶段都要完成个体发展的某些特定任务，不同个体所形成的行为模式也有所不同。

个体按照发展阶段的顺序展开，前一阶段的具体情况会对后一阶段的发展产生诸多积极或消极的影响。与此同时，因为受到社会文化的制约，个体会在人格发展的每个阶段都存在着一些具有普遍性的问题。

1. 信任与不信任阶段

信任与不信任的感受与体验对个体而言，是非常重要的。埃里克森认为“婴儿为了有意识地体验信任，必须拥有不信任的体验”。像是当婴儿觉察到照料者对自己的态度和行为始终一致，便会信赖照料者的行为；而当其感觉到照料者是不可以信赖的时候，不信任感便会油然而生。

2. 自主与疑虑阶段

往往在一岁半后，儿童由于在心理上不断获得成熟，其基本已经可以独立完成一些任务，并随着参加一些基本交际活动，他们的自主性开始逐渐增强。儿童逐渐开始感知到来自他人和社会的期待和压力，因此羞怯和疑虑的感受也随之逐渐增强。

3. 愧疚阶段

一般在 3 岁至 6 岁间，随着儿童活动范围的扩大，其在活动中逐步形成的行为主动性不断推动其完成新的任务。但由于在这个年龄段的儿童，在各方面的活动能力都十分受限，因此会产生内疚感。

4. 勤奋与自卑阶段

一般是在 6 岁左右，儿童开始从事有关学习的活动。由于自身的逐步成熟，以及来自家庭、学校和社会的期许和要求，他们开始在生活中正视勤奋学习和健康成长的重要性，但因为在学习中，不断遇到挑战，他们的自卑感也逐渐开始增加。

5. 同一性和角色混乱阶段

随着个体进入青年期，他们开始建立自我同一感。具有自我同一感的青年会不断通过自己的行为形成实际的、自我肯定的积极意向。同时，而不具有自我同一感的青年则不会产生正确的自我意识，甚至错误地进行自我定位，因而造成角色混乱。

6. 亲密与孤独阶段

个体在成年早期通常会存在过分关注自己的问题。十分关注自我和自身的前途与发展问题，但这与成年早期的任务并不十分匹配，因而逐渐产生孤独的感受。

7. 繁殖与停滞阶段

“繁殖”既指生育后代，也包括通过活动创造物质和思想。进入成年期后，个体会与异性形成亲密性的关系，并开始注重养育下一代。即使个体不能生育，也会通过关心和指导下一代，以产生繁殖感，而无法产生繁殖感的个体，则会出现人格的停滞与贫乏。

8. 自我整合和失望阶段

进入老年期后，个体会逐渐接受死亡，因而开始较多地留恋和回顾走过的一生。在回望走过的漫漫人生道路的时候，想起曾经未能实现的愿望和理想，个体便会产生较多的失望感。而当个体经历失望时，会通过自我整合来弥补失望之感。

人格发展八阶段理论详细探讨了个体与社会生活中的诸多冲突在人格发展八阶段中的作用，并将对人格发展的研究延伸到生命的整个历程。同时，该理论强调人格发展阶段的顺序性及前阶段对后阶段的影响。综上所述，在进行德育的过程中，应采取科学而系统的培养措施，从而发展个体健全的人格。

## 六、当代社会责任伦理

随着中国特色社会主义建设进程的不断推进，责任问题不断凸显并且受到广泛关注。为解决社会上出现的责任问题，国内学术界开始注重责任伦理的研究。当代社会责任伦理是对传统规范伦理学的继承与发展，相对于我国传统规范伦理，当代社会责任伦理有以下两个方面的特点。

### （一）注重人的需要

当代社会责任伦理将人的需要作为初始动力。人的需要包括生存需要和发展需要，而责任是每个个体得以生存的保障，高度的社会责任感也是每一个个体得以发展的前提。因此，每个个体自觉承担自身的责任是人类社会发展的前提，也是整个社会和谐稳定的前提。

### （二）强调社会伦理思想

如果说“家本位”的中国传统伦理是一种私人伦理，那么当代中国特色责任伦理则是一种社会伦理。社会伦理就是用来调节个人与个人、组织与组织、个人与组织之间关系的。其中无论是个人还是组织都以“角色”的名义出现，而责任则伴随角色而生。因此，当代社会责任伦理将角色作为研究的逻辑起点，强调慎独精神。

# 第三节　大学生社会责任感教育的重要意义

## 一、大学生社会责任感教育的重要性考察

大学生社会责任感教育的重要性可以从宏观、中观、微观三个层次来考察，每一层次都包含了具体层次、具体内容，都论述了新时代大学生社会责任感教育对社会各方面的重要作用。

### （一）大学生社会责任感教育的宏观重要性

大学生社会责任感教育的宏观重要性指大学生社会责任感教育对国家和社会的重要作用，具体包括以下两方面。

1. 对实现中华民族伟大复兴中国梦的重要性

梦想，即梦中幻想，是人们对未来的一种美好期望，是一种必须付出努力才能实现的未来状态，是一种让人们感到坚持就是幸福的人生信仰。司马相如在《长门赋》中说道：“忽寝寐而梦想兮，魄若君之在旁。”其表达了皇后陈阿娇失宠后对得宠的美好向往。关于梦想中外名人都有相关言论。另外，在电视节目当中也有一些关于梦想主题的选秀节目，如中国梦想秀、中国达人秀等。这些节目为人们实现梦想搭建了一个平台。可见，人是要有梦想的，人类因梦想而美丽，梦想是人类永恒的主题。梦想有大小之分，有个人梦想、家庭梦想、

职业梦想、社会梦想、国家梦想。当今，党领导全国人民实现中华民族伟大复兴中国梦是最伟大的梦想。在“中华民族伟大复兴中国梦”这一表述中，“中华民族伟大复兴”作为“中国梦”的定语，对“中国梦”起修饰限定作用，意为“中国梦”是全体中华民族的梦、是伟大的梦、是复兴的梦。这表明中国梦的提出不是空穴来风，有其一定的渊源。新时代大学生是实现中华民族伟大复兴中国梦的主要力量，大学生社会责任感教育对实现中华民族伟大复兴中国梦有重要作用。

（1）大学生社会责任感教育对实现中华民族的中国梦的作用

中国梦是中华民族的梦。中华民族是一个政治术语，指的是包括汉族在内的56个民族的统称，不是56个民族简单相加的数量意义上的集合体，而是自古以来56个民族在不断交往、不断融合过程中形成的有共同经历、共同文化、共同精神的集合体。中华民族在漫长的历史长河中逐步形成了爱国主义精神、创造精神、奋斗精神、团结精神、梦想精神。这些精神是中华民族精神的生动体现。中华民族精神的形成正是在各民族担当国家和社会责任中形成的。以爱国主义精神为例。爱国主义是一种对于自己生长的国土和民族所怀有的被整个民族心理所认同的依恋之情。在新时代大学生社会责任感教育中，我们可以对新时代大学生进行爱校教育，培养大学生对于自己学习和生活的学校怀有一种热爱、依恋之情，在此基础上扩展到爱社会、爱国家。以创造精神为例。创新创业教育是新时代大学生在高校受教育的主要内容之一。创新创业在社会各个领域、各个行业都存在，因此任何专业的大学生都应该接受创新创业教育，培养自身的创造精神。以奋斗精神为例。人没有奋斗精神就不能创造美好生活，社会没有奋斗精神就不能发展进步，国家没有奋斗精神就不能屹立于世界民族之林。一个没有奋斗精神的人很难说能担当起责任。以团结精神为例，随着社会分工的精细化，单靠一人之力难以完成。担当社会责任重在行动，行动重在人们之间的团结合作。新时代大学生社会责任感教育要培养大学生的团结协作精神。以梦想精神为例，梦想是前进的动力。新时代大学生大多数对人生都充满期待，整体上积极乐观进取，这是新时代大学生梦想教育的有利因素。只有将担当社会责任融入自己的梦想当中，梦想才有具体的内容。

（2）大学生社会责任感教育对实现伟大的中国梦的作用

①实现中国梦要进行伟大斗争。在新民主主义革命时期，党领导全国人民进行了反帝反封建的伟大斗争，包括抗日战争、解放战争、抗美援朝等。在社会主义建设中，党领导全国人民进行了社会主义改造、改革开放的伟大斗争。新时代，党领导全国人民进行着全面建成小康社会、实现中国梦的伟大斗争。

②实现中国梦要建设伟大工程。这里的伟大工程是指党的建设伟大工程。历史证明，中国共产党的领导是历史和人民的选择，是中国特色社会主义的本质特征，也是中国特色社会主义的最大优势。党的建设这一伟大工程包括党的政治建设、党的组织建设、党的思想建设、党的作风建设这四大子工程。实现中国梦是中国历史的必然走向，是人民的期望，是中国特色社会主义的本质和优越性的体现。

③实现中国梦要推进伟大事业。这里的伟大事业指的是中国特色社会主义伟大事业。推进伟大事业需要坚定不移地走中国特色社会主义道路，树立中国特色社会主义道路自信、理论自信、制度自信、文化自信，继续统筹推进"五位一体"总体布局、协调推进"四个全面"战略布局。大学生社会责任感教育要培养大学生的伟大斗争责任、建设伟大工程的责任、推进伟大事业的责任。

（3）大学生社会责任感教育对实现复兴的中国梦的作用

复兴意味着衰弱后再兴盛起来，是一个从兴盛到衰弱再到兴盛的螺旋式上升过程。中国梦是复兴的梦，意味着中国梦在中国历史上曾经出现过，中国要经历从兴盛到衰弱再到兴盛的过程。从历史来看，唐朝应该是中国古代历史上，当时世界上最强盛的国家。唐朝版图最大，科技、经济、文化、外交都很发达，先后经历贞观之治、开元盛世的盛唐时期。周边许多国家在经济、政治、文化等方面都受到唐朝的影响。"唐人""唐装""唐诗""唐人街"等一些我们耳熟能详的词汇，从侧面也反映出当时唐朝的地位和国内外的影响力。中国的衰落从清朝晚期开始，最显著的标志就是鸦片战争。鸦片战争标志着中国开始进入半殖民地半封建社会，从此中国人民生活在水深火热之中。自此，中国人民开始了艰苦而漫长的反帝反封建斗争，但都以失败而告终。自从中国共产党成立后，在经过新中国的建立和改革开放后，中国日益从衰弱走向兴盛。新时代，中国提出了实现中国梦的目标，意味着中国踏上了新的兴盛之路。以盛唐时期为代表的中国古代的辉煌是新时代大学生引以为豪的，通过这些辉煌历史的教育，新时代大学生感到有责任再现中国的辉煌。同时，中国的衰弱也可以被视为一种对新时代大学生社会责任感教育的契机。如果把中国古代的辉煌看成顺境，那么中国近代的衰弱则可以看成逆境。抓住这一逆境对新时代大学生进行荣辱观教育、艰苦奋斗教育、自立自强教育，可以使新时代大学生化悲痛为力量，化耻辱为动力，为大学生担当社会责任提供精神驱动力。

2. 对社会治理体系和治理能力现代化的重要性

所谓社会治理，就是政府、社会组织、企事业单位、社区以及个人等诸行为者，通过建立平等的合作型伙伴关系，依法对社会事务、社会组织和社会生活进行规范和管理，最终实现公共利益最大化的过程。社会治理的主体就是政府、社会组织、企事业单位、社区以及个人等。社会治理的客体就是社会事务、社会组织和社会生活等领域。社会治理主体间的关系是一种平等合作型的伙伴关系。社会治理的原则是依法依规进行规范管理。社会治理的目标是实现公共利益最大化。

因此，在一定程度上来说，社会治理主体、社会治理客体、社会治理主体间关系、社会治理原则、社会治理目标这五要素构成了社会治理体系。如果给社会治理体系下个定义的话，可以阐述为：社会治理体系就是社会治理主体在一定的社会治理主体间关系中，按照一定的社会治理原则对一定客体实行系统的社会治理，实现一定的社会治理目标。社会治理能力需要以社会治理体系为依托，社会治理能力不是一项单一能力，而是体系能力。如果把构成社会治理体系的五要素看成五个部分，那么社会治理体系则可以看成一个整体。根据整体与部分关系原理可知：整体功能之和不等于各部分功能之和简单地机械地相加，整体功能大于各部分功能之和。

因此，社会治理能力也并不等于社会治理体系中每一个要素的简单相加，而是要体现在社会治理体系总体能力上。可以说，社会治理体系本身就是一种社会治理能力。关于社会治理体系和治理能力现代化，党和国家提出了许多对策。例如：十八届三中全会决定要求“创新社会治理体制”；十八届四中全会提出要提高社会治理法治化水平；十八届五中全会提出要加强和创新社会治理。十九大报告提出“打造共建共治共享的社会治理格局”“加强社会治理制度建设，完善党委领导、政府负责、社会协同、公众参与、法治保障的社会治理体制，提高社会治理社会化、法治化、智能化、专业化水平”。可见，党和国家非常重视社会治理体系和治理能力现代化这一课题。理想的社会治理状态是善治，善治的特征是合法性、透明性、责任性、法治和有效。在社会治理视域下，大学生的社会责任感教育被赋予了更多新的色彩，如民主参与、多元主体共治、对社会责任的公共理性认同、服务社会的责任长效运行机制等，体现了大学生社会责任感教育的现代性维度。关于治理与社会责任感教育的关系研究，笔者认为社会责任的重要维度是积极维护民主政治，民主法治制度的建立和运行不仅取决于政治构架，还取决于公民的性质、公民的道德。民主法治制度为每一个公民提供了大量进行判断、选择和行动的机会，公民个体如果没有相应的文化水平和道德素质，不能通过承担相应的道德责任进行理性的判断、选择和行动，民主法治制度就不能进步，甚至不能维系。美国著名的行政伦理学家库柏认为公民的核心责任之一是参与建构政体的过程。在这里，参与的质量和类型比单纯的参与数量更为重要，因此，参与不能仅仅限制在投票、运用选举制度或投入政治活动中。它要求建立一个可以于其中交流思想的政治社群，以便维持民主的建构和政体重构。政治理论家阿伦特认为，每个社会成员只有行使了公民责任和义务，才算是一个真正的公民。换言之，不行公民之职即不是公民。公民是一种行为，是一种实践，不只是一种形式身份。从以上论述中可以认为新时代大学生社会责任感教育对社会治理体系和治理能力现代化的重要性体现在以下方面。

（1）大学生社会责任感教育本身是教育治理体系和治理能力现代化的题中之义

社会治理是全社会各部门及个人共同参与的共同、共享治理，涉及社会的经济、政治、文化、生态等各方面，教育自然也属于社会治理中的一部分。因此，社会治理体系和治理能力现代化包括教育治理体系和治理能力现代化。教育治理也需要教育主管部门、学校、学生个人、社会等各方面的参与。教育主管部门为大学生社会责任感教育制订规划；学校是大学生社会责任感教育的承担者，负责具体实施；学生个人是大学生社会责任感教育的受教育者和自我教育实施者，需要发挥自我教育的主观能动性；社会是大学生社会责任感教育的载体。因此，大学生社会责任感教育涉及教育主管部门、学校、学生个人、社会等各方面，这些方面的有机协调、紧密配合是教育治理体系和治理能力现代化的体现。

（2）大学生社会责任感教育也是一种公民责任和义务的教育

各个国家对教育的共同要求就是培养能履行国家宪法所规定的职责、义务，能担负国家和社会责任的公民。德国教育家凯兴斯泰纳提出教育要以培养“公民”为目标，公立学校要培养“有用的国家公民”，“有用的国家公民”应该了解国家的任务、明确自己的职责、掌握必要的技能、承担国家给的工作、具备国家所要求的品德、服从国家利益。我国教育的目的就是培养“有理想、有道德、有文化、有纪律”的德、智、体、美、劳等全面发展的社会主义事业建设者和接班人，即合格的公民。从定义上来说，公民是指具有某一国国籍，在享有该国法律规定的权利的同时，必须履行该国法律规定的责任和义务的人。公民在享有权利的同时，也要更好地履行责任和义务。大学生社会责任感教育要以公民责任和义务教育为主要内容。

（3）大学生社会责任感教育能促进新时代大学生的社会参与

按照美国著名教育家和心理学家布卢姆的教育目标分类理论，可以把教育目标分为认知、情感和动作技能三类。社会责任感教育目标也可以分为社会责任认知、社会责任情感和社会责任动作技能（社会责任动作技能实际上就是担当社会责任的能力，回答的是“以何种本事”来担当的问题）三类。可见，社会责任感教育是一种多方面的综合性教育。社会参与也是一种多层次、多方面的参与。多层次体现在社会参与是一个从低层次向高层次发展的过程，即从对社会参与的认识到实际的社会参与。这类似于教育目标中的先产生认识，才能产生情感，最后做出行动。多方面体现在经济参与、政治参与、文化参与、生态参与等方面。新时代大学生的社会参与要根据大学生的自身特点和时代特点有选择性地进行有效参与，然而这需要对大学生进行社会责任感教育。

## （二）大学生社会责任感教育的中观重要性

国家和社会属于宏观方面，社会由经济社会、政治社会、文化社会等构成，教育也包含其中。教育按不同标准有不同分法。按层次分，教育可分为学前教育、幼儿教育、基础教育、高等教育等。高等教育处在一个承上启下、左右衔接的特殊阶段，它承启着学生和非学生之间、非成人和成人之间的转换，它衔接着社会各方面。如果说思想政治工作是一切工作的生命线，那么高校思想政治工作是高校一切工作的生命线，对高校的发展至关重要。大学生社会责任感教育的中观重要性体现在以下方面。

### 1. 对高校思想政治工作的重要性

高校思想政治工作主要包括两方面：一是高校思想政治教育，主要指高校思想政治理论课；二是高校思想政治教育之外的思想政治工作，主要指高校思想政治理论课的规划设计，高校共青团工作，高校课外实践活动，高校教职工、行政管理人员的政治教育等。大学生社会责任感教育对高校思想政治工作的重要性体现在以下方面。

（1）大学生社会责任感教育是高校思想政治工作的一项重要内容

高校思想政治教育是高校思想政治工作的重中之重。开展思想政治教育，可以提高高校思想政治工作相关人员的思想政治素质，使他们自觉做好高校思想政治工作的方方面面。高校思想政治工作归根到底是做人的工作，高校思想政治教育归根到底也是做人的工作。除此之外，高校思想政治工作还包括以下方面。

一是高校思想政治工作指导思想的宣传。高校思想政治工作的指导思想包括马克思列宁主义、毛泽东思想、邓小平理论、“三个代表”重要思想、科学发展观、习近平新时代中国特色社会主义思想及习近平关于高校思想政治工作的重要论述。高校思想政治工作要确保方向正确，就必须在高校宣传这些指导思想并认真学习领会。

二是坚持和落实高校思想政治的原则性工作。高校思想政治的原则性工作包括坚持党对高校思想政治工作的领导，把党的建设贯穿高校思想政治工作始终。坚持高校思想政治工作的社会主义方向，坚持马克思主义指导地位，坚持以全校师生、教职工为中心，更好为现代化高校建设服务。坚持思想政治工作的全员全过程全方位育人理念，形成思想政治理论课育人、思想政治工作科研育人、思想政治教育实践育人、思想政治工作管理育人相互配合的长效机制。

三是加强高校思想政治工作的价值引领。高校思想政治工作要引领高校社会主义核心价值观，中华优秀传统文化、革命文化、社会主义先进文化，高校思想政治理论课，高校马克思主义学院建设等方面工作的落实。

四是做好高校哲学社会科学等学科专业的思想政治教育工作。将思想政治教育融入哲学、历史学、政治学、法学、经济学、社会学、民族学、人口学、宗教学、新闻学、心理学等学科，并加强这些融合学科的教材教学体系的建设。

五是加强高校教师队伍、管理队伍建设。要提升高校教师、管理人员的思想政治素质，加强师德师风建设，增强教师教书育人的责任担当和管理人员的管理育人意识。

六是全面深化高校思想政治工作改革创新。以改革创新精神推动高校思想政治工作，组织师生参加社会实践活动，加强实践教学基地建设，把思想政治教育与解决实际问题相结合，健全高校思想政治工作评价体系。

以上高校思想政治工作的“六个方面”都是围绕大学生、服务大学生、发展大学生进行的。要服务好、发展好大学生，除了靠高校教职工的不懈努力，还要靠新时代广大大学生自身的努力。要发挥他们的作用，则需要对他们进行责任教育，尤其是社会责任感教育，使他们明白担当社会责任是需要付出努力的。

（2）大学生社会责任感教育能提高高校思想政治工作的成效

高校思想政治工作是一项系统工程，需要各部门各方面紧密配合。大学生社会责任感教育的主渠道是高校思想政治理论课。例如，在“思想道德修养与法律基础”这一门课程中，当学习“绪论”中“我们处在中国特色社会主义新时代”时，可讲授“新时代”的含义及特征，新时代对大学生意味着什么等内容，在学习“时代新人要以民族复兴为己任”时，可结合“新时代大学生社会责任感教育”这一主题。在“马克思主义基本原理概论”这一门课程中，当学习“事物的普遍联系与发展”这一节时，可联系社会责任、家庭责任、个人责任，讲授社会责任、家庭责任、个人责任的普遍联系与发展。在“毛泽东思想和中国特色社会主义理论体系概论”这一门课程中，可结合新民主主义革命时期的社会责任是“革命”，社会主义建设时期的社会责任是“建设”，新时代中国特色社会主义时期的社会责任是“中国梦”来讲授。在“中国近现代史纲要”这一门课程中，可从青年、大学生等进步人士的争取国家解放、民族独立的斗争史中，揭示他们的社会责任感。可以以这些勇于担当社会责任的青年、大学生等进步人士为榜样，进行大学生社会责任感教育。在“形势与政策”这一门课程中，可结合热点难点问题，例如，可引导大学生思考讨论中美贸易摩擦对新时代大学生担当社会责任有什么启示等问题。新时代大学生社会责任感教育的重要载体之一是高校共青团工作，大学生社会责任感教育的有效开展有利于高校共青团工作的顺利开展。高校共青团是共产主义青年团在高校中建立的基层组织，是团结高校内广大大学生的核心力量，受上级团组织和高校基层党组织的领导。其主要任务是，在中国共产党的领导下，发挥高校共青团团员的带头示范作用，以共产主义精神、共产主义道德教育广大大学生，引导他们用马克思列宁主义、毛泽东思想、邓小平理论、“三个代表”重要思想、科学发展观、习近平新时代中国特色社会主义思想武装头脑，帮助他们努力掌握现代文化科学知识和生产技能，积极参加社会活动、生产劳动、公益活动以及文体活动，同时还要关心广大大学生的生活，促进他们身心健康发展。大学生社会责任感教育的重点对象在共青团团员，主体在广大大学生，主要任务在于培养新时代大学生的马克思主义、科学文化的学习责任感和参加社会活动的实践责任感。另外，高校教职工、行政管理人员是大学生社会责任感教育的教育者，根据教育者与受教育者相互转换原理，他们在对大学生进行社会责任感教育的同时，自己也受到了社会责任方面的教育，自己的责任意识也得到增强，因而更有利于大学生社会责任感教育和高校思想政治工作的开展。

2. 对高校发展的重要性

发展是硬道理，是高校竞争的主要抓手。在当前“双一流”高校建设及各类高校排名的大背景下，各高校都在利用一切可利用的资源，深抓一切可抓住的机遇促进自身发展。发展意味着前进，前进一方面需要发挥引力的牵引作用，另一方面需要发挥推力的助推作用。前进的道路是曲折的，也避免不了上下起伏，这样有可能出现引力和推力的方向不一致。因此，为了保证引力与推力发挥在同一水平方向上的同向合力作用，需要设置一种方向力，以保证引力和推力的正确方向。高校的发展也是如此，需要发挥引力、推力、方向力的共同作用。

我们知道，力的产生需要施力者。同样，高校发展的施力者之一就是大学生社会责任感教育。

（1）大学生社会责任感教育是高校发展的引力

高校发展要走内涵式发展道路，内涵式发展需要提升高校文化内涵，这就需要加强高校文化建设，发挥高校文化引力的作用。我国高校发展在取得举世瞩目成就的同时，也出现一些诸如功利化发展、竞技化教育、空壳化内涵等问题。这些都与高校文化建设有关。而高校文化建设的关键是增强高校文化自信。如果说没有高度的文化自信，没有文化的繁荣兴盛，就没有中华民族伟大复兴，那么也可以说没有高度的高校文化自信，没有高校文化的繁荣兴盛，就没有高校的长远发展。高校文化自信和高校文化繁荣是高校发展的题中之义。高校文化自信体现在多个维度和多个领域。高校文化建设是高校文化自信的重要组成部分。加强高校文化建设，展示并宣传高校文化建设的辉煌成就，有利于增强高校文化荣誉感，提升高校文化自信。高校文化自信的提高反过来推动高校文化建设，二者相互促进。大学生是高校的主体，占高校人数的绝大部分，也是高校文化的主要建设者和受益者。在某种程度上说，大学生的整个文化形象代表着这所高校的文化。因此，新时代大学生对塑造自身良好的文化形象负有义不容辞的责任，高校文化建设要抓好新时代大学生的文化形象塑造工程。而抓好新时代大学生的文化形象塑造工程，除了要系统规划、整体推进、突出重点外，还要加强大学生社会责任感教育。

（2）大学生社会责任感教育是高校发展的推力

推力一般在事物的后面起推动作用。高校发展除了在前面起牵引作用的引力之外，还有在高校发展后面起推动作用的推力。推力的产生源于倒逼机制。高校发展也有两种倒逼机制。

①“双一流”建设带来的倒逼机制。“双一流”建设，即世界一流大学和一流学科建设。这是国家为建设教育强国，继“211 工程”“985 工程”之后的又一国家战略。这有利于提高高校的综合实力和国际竞争力，为实现中华民族伟大复兴中国梦提供智力支持。入选“双一流”的高校在很多方面都会得到国家的支持。中央和地方财政将高校开展“双一流”建设纳入财政预算。国家将鼓励有关部门和有关行业企业参与“双一流”建设，这样“双一流”高校的发展有了更多的资源。因此，各高校都把争取入选“双一流”作为自己的奋斗目标。另外，“双一流”高校的遴选也会打破终身制。这在给高校发展带来机遇的同时，也给高校带来了一定的压力，这就倒逼着高校要不断进取。

②高校排名带来的倒逼机制。排名现象在当今社会中具有普遍性，这是竞

争的结果，也是发展的动力。高校领域也存在各级各类排名。例如，世界 100 所著名大学排行榜，各个国家的大学排行榜，中国校友会对国内大学的排名等。还有分门别类地排名，如综合类高校排名、理工类高校排名、财经类高校排名等。

另外，我国的“211 工程”“985 工程”以及我们常说的一本、二本、三本，说到底也是高校的一种排名。高校排名是高校综合实力的显性表现，关系到高校发展所需各种资源的获得，也关系到生源质量。这些排名基本上实行的是滚动制，今天的排名成绩并不代表明天的排名成绩。

因此，面对各种排名，没有一所高校甘愿落后，这就倒逼着高校丝毫不能放松。高校发展的任务一部分落在新时代大学生的肩上。新时代大学生在担当社会责任，实现中华民族伟大复兴中国梦的同时，也要担当起促进高校发展的责任。因为中华民族伟大复兴中国梦也包括高校的发展之梦。

（3）大学生社会责任感教育是高校发展的方向力

在我国，公办高校占绝大多数，这从另外一个角度来看，也是高等教育阶级性、国家性的体现。我国是无产阶级领导的人民民主专政的社会主义国家。因此，我国高校发展要朝着这一方向。

具体来说，一是我国高校发展要以无产阶级为领导。无产阶级具有其他阶级无法比拟的优越性。而中国共产党是由无产阶级中的先进分子组成的，更具有优越性。因此，我国高校发展说到底要以中国共产党为领导。历史证明，中国共产党是中国革命、建设事业的领导核心，中国共产党是中国特色社会主义事业的领导核心。中国共产党也是一个负责任的党。中国共产党自从成立起，就一直担当起反帝反封建、建设新中国的历史责任。中国共产党历来也重视加强和改进党的建设。无论是党的组织建设、思想建设，还是作风建设，最终目的都是提高党的革命能力和执政能力，更好地担当起自身的社会责任。新时代大学生大多数积极上进，要求进步，积极入党。他们是未来党的重要有生力量，因此，也要加强和改进大学生社会责任感教育。

二是我国高校发展要将人民民主与专政相结合。人民民主与专政是我国的国体。另外，我国一直都有家国同一的思想传统。家，即国；国，即家。我们知道，人具有社会性，都隶属于某个组织。大学生隶属的最大组织就是国家，其次是高校，最后是家庭。新时代大学生是人民当中的一个群体，也是高校中的主体。因此，高校发展也要充分发挥大学生的民主。大学生社会责任感教育有利于大学生承担起坚持社会主义方向的社会责任，为我国高校朝着姓“社”方向发展贡献力量。

## （三）大学生社会责任感教育的微观重要性

家庭和个人相对于国家和高校来说是一对微观范畴。大学生阶段是未成年人向成年人过渡的关键阶段，也是身心由不成熟走向成熟的阶段。一方面大学生有一定的独立性，另一方面其又有一定的依赖性。一定的独立性指的是在一定程度上独立于家庭，主要是空间与时间上独立于家庭。一定的依赖性指的是在一定程度上依赖于家庭，主要是经济上和亲情上的依赖。另外，鉴于大学生处在向成人过渡的阶段，思维、认知等方面都具有某些成人特性，而成人面临着就业、结婚、生子的人生主题与人生压力，这势必催生大学生的责任意识。因此，大学生社会责任感教育的微观重要性体现在以下方面。

1. 对大学生“初生家庭”和“后生家庭”的重要性

这里提到的“初生家庭”指的是由大学生、父母、兄弟姐妹等组成的家庭。“后生家庭”指大学生成家立业时组建的家庭。家庭是社会的细胞，家庭责任也是社会责任的一部分。一个不能很好担当起家庭责任的人很难指望其能够很好地担当起社会责任。在全面建成小康社会，实现中华民族伟大复兴的时代，更要从小范围入手，建成“初生家庭”，为全面建成小康社会贡献力量，为实现中华民族伟大复兴添砖加瓦。大学生社会责任感教育对大学生“初生家庭”的重要性体现在以下方面。

（1）大学生社会责任感教育有助于增强“初生家庭”的荣誉感

孩子既是祖国的未来、国家的栋梁，又是“初生家庭”的荣誉所在。我国自古以来就有“学而优则仕”“万般皆下品，唯有读书高”的思想，通过读书考取功名是我国长达几千年封建社会中家庭的梦想。学习责任是新时代大学生所要担当的一个重大责任。新时代大学生要自觉把学习习近平新时代中国特色社会主义思想作为自己的一大学习责任，并自觉以习近平新时代中国特色社会主义思想为指导，建设好、发展好、维护好“初生家庭”。

（2）良好的“初生家庭”有助于组建“后生家庭”

一个人一生所接受的教育一般包括家庭教育、学校教育、社会教育。其中，家庭教育对一个人的一生起着启蒙作用，对一个人有着深远影响，在一定程度上影响到学校教育、社会教育的成效。在“初生家庭”中，父母是孩子的第一任老师，兄弟姐妹则是孩子的同班同学。父母以高度的责任感抚养教育孩子，并同样以高度的责任感赡养自己的父母。这种尊老爱幼的良好家风多少都会对孩子产生影响，继而影响到孩子读大学时的责任思想。大学生在“初生家庭”中的家庭责任教育的成果会在“后生家庭”中继续发挥作用。在“后生家庭”

的组建中，一般认为先成家后立业，这是基于“家庭是一个人事业的保障”这一认识。而现代社会，先立业后成家占的比例也越来越大。立成业，可以证明一个人的能力、才华、经济基础，也是一个人能够承担对“后生家庭”责任的有力证明。以大学生恋爱为例，大学生“初生家庭”父母的婚姻状况会对子女的婚恋产生一定影响。父母婚姻稳固、关系和睦、彼此忠诚，一般而言，子女在大学时对恋爱也会认真对待。这种认真、负责任的恋爱观也会带到未来的“后生家庭”中。

2. 对大学生个人“公民”身份塑造的重要性

大学生具有“子女”“学生”“公民”等多种身份，其中“公民”身份存在的时间最长。新时代大学生“公民”身份塑造需要通过公民教育来进行。什么是公民教育？可以从不同角度来理解。从受教育主体角度看，公民教育可以理解为公民受到的教育，这层意义上的教育包括学前教育、义务教育、高等教育、在职教育、成人教育等各种教育。从实质内容来看，公民教育可以理解为根据一个国家或社会的要求，培养所属成员的爱国心、公德心、责任心以及履行公民权利和义务，承担相关责任的品格和能力。

根据公民的内涵特征，公民教育的内涵还可以从以下三方面理解。第一，从公民教育对象方面来理解。公民教育在某种意义上可以理解为对公民的教育，但由于公民具有身份相对性特点，某个人在某一时刻某一地点是公民，也许在另一时刻另一地点不是公民，这是我们无法预料的，所以公民与非公民都是公民教育的对象。第二，从公民教育内容方面来理解。公民教育的内容包括培养公民对国家制度、法律法规、方针政策以及对国际法、国际各类组织颁布的国际条例的合理认同和国家、国际主体意识，也包括公民积极参与国家、国际事务的理论知识、实践能力内容，还包括权利与义务相统一、民主法治、平等、自由等观念的培养。第三，从公民教育目标方面来理解。公民教育的目标是培养有公民意识、有公民觉悟、有公民能力、有公民行动的公民，包括国家公民和世界公民。尽管对公民教育存在多种理解，但总的来看，公民承担着多种社会责任。公民教育在某种意义上也是一种社会责任感教育。因此，公民教育对大学生社会责任感教育及大学生“公民”身份塑造有重要作用。

（1）大学生社会责任感教育是大学生个人“公民”身份塑造理所当然的路径

从公民的概念看，公民指具有某国国籍，并根据该国法律规定享有权利和承担义务的人。公民的政治权利指公民依法享有参与国家政治生活的权利。具体有公民的选举权和被选举权，参与国家管理的权利。公民的基本义务是国家对公民最重要和最基本的法律要求，是公民必须履行的最基本和最主要的责任。具体有维护国家统一和各民族团结；遵守宪法和法律，保守国家秘密，爱护公共财产，遵守劳动纪律，遵守公共秩序，尊重社会公德；维护祖国的安全、荣誉和利益；保卫祖国、依法服兵役和参加民兵组织；依法纳税。从公民的义务看，公民义务的履行有利于社会和谐稳定地发展。从公民的权利看，公民权利的获得是履行公民义务，促进社会和谐稳定发展的前提。权利与义务的统一理所当然为大学生社会责任的履行提供了理论基础，也坚定了大学生社会责任感教育的信心。

（2）大学生社会责任感教育能加强大学生对“公民”身份的认同

身份认同是对主体自身的一种认知和描述，一般指个人与特定社会文化的认同和归属的认同，这种归属包括国家归属、集体归属、社会归属等。身份认同涉及“我是谁”“我从何处来”“我要到何处去”这三个问题。身份认同主要是由主体的个体属性、历史文化和发展前景组成的文化认同。身份认同可以从三个维度进行分析：从集体维度看，公民的身份认同指主体在两个或两个以上不同文化群体之间进行选择，选择结果是将一种文化群体视为自己的归属；从自我维度看，公民的身份认同指公民以自我为核心的自我心理和身体体验；从社会维度看，公民的身份认同指公民的社会属性。

可见，大学生对“公民”身份的认同是一种文化认同，这种文化认同涉及大学生群体认同、个人认同和社会认同。众所周知，文化的传承主要靠教育，教育具有个体功能和社会功能。大学生社会责任感教育能传承古今中外有关社会责任的文化，促进新时代大学生的“公民”身份认同，有利于新时代大学生个体发展，也有利于新时代大学生承担社会责任，以负责任的态度促进社会发展。

（3）大学生社会责任感教育能加强大学生对“公民”身份的践行

在新时代大学生对“公民”身份认同的基础上，要及时通过社会责任感教育促使新时代大学生对“公民”身份的认同向实践转化。另外，大学生社会责任感教育是否取得良好的效果不是看大学生对社会责任感教育相关知识的了解、情感的表达，而是看他们表现出的社会责任行为习惯。而社会责任行为习惯的养成要靠人们不断地学习，也即社会责任感教育。

一方面，大学生社会责任感教育能融入大学生教育全过程。大学生社会责任感教育广泛存在于高校思想政治理论课、专业课、非专业课及课外活动之中，能落实到教育教学各方面和管理服务各环节，能形成课堂教学、校园文化、社会实践多位一体的育人模式。在社会实践方面，开展大学生社会责任感教育，有利于完善社会责任实践教育教学体系，开发社会责任感教育实践课程和活动课程，加强社会责任感教育实践育人基地建设。

另一方面，大学生社会责任感教育能融入大学生生涯发展实践和校园治理中。大学阶段是一个人生涯发展中重要的阶段。一个人生涯发展得如何离不开生涯发展教育，尤其是责任教育。从马克思主义哲学角度看，生涯发展体现了联系的、发展的辩证唯物主义思想，把人的一生看成一个整体。同时，在人的一生中，突出大学阶段这一重点，体现了两点论与重点论的统一。习近平总书记指出，“幸福都是奋斗出来的”。中国特色社会主义建设进入新时代，这一新时代是“幸福”的时代，也是“奋斗”的时代，新时代大学生的幸福也是奋斗出来的。奋斗是人生的一种态度，是一种对自己人生负责的态度。大学生社会责任感教育也是一种负责任的教育。

## 二、大学生社会责任感教育的重要意义

目前，我国已经进入全面建成小康社会阶段，全国人民总的奋斗目标为实现中华民族的伟大复兴，实现中国梦。这是时代赋予中国人的伟大而艰巨的历史使命。大学生作为当代文化水平比较高的一代人，掌握着先进的科学文化知识。他们是我国社会主义现代化建设以及实现中华民族伟大复兴的主要建设者和推动者，肩负着伟大的时代使命和历史使命。青年人是民族的希望和民族的未来。他们不仅需要具有良好的文化素质，更需要具有高尚的道德情操以及良好的社会责任感。大学生要以社会的完善和发展为自身的责任和使命，为社会的发展、国家的发展以及人类的发展贡献自己的智慧和力量，推动我国社会主义现代化建设向前发展，推动中国的富强和民族的复兴，推动我国社会主义事业的发展。大学生的道德教育以及社会责任感教育是大学生成才的关键和发展的基础。大学生只有拥有高尚的道德情操和强烈的社会责任感才能够不辱使命。为此加强对大学生社会责任感的培养是世界各国教育的发展趋势，是构建和谐社会的客观要求，是大学生全面发展的内在诉求和大学生履行公民义务的基本要求。

### （一）时代发展的需要

1. 经济全球化时代发展的需要

经济全球化时代把整个世界连在一起，我们都是整个世界的一部分。例如：

2020年席卷整个世界的疫情，很多国家遭遇了这次病毒的侵袭；某地发生旱灾、蝗灾、地震等自然灾害，相应地就会影响整个世界，每个国家都不会独善其身。经济全球化带动市场经济的发展，使得经济活动更加复杂多样，出现了假冒伪劣、撕毁合约、食品不安全等不负责的行为，这些现象严重影响了社会大众的生活质量。

具有高度社会责任感的大学生投入社会中关心自身利益的同时，还能兼顾他人和社会的利益，必将促进社会的发展。当今时代迅猛发展，我们应以崭新的视角来面对时代转变。青年大学生是国家发展的储备军，是时代面貌的呈现者，是继往开来的一代，他们象征着社会的形象，因此大学生综合素质的提高，有助于社会的良好运行。

2. 网络信息化发展的需要

大学生正处于青年时期，是网民人数居多的群体，网络化的深入使各地的大学生像蜘蛛织网那样交织在一起，形成一张无形的网络大网。不同学校的学生可以在网上建立论坛、贴吧、公众号等进行交流；但与此同时出现很多网上不道德行为，一些大学生没有承担好自身的责任，如恶意言论的随意发表、攻击行为的出现，严重的还有人肉搜索、网络赌博、传播黄色视频等，影响网络正能量的传播。大学生作为网民居多的群体，应身负重任，坚守自己的道德底线，为良好网络环境的营造做贡献。

## （二）我国教育转型的需要

全面实施素质教育是教育改革发展的战略主题，素质教育注重的是时代新人的教育，应试教育注重的是学校升学率的高低。作为新时代的大学生更应是全面发展的时代新人，因此提升其社会责任感是应试教育向素质教育转型的需要。当代大学生不应局限于应试教育的培养环境，而应在素质教育这个新环境下注重自身的全面发展，培养更加健全的人格。随着素质教育深入人心，大学生所学习的东西随之加多，也意味着学生承担责任的范围越来越广，大学生不再是处于单纯的学习状态中，而是需要承担来自社会各方面的责任。在素质教育的环境下，大学生的自由度得到提高，所扮演的角色随之增多，承担的责任就会越来越重。教育转型和教育内容的增加都是应对社会变化，赋予时代特色的调整，也从侧面促进了大学生社会责任感教育的深入。帮助老人过马路，把垃圾扔进垃圾箱，参加支教活动、扶贫活动等看似微不足道的小事，一点点温暖着我们的心，滴水穿石的力量是不容小觑的。总而言之，素质教育下的大学生接触面越来越广，自由程度也越来越高，也就意味着责任的承担范围越来越大。

## （三）大学生全面发展的需要

1. 有利于塑造大学生道德责任人格

所谓道德责任人格表现为具有强烈的责任意识、责任情感以及主动负责的道德行为。健全的道德责任人格促进责任意识形成系统化、促进责任情感的强烈化、促进责任行为的实践化；反言之，责任意识的系统化、责任情感的强烈化、责任行为的实践化又会促进道德责任人格的塑造。具有强烈社会责任感的人，必是具有自制力的人，也必是具有高尚道德责任人格的人，这些人在面对那些不公平的社会现象时，依然可以保持高尚节操，阻止恶行发生。

2. 有利于引导大学生形成正确的价值观

如今社会各种现象层出不穷，社会事件复杂多样，电信诈骗、传销组织、威逼利诱、黄色暴力、新形式赌博、网络暴力等危害着大学生；同时还有拜金主义、享乐主义、奢靡之风、攀比之风等迷惑着大学生，难免就有些大学生在各种胁迫或各种诱惑下走上了邪路，做出错误的选择。社会责任感的形成是主体的自主选择，它发挥作用靠的是主体的自我约束，具有很强的自律性。主体的自律约束力，帮助自身理性思考所面临的处境，做出正确选择。

## （四）国际教育领域的发展方向

青年人是国家的希望和未来。道德是人的立世之本，没有道德人就没有思想、没有灵魂。社会责任感是每个人道德的核心，社会责任感对于人格的培养以及大学生的全面发展具有非常重要的意义。大学生社会责任感的教育受到各国大学教育的高度重视，成为大学德育教育的重要内容和重要组成部分，受到教育家足够的关注。苏联著名的教育家马卡连柯依照自身的研究成果以及在教育实践领域的经验总结，得出了“培养一种认真的责任心，是解决许多问题的教育手段”以及“没有责任心就不会有真正的工作”的结论。联合国教科文组织于 1972 年发表的学术报告《学会生存——教育世界的今天和明天》就明确了世界教育未来的发展方向，主要体现在德育教育方面，即基于教育让每一个个体承担包含道德责任在内的所有责任。这份报告是面向 21 世纪国际大学生教育和未来大学生教育的，它主要讨论了四个方面的内容，其中之一就是“培养承担社会义务的态度”。可见大学生责任教育以及社会责任感的培养已成为全球教育界关注的热点问题。积极培养当代大学生的责任能力以及社会责任感，能够促进大学生的全面发展，对于维护社会的和谐稳定也具有积极的作用。联合国教科文组织于1989年在中国北京召开了“面向21世纪教育国际研讨会”的圆桌会议，发表了题为《学会关心：21世纪的教育》的报告。该报告积极倡导道德责任，期望大学生能够用心体会，体会个人生存与整个人类社会生态系统的内在联系，体会个人与他人之间的内在关系、与非我之间的内在关系，让大学生形成对于自己、对于他人、对于社会以及对于人类生存状况的强烈的责任意识，并培养大学生实践责任行为的责任能力，让他们有能力去完成自己的责任。这是21世纪国际教育的发展方向，也是21世纪国际教育的变革方向和21世纪道德教育以及责任教育的主题。联合国教科文组织在1993年召开了“面向21世纪的教育”国际研讨会。该会议将伦理、道德以及价值观列为21世纪人类社会面临的最重要的挑战，并且列举了21世纪人才的基本特征，其中就含有责任感。该组织于1998年在法国巴黎召开了首次世界高等教育大会，该会议明确提出了未来高等教育的首要目标是培养高素质的大学毕业生以及有责任感和负责任的公民。由此可见，关于大学生责任和责任感教育以及怎样培养负责任的公民已经成为国际教育领域非常关注的问题。它被写入国际教育领域的纲领性文件中，指导各个国家未来的大学生教育，已成为各个国家高等教育的共识。

## （五）大学生履行公民义务的基本要求

大学是重要的人才培养机构。大学生是祖国的未来和希望，许多大学生从大学获得成长，承担了巨大的社会责任，成为建设祖国的生力军。责任，在大学生这个群体里面也有更新、更全面的诠释。从古代的“先天下之忧而忧，后天下之乐而乐”，到“天下兴亡，匹夫有责”，再到当今的“大学生是社会主义现代化建设事业的主力军等”，无不蕴含着社会责任的深刻思想。责任感教育是帮助大学生认识责任的重要途径。

从总的方面看来，大学在责任培养和教育中分为两方面，一个方面是对个人的责任，另一个方面就是对他人、社会、国家的责任。个人责任就是一个人对自己所负的责任，包括自己要对自己的所作所为负责；对他人、社会、国家的责任主要包括积极履行义务、正确行使权利。大学教育应当侧重于培养大学生对国家、社会、家庭所应肩负的责任。

首先是个人对国家的责任。这是首要责任。作为国家的公民，就应当对这个国家做出贡献，应当维护国家的统一和全国各民族人民的团结，应当遵纪守法，保守国家秘密，维护国家的安全、荣誉和利益。

其次是个人对社会的责任。每个人的生活都离不开社会环境，在享受社会提供给我们的各种资源时，也应该对社会担起应有的责任。大学生应当爱护公共财产，遵纪守法，遵守劳动纪律。

最后是个人对家庭的责任。家庭是社会的基本要素。大学生作为半独立的社会个体，离不开出生的家庭，也要为自己将来组建家庭奠定基础。大学生应该努力培养独立自主、自力更生的能力，主动减轻家庭负担。

作为一名公民，必须承担相应的社会责任和义务。只有加强大学生社会责任感教育，才能促进大学生积极履行公民的义务，自觉担当社会责任。

### （六）人类社会可持续发展的必然要求

培养新时代大学生的社会责任感是人类社会可持续发展的必然要求，历来受到各国政府和德育部门的重视。第二次世界大战之后，科学技术得到了突飞猛进的发展，但人们也逐渐发现科技发展是一把“双刃剑”。它在促进人类物质生活水平得到提高的同时，也导致了一系列社会问题，如社会道德滑坡、责任感缺失、生态环境恶化等问题。这些社会问题的存在无不为人类社会的可持续发展增添障碍。因此，各国教育界都非常注重对大学生的社会责任感的教育。联合国教科文组织曾在1972年发布的《学会生存——教育世界的今天和明天》报告中明确了教育的发展方向，即“使每个人承担起包括道德责任在内的一切责任”。在1989年，该组织再次面向全社会呼吁道德关怀和道德责任的培养。1998年，该组织又明确指出高等教育要“培养高素质的毕业生和负责的公民”。美国也曾针对社会上所出现的道德滑坡和责任感缺乏等社会问题，提出了“责任公民”“品格教育”等概念，将培育公民的社会责任感和良好的道德品质作为德育课的主要目标。世界上的许多发达国家，如法国、日本、英国等也都十分重视大学生社会责任感的教育。因此，我们不难发现，对“社会责任感”的把握和践行，在人类社会可持续发展过程中起着举足轻重的作用。当前国际社会风云变幻，暗流涌动。乍一看，各国、各地区之间的联系日益紧密，经济全球化进程也在不断推进。而与此同时，不难发现仍有与经济全球化潮流相悖的声音存在，即“逆全球化”现象。这些现象再次使人们意识到，只有不断增强人们的社会责任感，才能推动世界经济的不断发展以及人类社会的可持续发展。因此，对于我国来说，必须正确引导新时代大学生形成高度的社会责任感。

### （七）国家和社会稳定发展的题中之义

培育大学生的社会责任感是我国早日实现“中国梦”、构建社会主义和谐社会的题中之义。

1. 有利于"中国梦"的早日实现

习近平总书记在党的十八大上提出"中国梦"这一重要指导思想和执政理念。"中国梦"最大的特点就是将国家、民族和个人作为一个命运共同体。因而，"中国梦"将国家利益、民族利益与个人利益统一起来，也将国家富强、民族复兴和人民幸福统一起来。这是时代赋予所有中华儿女的历史使命，而这一历史使命则需要高度的社会责任感来完成。新时代大学生是中国特色社会主义事业的生力军，是未来国家政治经济发展的栋梁。因此，实现"中国梦"这一伟大历史使命，新时代大学生的努力更加必不可少。当前面临复杂多元的国内外新形势，新时代大学生如果想要实现个人价值，肩负起时代赋予的历史使命，就必然要不断提升自身的社会服务意识，自觉履行自身所肩负的社会责任。

另外，在实现个人价值、获得个人利益的同时，必须坚持个人利益与国家利益相统一，坚持个人价值与社会价值相结合。新时代大学生应自觉投身于国家经济、政治、文化、社会和生态环境建设之中，坚持树立高度的社会责任感、使命感。《中国大学生社会责任感现状调查报告（2018）》明确指出，当前大学生群体的社会责任感水平较高，总体态势保持平稳。然而，大学生的社会责任行为仍有待进一步改善。大学生群体缺乏较强的自制力，容易被社会上所存在的不良思想干扰，没有足够的实力担当起中华民族伟大复兴的历史重任。因此，在实现"中国梦"的征程中，培育大学生的社会责任感势在必行。

2. 有利于社会主义和谐社会的构建

21 世纪初，党中央立足于全面建成小康社会，开创中国特色社会主义新局面的全局，正式提出了构建社会主义和谐社会的重大战略任务。从本质上来讲，和谐社会主要体现在人与人、人与社会、人与自然之间的关系上，主要表现为人与人之间和谐的人际关系、人与社会之间和谐稳定的社会秩序、人与自然之间和谐健康的生态环境。因此，和谐社会的构建需要具有高度社会责任感的公民。大学生作为未来社会发展的主要力量，社会责任感教育不可或缺。

第一，培育大学生的社会责任感有利于和谐人际关系的形成。人是社会关系的总和，不可能单独存在于世界上。因此，个人必然会与他人、与社会有着各种各样的联系。要想形成和谐的人际关系，个人必然要承担起对他人和社会应尽的责任。

第二，培育大学生的社会责任感有利于和谐稳定的社会秩序的形成。和谐稳定的社会秩序主要表现为社会主义民主得到充分发扬，依法治国方略得到切实落实，各方面的利益得到妥善协调，人民内部矛盾得到正确处理，社会管理完善，社会秩序良好等。因此，和谐稳定的社会秩序离不开个人对于道德、法律以及各种社会规范和社会秩序的自觉践行，也离不开具有高度社会责任感的个人。

第三，培育大学生的社会责任感有利于良好的生态环境的形成。当前我国坚持社会主义市场经济体制，而市场经济容易导致商品生产者和经营者片面追求经济利益和效率而忽视社会效益，有些生产者和经营者甚至不惜以牺牲良好的生态环境为代价来换取经济效益，这也导致生态环境的恶化。近年来，人们逐渐认识到生态环境的重要性，如我国的许多地区已经开始进行垃圾分类。有调查指出，针对当前新推出的垃圾分类政策，新时代大学生群体的接受度十分高。因此，必须培养具有强烈社会责任感的新时代大学生，从而促进人与自然之间的和谐共生。

### （八）构建社会主义和谐社会的客观需求

党的十六大将“社会更加和谐”作为21世纪头20年我国全面建成小康社会的一项非常重要的内容和发展目标。可见和谐社会的建设是我国现阶段发展的主题以及发展的目标。中国共产党第十六届四中全会也明确指出，和谐社会建设是目前我国社会主义现代建设的首要目标，也是我们为之努力和奋斗的方向；是现阶段我国不懈追求的目标，也是我国各项工作的中心任务。和谐社会的建设问题引起了我国社会的高度重视，和谐社会理念已经深入人心，融入我国的经济生活以及社会生活的方方面面，成为我国人民生活的重心。社会责任感是建设和谐社会的基础和前提，只有每个公民都具有高尚的道德情操以及高度的社会责任感，才能促进我国和谐社会的建设。人的道德以及社会责任感不是天生就有的，它需要经过后天的教育和培养才能够获得。社会个体要增强社会责任感，不仅需要通过学习理论课，还需要通过积极参加社会实践活动来获得。

目前，我国的社会正处于转型时期，受到多元文化以及来自各方面思潮的冲击。特别是大学生处于人生观、价值观、世界观的形成时期，其思想观念很容易受到不同文化以及不同思潮的影响。当代大学生的思想观念很容易产生偏差，因此，对他们进行良好的道德教育以及社会责任感教育具有非常重要的意义。加强大学生社会责任感教育，可以帮助他们成为中华民族传统美德以及社会主义道德的践行者、成为马克思主义的忠实追随者、成为社会主义现代化建设的主力军、成为先进科学文化知识的拥有者和传播者。大学生就像初升的太阳，是祖国的未来和希望。只有对他们进行良好的德育以及社会责任感教育，才能使他们拥有良好的品德、完善的人格，才能让他们承担更多的社会责任，为我国的社会和谐贡献自己的力量和才能。

### （九）高校思想政治教育不断发展的迫切要求

思想政治教育是指一定的阶级、政党、社会群体遵循人们思想品德形成发展规律，用一定的思想观念、政治观点、道德规范，对其成员施加有目的、有计划、有组织的影响，使他们形成符合一定社会、一定阶级所需要的思想品德的社会实践活动。高校是我国开展思想政治教育的主要阵地，起着举足轻重的作用。从本质上来讲，培育大学生的社会责任感与高校思想政治教育目的的实现是相统一的。中国特色社会主义已经进入新时代，在新的历史背景下，高校思想政治教育的主要目的就是为社会发展培养合格的接班人，即有理想、有道德、有文化、有纪律的“四有”青年。而强烈的社会责任感与高度的历史使命感是“四有”青年必不可少的思想道德品质。因此，高校必须在思想政治教育实践中引导大学生正确处理个人与社会、个人与国家之间的关系，最终形成高度的社会责任感。一个拥有强烈社会责任感的新时代大学生，必然能够正确处理个人理想和社会理想之间的关系，能够坚持用社会主义核心价值观来规范自身的行为，能够坚持做到文化自觉和文化自信，也能够做到遵纪守法，成为未来社会发展需要的“四有”青年。思想政治教育的内容主要由思想教育、政治教育、道德教育和心理健康教育四个方面构成。

简单来说，高校思想政治教育在内容方面主要在世界观、人生观、政治观、道德观等方面对青年大学生开展工作。对新时代大学生进行社会责任感教育，帮助其明确个人对于社会和国家的责任感，有助于新时代大学生正确认识自身在未来社会发展进程中所处的地位及作用，引导新时代大学生将自身的发展与未来国家和社会的发展结合起来，促使其形成科学的世界观、正确的人生观和政治观。另外，有助于引导新时代大学生正确认识基本道德规范，自觉遵守公民道德。

### （十）是培养大学生新时代家国情怀的必然要求

习近平总书记在中共中央国务院举行的 2019 年春节团拜会上发表重要讲话指出，“在家尽孝、为国尽忠是中华民族的优良传统”。家庭的前途命运同国家和民族的前途命运紧密相连，这就是家国情怀。从本质上说，家国情怀是对自己的家庭、家乡和国家，以及生于斯长于斯的人民所表现出的深情大爱，是一种高度的认同感、归属感、责任感和使命感。培育大学生的家国情怀是新时代我国高等教育的重要任务。新时代的大学生处于世界观、人生观和价值观形成和巩固的关键阶段，大学生需要新时代家国情怀的熏陶，从而才能将个人与家庭、民族与国家，一小一大两个集团体紧密相连，将自己的热情、专注奉献给中华民族伟大复兴的事业，担当起时代交付的使命。因此，大学生新时代家国情怀的培养必须要求高校思想政治教育工作者加强对大学生社会责任感的培养，使大学生系好家庭和国家责任的纽带。

# 第二章　大学生社会责任感的现状

当代大学生是未来中国社会的希望和中流砥柱，他们想干事、有激情，且年轻输得起。如能有着满满的社会责任感，其对中国未来社会的影响是不言而喻的。界定好社会责任感的概念，认识到社会责任感的重要作用后，就需要仔细考察当代大学生社会责任感的现状、问题与成因。本章分为当代大学生社会责任感现状、大学生社会责任感存在问题的原因两部分。

## 第一节　当代大学生社会责任感现状

### 一、大学生社会责任感的主流取向

在21世纪的今天，中华民族迎来了实现伟大复兴的历史时期。我们要抓住机遇，努力朝着全面建成小康社会，实现中国梦的奋斗目标前进，这是21世纪摆在全国人民面前的神圣而伟大的历史使命。中华民族的青年人特别是当代大学生是完成好这个光荣而艰巨的任务的主力军。当代大学生是继往开来的一代，他们的社会责任感直接影响着民族复兴这一历史重任的担当。当代大学生作为社会的一个接受高等教育的特殊群体，应当拥有较丰富的专业知识，富有改革创新精神和开拓进取能力，具有历代知识分子所具有的忧国忧民意识和报效祖国的先锋行为，他们是祖国的未来和希望，是象征着活力和希望的群体。他们眼界开阔、精力充沛、善于思考、思维敏锐，理应成为能够关心国家和社会的发展，具有强烈的民族自尊心和自豪感，政治素养良好，富有极强的社会责任感的群体。

从社会上广为传颂的一些大学生的先进事迹中我们也能够看到当代大学生强烈的社会责任感。例如，许多大学生都以积极的热情投身于国家建设，他们以高度的热情积极参加北京奥运会的志愿活动，或者远赴偏远山区进行义务支教，关注和支援汶川地震后的抗震救灾活动等。至今我们仍然记得2008年北京奥运会上大学生志愿者们用他们的热情和活力感染了全世界人民。此外，长江大学三名“90后”舍身救人的大学生陈及时、何东旭、方招以及自愿到西部支教的徐本禹等人的事迹都向世人说明，当代大学生是具有高度的社会责任感的。在这些人身上，大学生的社会责任感得以充分体现。

一个叫高明的北京大学的学生投笔从戎、参军报国的故事一直在感动着我们，面对社会大众对他的行为的热议，高明说：“当兵就是尽义务，没有那么多为什么。承担与权利相应的义务和责任是社会对每个公民的必然要求，尤其是在追求自身权利已成共识的今天，对责任的操守显得更加有力”。几年前，当高明的家人和朋友对高明考上北京大学又主动参军的行为大为不解时，高明就用短信做出了回答：“此事无关富贵。”在一些人看来，人生追求的无非是名与利、富与贵。但在像高明这样拥有高度社会责任感的大学生看来，责任恰恰是“无关富贵”的一种关怀，是一个成熟的现代公民对社会和他人所必须担当的一种使命，是不可忘却和不可推卸的。在最近几年发生的一些重大政治和社会事件中，我们也能够在当代大学生的实际行动中看到他们所表现出的强烈的社会责任感。

例如，在“5·12”汶川大地震发生以后，全国的大学生都在积极募集救灾物资，参加献血，甚至有的学生直接参与到抗震救灾的第一线。这些事件反映了当代大学生的博爱、善良和勇于担当的优秀品质，体现了他们在责任面前的爱国热情和勇于自我牺牲的精神，也充分说明了当代大学生是富有社会责任感并且值得国家和人民信任的一代优秀青年。

与社会上其他群体相比，当代大学生的社会责任感的总体情况是良好的。笔者从国家责任感、社会责任感（狭义）、他人责任感、家庭责任感、自我责任感和社会责任感（广义）的总体评价以及增强社会责任感的途径这七个方面来评估当代大学生的社会责任感的现状。从调查的结果来看，多数大学生对于国家大事以及热点问题比较关注，并且持有正确的观点；对自己所生活的周边环境都有比较强烈的责任意识，对与自己不相识的人都能够给予关心和帮助；对自己身边熟悉的人有一定的责任感，能够在他人处于困境时给予帮助，在他人犯错误时给予纠正；并且有着强烈的家庭责任感，能够对自己的父母和家庭负责；对自己的健康、未来的发展以及自我实现表现出强烈愿望。

因此，我们有理由相信绝大多数当代大学生的社会责任感的主流取向是积极、健康、向上的。他们热爱祖国，对于祖国的发展充满信心，心系党和国家的命运，有报效祖国的决心。他们富于正义感，自愿服务社会，热心公益事业，乐于奉献，勇于负责，具有强烈的民族自豪感和自信心。他们崇尚自由但不极端自我，追求创新但不否定传统，他们已明确地认识到个人成长与社会发展是息息相关的。对于积极担当社会责任的当代大学生，我们应该给予他们更多的赞美和鼓励，正是他们的努力才使得我们的国家更加繁荣、社会更加和谐。

## 二、大学生社会责任感存在的问题

### （一）国家责任感淡漠

1. 缺乏国家责任意识

大学生国家责任感是指大学生应该自觉将国家利益置于首位，将个人人生价值理想与国家和民族的命运紧密联系起来的主观意识。当前，我国正处于社会主义现代化和全面建成小康社会的重大历史性阶段，大学生更应该自觉树立高度的国家和民族责任意识，培养自身艰苦奋斗、无私奉献的精神。但是随着市场经济的发展和社会改革的深化，在西方社会思潮和多元价值观念的影响下，一些大学生的国家责任感日趋淡化，主要表现在以下几点。

（1）不理解国家政策，空谈个人理想

一些大学生片面地看待当前社会出现的负面现象，认为当前贫富差距拉大，不愿投身到西部欠发达地区的建设事业之中，不愿将所学的科学文化知识运用到祖国需要的地方，反而只顾着个人利益，贪图安逸，只想留在大都市，单方面享受着现代化的成果。

（2）脱离国情实际，缺乏国家认同感

部分大学生不了解当前我国的实际国情，只看到庞大的人口基数给国民经济发展带来的负面作用，忽视了社会主义的优越性，在西方自由主义、极端个人主义的影响下，转而向往西方资本主义的生活。

2. 忽视传承民族传统文化的责任

民族文化是一个民族在长期的历史发展中逐渐创造、积累和发展的具有民族特色的文化。语言文字作为文化的载体具有传承民族文化的重要地位，但受当前大环境的影响，英语、韩语、日语等语言颇受欢迎，为了学好外语，一些大学生所看所学以至娱乐休闲都充斥着国外影音，加之手机等科技终端的普及，使得提笔忘字的现象经常发生。此外，值得注意的是，一些大学校园里铺张浪费、攀比炫富等现象比较严重，在这些不良行为被劝阻时被嗤之以鼻，这显然与中华民族艰苦朴素、勤俭节约等传统美德背道而驰。传承中华民族的民族文化是每一位中国人应担负的历史性使命，大学生群体中民族文化的淡化和不认同的现象值得警惕。

## （二）社会责任感缺失

此处的社会责任感是指大学生在公共环境下的责任感，主要包括现实公共环境和虚拟公共环境，其社会责任感的缺失主要表现在以下几方面。

### 1. 集体责任感淡薄

在日常学习和生活中，部分大学生迟到、早退和旷课的现象屡见不鲜，且愈发严重，甚至在大学生群体中流传着“不逃课大学就不完整”的“名言”。一些大学生甚至无视课堂纪律，聊天、睡觉、打牌、接打电话等，这些不良行为严重影响了正常的教学秩序。

此外，一些大学生漠视集体活动，在不少高校开展的集体活动中，除非是跟个人利益相关，否则鲜少有人愿意主动参加，都需要专门指派人员凑人数。在集体活动中，部分大学生只顾个人利益，无视集体的整体利益，缺乏应有的集体责任感和荣誉感，更不用谈奉献精神和服务精神。但在面对有关个人利益和荣誉的问题时，部分大学生却表现出极强的功利心，甚至使用毁谤竞争对手、造假个人信息等手段。在宿舍集体生活中，部分大学生不遵守正常的作息制度，大声喧哗、打游戏、看视频，在宿舍内进行剧烈球类运动等，这些只顾自身利益而无视他人感受的行为，严重影响了他人的正常作息，充分表明了当前部分大学生集体责任感淡薄，缺乏公共责任和道德意识。

### 2. 社会公共生活领域中责任意识淡薄

遵守社会公共秩序，维护社会道德伦理是每一位公民应尽的基本责任和义务，也是我们学习、工作和生活得以顺利进行的重要保障。但是，当前部分大学生缺乏社会公共责任意识，漠视社会公德和秩序，追求个人的极度自由而推卸社会责任和义务。

在日常生活层面，部分大学生对待他人消极冷漠，缺乏礼貌，不爱护公共财物，浪费校园公共水力、电力资源，随手扔废弃物，任意践踏草坪，破坏校园生态；在社会公共场所大声喧哗，以及做出一些过分亲昵、不注重个人形象的不文明的行为等。甚至有的大学生争当“月光族”，追寻生活奢靡，将父母辛苦挣来的生活费用于奢侈的消费，一切向“钱”看，追求个人利益最大化，忽视他人和集体利益，给身边的同学带来极大的负面影响。

在学习工作方面，一些大学生缺乏自律，消磨宝贵的光阴，将时间浪费在游戏享乐之中，等到考试时就出现抄袭作弊等不端行为，不仅影响个人诚信和荣誉，还严重破坏大学良好的秩序和氛围。此外，随着大学生人数急剧攀升，大学毕业生的就业压力也逐年加大，少数大学生篡改成绩单、伪造证书以美化个人简历，寻求更好的工作机会。个别大学生不负责任随意与用人单位签约，又因更好的条件而任意毁约，不仅损害个人诚信，也给用人单位造成不必要的损失。

## （三）家庭责任意识匮乏

家庭是最基本的人际关系组成，也是一个人世界观、价值观和人生观培养的摇篮。家庭责任的核心是一种爱的责任，而大学生的家庭责任主要包括赡养老人的责任及提高家庭生活质量的责任。当前大部分家庭都是独生子女家庭，大学生都被家长看作家庭最重要的成员，相应地，大学生更应积极主动地承担家庭责任和义务，培养感恩意识，力所能及地孝敬父母，自觉主动地分担家务。然而在现实中，一些大学生只享受来自家庭的关爱和经济支持，而不愿履行自己的责任与义务，主要表现在大学生缺乏正确的恋爱观和消费观念，感恩意识淡薄等方面。

### 1. 大学生恋爱观和消费观存在偏差

大学生不正确的恋爱观和消费观，不仅给家庭带来经济负担，也不利于个人的健康发展。大学生恋爱的现象已经非常普遍，大多数高校持既不支持也不反对的立场，相应地也缺乏正确的爱情观念的引导，社会陋习和不良风气正在无声无息地侵入校园，导致部分大学生的恋爱观存在畸形发展的趋势。一些大学生恋人之间以物质价值来衡量感情真挚与否，甚至出现为了表示强烈的感情而砸锅卖铁、不吃不喝攒钱买对方喜爱礼物的乱象。

此外，奉行时尚已成为不少大学生追求个性的主要途径，但是，部分大学生为了满足自己的虚荣心理，不顾自身经济状况，相互攀比，购买名牌衣物、化妆品和价格高昂的数码产品；有的大学生不惜花去父母辛苦挣来的学费，甚至提前当上了“卡奴”，透支消费、债台高筑；还有些大学生为了一己私利，不惜走上违法犯罪的道路。这些拜金主义、个人主义的错误行为不仅破坏了和谐的校园文化氛围，更不利于大学生健康人格的塑造，对其未来的发展造成极大的负面影响。

### 2. 部分大学生习惯索取，感恩意识匮乏

大部分大学生都是在家人的精心呵护下成长起来的，一些大学生长期处于

以自我为中心的状态之中，认为目前所拥有的都是自己应得的，他们不懂得珍惜父母的辛勤劳动和付出，习惯性地索取使得大学生认为向父母索要金钱用以高额的消费和奢靡的生活也是理所当然的，并不是愧事。一项大学生社会责任感调查显示，43.24%的大学生表示将接受父母在今后生活中的各种经济支持，其中14.39%的大学生认为那是父母的义务。他们没有意识到从18岁开始，父母已经没有养育子女的义务了。在现实生活中，大学生“啃老”现象十分普遍，家长也不刻意纠正这种错误行为，乐于继续为独生子女奉献，这种错误的默许也导致大学生贪图享乐，遇事以自我为中心，严重缺乏为他人着想的意识，习惯了被呵护，在面对困难时，缺乏毅力，意志薄弱，受挫能力较差，这些也是当前大学生家庭责任意识淡薄的突出表现。大学生不仅不懂得感激父母的养育之恩，还会习惯成自然，长此以往，会形成畸形的价值观和人生观，不利于自身的全面发展。

此外，在完成学业以后，还有一些大学生由于习惯不劳而获或逃避工作的辛苦而长期待在家，依靠父母来养活。这部分大学生不仅不履行赡养父母，提高家庭生活质量的责任，还加重家庭的经济负担，纵容自己任性自私、贪图享乐，最终会一事无成，成为社会的累赘。

### （四）自我责任感不强

#### 1. 精神疲惫，虚度生活

大学生的心理发展正处于一个重要的转折期，在迈入大学校园之前，大学生大都目标明确，充满活力，梦想考进自己理想的大学，而当他们真正进入大学，面对全新的学习环境、多元的生活方式以及复杂的人际关系时，大学生往往会出现心理失衡，因为失去目标和方向而感到不知所措。新的学习生活目标还没完全确立，也缺乏前进的方向和动力。同时高中时期教师和家长的错误灌输，使得他们认为大学阶段就是对高中高强度学习的解放，使得大学生认为来到大学就是来享受生活的，加之，大学校园内思想文化多元，有大量可自由支配的时间，使得一些大学生抵御不了各种诱惑，缺乏对自己的约束，沉浸在无尽的游戏享乐之中。一些大学生在进入大学后，大都不明确自己想做什么应该做什么，也不了解该怎么去做，更没有意识到自身全面发展对未来国家建设和民族复兴的重要意义，缺乏社会主义建设接班人应有的蓬勃朝气。对个别大学生而言，国家民族的前途和命运、社会的改革和发展，似乎都事不关己。

2. 生命责任感淡薄、法律意识弱化

法国社会学家埃米尔·迪尔凯姆曾说，“自杀必须列为不道德的行为”，这是因为自杀不仅是对自己生命的不尊重，对自身所肩负责任的逃避，还给身边亲友带来极大的心理创伤。近年来，存在高校大学生轻生的现象，且有人数逐年上涨的趋势，或因学业问题或因人际交往，原因多样，但这种漠视生命的行为都反映出同一个问题——部分大学生生命意识淡薄，严重缺失社会责任感，这些大学生在面对死亡时所表现出对生命的漠视，令整个社会都感到震惊和感慨。

大学生作为国家科学技术知识的力量储备和未来社会建设的生力军，若对自己不负责任，又如何谈得上对社会负责，对祖国和人民负责。大学生必须珍爱自己的生命，尊重他人的生命，培养正确的生命责任意识，牢固树立科学的法律责任意识，自觉抵制不良思想的侵害，对身边出现异样倾向的同学予以力所能及的关爱，让生活中的漠视更少一些，让友爱更多一些。

## 三、大学生社会责任感问题的特点

### （一）大学生社会责任感存在利己性

社会责任感是出于对自身、家庭、集体、社会、生态、民族和国家负有积极的应尽之责的自觉意识。而现实中这种积极的自觉意识不仅没有被有效地广泛地培育，甚至还被错误歪曲。

1. 崇尚极度自由，放纵自己

部分大学生崇尚极度自由，忽视对自身健康人格的塑造，放松对自己的言行的严格要求，不服从学校的教学管理，迟到旷课、考试作弊现象十分严重；为了彰显个性，放纵自己，盲目追逐新鲜事物，购买高档衣物、化妆品及贵重电子产品，幻想奢靡的生活，不脚踏实地做好作为学生学习的本职工作。

2. 热衷社会关系，忽视家庭责任

有些大学生希望通过学生组织发展社会关系，拓宽人际圈，牟取多方面利益，同时由于当前部分高校将各种奖学金评定标准与是否担任学生干部挂钩，使得部分大学生为了有更多机会获得各种奖学金和个人荣誉，争先恐后担任学生干部。

同时随着大学生年龄的增长，心智逐渐成熟，部分大学生一方面享受着来自家庭的关爱和呵护，另一方面越来越希望脱离家庭而自己独立，不体谅父母持家的辛苦，不愿意主动承担甚至逃避家庭责任。一些大学生很少跟家里联系，有的甚至一个学期都不联系，有的为了避免听家人唠叨，每次通话时间较短，有的干脆短信联系，联系的内容大多是要求家人给予经济支持等。作为家庭成员必须承担起家庭责任，难以想象一个对家庭缺少爱的大学生会对社会做出怎样的贡献。

3. 推脱集体责任，漠视他人利益

当前有一些大学生加入中国共产党、加入学生组织和参加社团活动的出发点和动机不纯，只是为了在找寻工作的时候可以用以装饰简历，以及在工作之后有更多的晋升机会，在实际的集体工作中计较个人得失、不服从安排或者借故推脱、逃避集体责任，损害集体的利益和荣誉；更有严重的为了自己能入党、获得奖学金等一己之私，恶意中伤竞争对手，有的甚至还会采取打击报复行为。此外部分大学生疏于律己，恶意剽窃他人学术成果，侵犯他人合法权益，这些现象不仅影响大学生健康人格的培养和个人的全面发展，长期纵容下去，还会破坏大学校园的学术环境。

这些问题不仅违背了中国共产党全心全意为人民服务的高尚宗旨，背离了社会主义核心价值，纵容了个人主义、利己主义在大学知识殿堂里霸道横行，阻碍了大学生群体精神文化生活的发展，而且对大学生个人的身心健康发展带来不利的影响，长此以往将会给整个社会带来极大的危害。

## （二）大学生社会责任感存在矛盾性

大学生社会责任感的矛盾性体现在大学生在履行自身所应承当的职责时，知与行不一致。由于没有树立高度的社会责任感，在面临学习和生活的实际问题，以及涉及个人利益与社会利益的抉择时，大学生往往陷入左右为难的尴尬境地，主要体现于三组矛盾。

1. 个人价值与社会价值的矛盾

大学生群体的自我价值十分明确，在瞬息万变的信息化社会，稍稍懈怠就会被他人赶上，只有不断努力把握机会才能实现个人的价值。面对如此残酷激烈的竞争，一些大学生开始以个人目标的实现为价值导向，并作为一切行动的指南针。在这种大环境下，社会价值的实现就无从提起。

2. 个人理想和社会理想的矛盾

绝大多数大学生相信共产主义理想必将实现，但是仍有一小部分大学生认为这只是一纸空谈或是遥遥无期，于是将社会共同理想抛之脑后，将实现个人理想作为人生奋斗目标。诚然，努力实现个人理想无可厚非，但是如果缺乏社会共同理想，失去了作为社会主人翁的精神导向，就会导致社会主义信仰的缺失，在思想上则会倒向个人主义、利己主义的价值理念，这种价值取向一旦形成，会促使社会的消极和冷漠，具有极大的负面影响。

还有个别大学生不仅没有社会理想，还缺乏个人理想，面对日益激烈的社会竞争，“破罐子破摔”“当一天和尚撞一天钟”，按部就班地混日子，学习生活消极懈怠，沉溺于游戏玩乐，最后混一纸文凭。这样不仅荒废了大学四年蓄积知识力量的关键时间，而且阻碍自己今后的工作和长远发展，更是弃中国特色社会主义社会建设大任于不顾，辜负了祖国和人民的殷切希望。

3. 自我责任和社会责任的矛盾

自我责任是指大学生对自身所应负责任的认同感和履行职责的自觉意识。部分大学生对自我责任感和社会责任感认识不足，不明白二者之间的联系。实际上自我责任的缺失会影响社会责任的践行。部分大学生甚少严于律己，迟到旷课、考试缺乏诚信、无视课堂纪律、不遵守宿舍作息制度、消极对待集体活动等现象，均是在公共生活领域缺乏责任感的表现，这些自我责任的缺失行为，不仅影响了课堂教学，损害了他人利益、集体利益和集体荣誉，还破坏了正常的教学和教育管理秩序。社会责任感的缺失恰恰也反映了大学生自我责任感缺失。思想道德教育是高校思想道德修养与法律基础课程的主要内容，是每一位大学生都必须学习和了解到的，然而在实际生活中关爱邻里、见义勇为等美德在大学生群体中被渐渐忽略，显然这是大学生疏于对自身道德素养和责任意识的培养，是自我责任感的缺失。

## 第二节　大学生社会责任感存在问题的原因

当今社会的快速发展要求每一个公民都要树立起高度的社会责任感意识，为社会的进步做出自己应有的贡献。大学生是社会进步的人才保证，更应该具备浓厚的责任情感，在促进自身成长的同时，达到个人与他人、集体、社会的共同进步，为社会服务，做有责任的杰出公民。然而，研究发现，当代大学生的社会责任感出现了淡化甚至缺失的现象，不仅影响了国民整体素质的提高，更影响了大学生自身素质的提高。造成大学生社会责任感弱化有各方面因素，内因主要是大学生自身因素，外因包含有社会建设带来的不利因素、高校素质教育内容的缺失、独生子女家庭模式的弊端等，这些因素从不同程度上对大学生社会责任感的养成带来了阻碍。对这些原因做深入的分析，有利于提高当代大学生社会责任感教育工作的有效性，有着深刻的理论意义和现实意义。

## 一、社会因素

社会责任感是在一定的社会环境下逐渐形成的，我国社会经济发展带来的一些消极因素是造成大学生社会责任感缺失的主要客观原因，我们首先分析对当代大学生社会责任感的培养带来不利影响的社会因素。

### （一）社会腐败的消极影响

随着社会的发展和时代的进步，人们的收入水平也在逐渐提高。同样社会上也出现了拜金主义和享乐主义等不良风气，这股腐败之风随着时代的潮流涌入大学的校园，造成部分价值观还未完全形成的大学生产生了对金钱和权利的盲目崇拜，从而影响了大学生的生活方式和处事态度。这些腐败思想的渗入对大学生的健康成长和正确价值观的养成将起到负面的作用，容易使大学生用金钱和权利去衡量，放弃一些道德准则，这都是对社会不负责任的表现，由此，大学生的社会责任感也很难形成。

### （二）市场经济发展中消极因素的影响

我国实行社会主义市场经济，一方面确实为社会的进步和人们生活水平的提升起到了推动作用，但在这种经济模式运行的过程中，我们也不得不承认它存在着一些消极的方面。从本质上来说，市场经济的最终目标是实现利益的最大化，这使得人们生活在市场经济的大环境下，越来越看重自己的利益得失，人们的价值取向也发生着潜移默化的改变，容易滋生拜金主义、享乐主义以及极端个人主义的错误思想观念，将金钱、权利当作自身价值的重要体现，甚至出现腐败堕落的案例。一些人过度追求自身利益的实现，却忘记了集体利益至上，事事以自己为中心，不能主动承担各项责任，只图享受而忽略奉献，久而久之其社会责任意识严重淡化和丧失。市场经济本身具有优胜劣汰的特点，强者更强，弱者被淘汰，而且不会同情弱者，社会上的生产者会出现严重的收入不平衡，容易造成社会发展的不稳定。市场经济这只“无形的手”并不是万能的，有着不可避免的盲目性和滞后性，无法保证经济发展的正常秩序，容易导致社会生产秩序的混乱，这是它自身的缺点所在。

在市场经济的环境下，大学生的学习和生活也受到了很大程度的影响。市场经济使得竞争日趋激烈，大学生的竞争意识也树立起来，每个人都努力给自己添加取胜的砝码，再加上就业压力的增加，很多大学生选择对自己就业有益的专业去学习，以实现自己的理想为目标，功利心大过责任感，在就业的选择上首要不是为了报效祖国，而是为了让自己或者父母生活得更好，把为祖国做贡献抛在脑后。

由此可见，市场经济是我国社会发展的必然选择，是我们无法改变的历史趋势，因此，我们既要发挥它的积极作用，也要对它的消极方面加强警惕。市场经济带来的影响通过人们的社会意识起作用，大学生要建立正确的社会主流意识，正确对待社会主义市场经济所带来的一切影响。

### （三）网络等媒介中消极信息的影响

随着电视、网络等传媒的日益普及，现在的社会已经成为信息化的社会，人们通过各种媒介和软件可以了解到全世界的任何信息，这为人们的生活提供了很大的便捷，加快社会的发展速度。网络的发展打破了传统的地域限制，为人们提供了一个开放式的联系平台，为人们提供了丰富的信息和资源。的确，通过电视、网络等媒介我们了解了很多书本上所学不到的知识，开阔了眼界，但是更要加以注意的是，这些媒介给人们的生活也带来了一些不好的信息和错误的文化，存在着许多垃圾信息，影响了人们正确的价值取向的形成。大学生还处于自我控制意识较弱的一个阶段，容易受到外界不良信息的影响。

由于大学环境相对宽松，大学生有更多的时间用来上网娱乐，甚至沉溺在这个虚拟的世界中，这对他们的人际交往是很不利的。在网络活动里，只需要匿名和别人沟通，失去了真实感与诚意，造成一些大学生在日常的人际交往中缺少热情和爱心，对别人的责任感逐渐淡化，更不利于社会责任感的形成。长时间沉迷于网络，会导致大学生渐渐忘记自己作为社会的一分子应该尽的义务，使大学生在虚拟的世界中无法自拔。

另外，网络的开放性使得一些西方国家有机可乘，他们抓住这个媒介将自己国家的文化观念、意识形态向我国传播开来，将我国作为“西化”的重点发展对象，影响人们价值观念的形成。西方文化看重个人主义，强调个人利益的实现，以牺牲集体利益为代价来实现自身利益，由于大学生思想的不稳定性，更容易受到西方不良文化的腐蚀，从而导致责任意识的丧失，影响社会的健康发展。网络传媒带来的不良信息，会影响社会风气的纯净，严重破坏社会的正常发展秩序，在这样的社会风气下，大学生受到侵害，对社会的责任感也相应地变得淡薄。

## 二、学校因素

高校是大学生学习和生活的主要阵地，高校不仅要注重大学生专业知识的学习，更要做好德育工作，但是受我国长期应试教育的影响，学校教育多把教学重点放在专业知识的教学上，在人文素质方面的教育有所欠缺，忽视了社会责任感的培养工作，不利于大学生道德素质的提高。

### （一）高校教师自身的带动性不强

教师作为学校里承担教学任务的主要力量，他们具有教书育人的责任，尤其在大学校园里，教师更是大学生学习的榜样，大学生会根据自己的个人喜好，选择某一个教师作为自己的目标，不但学习其掌握的知识，还学习其为人。现在的大学，虽然为大学生设立了相应的思想教育课堂，但是对于大学生的社会责任感教育只满足于思想政治课堂的讲授之中，没有贯穿于整个教育过程中。受中国高校传统教学模式的影响，一些专业教师在讲授课程的时候只注重本专业内容的讲解，而没有将人与课程结合，致使大学生在学习的过程中也只是将学习专业知识放在首位，忽视了自身内在修养的提高。

还有一些教师的行为缺乏教育性，甚至出现不应出现的现象，如在教学过程中态度消极、在教育学生时言语过激、教育方式不当、在课堂上出现抱怨社会等行为，这些现象将直接影响教师在大学生心目中的形象，致使一些大学生受到教师的影响，对社会的认识和理解出现偏颇。

### （二）思想政治课堂的效率不高

思想政治理论课是对大学生进行思想教育的主要途径，同时思想政治课堂也是高校开展思想教育的主要阵地，一些关于思想意识和责任观念的理论知识，基本都是通过思想政治课来向大学生讲授的。但是受中国应试教育观念的影响，思想政治课程的考核机制不科学。

思想教育，本应是一个将外在的理论观念内化为内在的品德修养的过程，但是一些大学生为了应付最终的课程考核，只重点学习考试可能会出现的内容，应试色彩过重，最后导致一旦考核结束，大学生所记住的知识点全部不再记得，这种短暂的记忆终究无法深入大学生的内心深处。而且用一种分数的标准来考核一个人的思想是否合格也是一种有待商榷的形式，最终造成了思想政治课的形同虚设。

另外一个方面就是现在大多数高校的思想政治教育课堂的教学形式较为单一，多是教师单方面的知识内容讲解，属于“填鸭式”的教学方式，而缺少学生的主动学习和实践的过程。由于思想性的教学内容多是理论的阐述，与生动的自然科学类的知识内容相比缺乏吸引力，再加上缺少让学生自主实践的教学过程，这样就更无法提高学生的学习积极性和主动性，也难以培养大学生的社会责任感。

### （三）校园文化氛围的感染力不够

对学生的成长影响最大的就是学校的文化底蕴和学校的办学精神，这也属于学校的人文精神建设。大学校园的文化建设，不但要有其独特的文化内涵，最重要的是要形成自己特有的办学宗旨和校园精神，并且在教育学生的时候将这一精神贯彻整个教育过程，让学生在校园里学习和生活的同时自然而然地就接受这种文化的洗礼与熏陶。但是现在的一些大学校园对于校园文化建设的重视程度显然是不够的，现在的大学大多注重外在的社会评价，大学和大学之间相比拼的也是校园的楼有多漂亮、实验仪器有多先进、学校的体育馆功能有多强大等，因此就更重视校园的硬件建设，而忽视了精神建设，这样便导致校园文化的目标不清晰，教育者和被教育者也缺少了精神上的感召力和思想寄托。有些大学甚至不惜花重金修建一个大学校门，却不愿为学校的教学设施、校园绿化、图书馆建设等花钱，这就使得这些学校徒有其光鲜的外表却没有充实的内涵。同样很多大学生，在大学学习了几年之后，当问其母校的校训是什么的时候，却答不上来，就更别提校训的含义和学校的精神实质了。

对于大学校园的文化氛围营造，很多学校也在想办法，如举办各种学术报告、邀请知名学者等来学校授课等，但是现在也出现了一种怪现象，就是学生在参加这些学术活动的时候，在教师的强制性要求下被动参加应付活动的人数居多，而真正想要主动学习的人占少数，这一矛盾的现象既浪费了学校的资源，也对学生树立主动学习的观念起到了反作用。这些问题说明高校作为教育的中心，在学生的思想教育上缺少文化的感染力，在文化氛围的营造上还需要多思考。

### （四）大学生社会责任实践活动偏少

大部分院校没有把大学生的社会实践安排作为工作重点，忽略了实践对大学生成才的重要作用，造成了理论认识不能有效地落实在实践行动中，即使在上思想教育课时，教师会教导大学生要培养高度的爱国主义、爱社会主义的精神，但是这只起到让大学生在思想上有所重视的表面作用，如果不能通过社会实践活动加以巩固，将会成为一纸空谈。

虽然大学里有各种社团组织，但都以培养兴趣爱好为主题，而不是以进行社会责任实践为主要目的，而且很多大学生参加社团志愿者活动，主要为了获取创新学分，或者是培养自己不同的爱好，根本不是通过社团这个平台去履行自己应尽的责任，而且学校开展的社会实践活动较为零散，实践的方式较为单一，对社会责任感实践活动的经费投入力度不够，使得社会责任感践行受到一定的限制。

另外，校园广播具有广泛的渗透性，是宣传校园文化的重要渠道，然而在平时的广播中，很少听到有关社会责任感方面的内容，缺少对这一领域的宣传。

因此，学校可以充分利用校园广播这个媒介，向广大师生宣传优秀事迹，以及表扬本校社团组织开展的有关社会责任感的实践活动，营造浓厚的氛围，使得大学生感受到履行社会责任的重要性，将参加社会实践活动作为实现自我价值的重要途径。

### （五）大学生社会责任感教育内容不突出

学校是大学生学习、生活的主要阵地，是为社会进步提供优秀人才的殿堂，学校教育的成败关乎国家的前途与命运。学校教育不仅应注重对受教育者专业知识的教导，更要注重对他们道德素质的提升，使其成为各方面共同进步的人才。上了大学以后，相比中学课程轻松了许多，但是大学仍然注重各门专业课程的学习，注重专业技能的学习，上课时教师会教导大学生努力学习，以找到好工作为主要目的。学校这种重视知识的灌输，忽视思想道德教育的做法，造成了大学生社会责任感的欠缺，作为德育体系的主要课程——马克思主义和思想政治教育，经常被学生“冷落”，加上课本本身内容的枯燥乏味，大学生的道德素质得不到有效提高，思想政治教育的效果并不理想。

虽然现在很多大学越来越注重思想政治教育，但是关于大学生社会责任感的教育还有所欠缺，缺乏针对性和系统性，使得大学生对社会责任感的认识还处于初级阶段，对社会生活的认识并不深刻，不能将社会责任感真正内化于心中，导致不能形成有效的责任行为。这种忽视大学生人文素质的教育存在一定的缺陷，不利于大学生社会责任感的形成。

另外，由于大学的课程设置比较繁杂，专业课教师上完课并不会去了解大学生的思想活动，认为对大学生的责任感教育主要是辅导员的工作，但是由于大学生活的相对自由，辅导员与大学生见面的机会较少，通常在开班会时才见面，开班会的主题基本上是传达院校的工作精神，对大学生的责任感教育比较缺乏，缺少对大学生德育状况的关注，忽视了对大学生德育的监督评价，使得这一方面的工作留有空白。

此外，部分教育者自身不具有社会责任意识，片面追求自身利益的实现，不去履行自己的社会义务，没能给大学生起到为人师表的作用，势必对大学生的社会责任感培养造成不利的后果。因此，教师应重视责任意识的培养，通过日常的教学活动关注大学生的思想动态以及关注大学生社会责任感的践行情况，加强社会责任感教育。作为教师更要以身作则，起到良好的模范作用，不断增强大学生的社会责任感。

## 三、家庭因素

家庭是社会最基本的细胞，对于每个人来说，家庭是我们的第一所学校，家庭对大学生社会责任感的形成有着深远的影响，社会责任感的形成与家庭教育有着密切的关系。然而现实的家庭环境中存在着一些不利的因素，父母对孩子的教育方式失当以及父母自身责任感的缺乏，使得大学生社会责任感弱化、缺失，因此家庭教育具有不可推卸的责任。

### （一）父母对子女教育方式失当

中国在20世纪70年代末开始实行计划生育的政策，由此独生子女家庭的数量很多，当代大学生也多成长在这种家庭结构中，从小被父母当作“小皇帝”“小公主”一样疼爱，很多事情父母不舍得让子女自己去做，替他们安排好一切，满足所有恰当的以及不恰当的要求，让他们在“温室”里长大，父母的过分溺爱给子女的成长造成了不良的影响。研究发现，独生子女常常表现出依赖性强、社会交际能力弱、事事以“我”为中心，不能做到凡事先为他人考虑，对他人的责任感缺失。在独生子女家庭模式里，每家都只有一个孩子，家长自然会赋予他们很高的期望，期待他们获取优异的成绩，希望他们考上好大学、有份体面的工作，而对子女道德方面的教育则比较薄弱，尤其是缺乏对孩子感恩意识的培养，造成孩子认为拥有的所有都是理所应当的，而不是抱着感恩的心去看待身边的人和事。步入社会后，在与别人的交往中，他们不懂得主动去关心他人，做事情不能以集体利益为重，甚至出现自私自利的不良习气。

另外，生活在独生子女家庭中的大学生往往生活质量较高，对生活的需求标准高，从而缺少吃苦耐劳的精神，在选择就业的时候，不会首先考虑去艰苦的基层锻炼自己，贪图享受生活，不能承担起自己的责任。

### （二）父母自身社会责任感缺乏

父母是子女接触到的第一位老师，其一言一行将给子女的成长造成深远的影响。大学生的社会责任感深受家庭教育的影响，父母自身的责任意识对子女思想的完善有举足轻重的作用。从整体上观察，很多家庭父母的道德素质很高，对待生活和工作都有强烈的责任感，但是也有一些道德水平较低的父母，他们对待生活和工作持消极的态度，对待长辈也不尊重、不孝顺，这会影响到孩子责任感的形成。还有一些家长由于对婚姻不负责导致感情破碎，使得在这种环境下成长的孩子在心灵上受到伤害，等自己选择婚姻的时候，可能也会产生不负责的心态，不会对伴侣负责。另外，父母与孩子间沟通少也是影响大学生社会责任感形成的一个原因。由于社会竞争压力大，父母将越来越多的时间花在工作上，回家与孩子交流沟通的时间相对较少，父母不能及时了解孩子的思想情况，忽视了对孩子责任感的教育。

## 四、个人因素

根据唯物辩证法，决定事情发展趋势的首要因素是内因，事情的成败主要由内因决定，当代大学生社会责任感缺失的原因从根本上来看是由大学生自身因素造成的。从自身来看，大学生对自身定位和评价不准确、对社会生活缺乏正确认知是造成社会责任感缺失的主要成因。

### （一）自我定位不准确

由于很多大学生受独生子女家庭的影响，从小被赋予的期望值过高，遇到挫败不能正确看待，甚至会一蹶不振，不能正确地认识自己，认为自己各方面都比别人优秀，考虑事情以自己为中心，什么事都只为自己的利益考虑，一心只想享受权利，而不去自觉尽义务，不懂得主动为他人、为集体做些事情，不能辩证地对待获取与付出之间的关系，不懂得为国家和社会奉献自己，缺乏为社会建设事业奋斗的远大理想。

此外，从中学到大学，不管是学习方面还是日常生活都产生了根本的改变，时间多由自己来支配，部分大学生脱离了父母和教师的监督，变得自由懒惰，对待学业也抱着马虎通过考试的态度，将课余时间用在上网等娱乐上，而不是专心自习，任意放纵自己，对自己的将来没有具体的规划，虚度时光。曾经的理想也早已忘得一干二净，更没有为理想奋斗的决心，对自己的人生严重不负责任，长此以往，大学生会感到越来越迷惘，找不到自身存在的价值，对社会自然也不会做出应有的贡献，这也是他们社会责任感缺失的一个原因。

所以，当代大学生要正确认识自己，学会奉献才能获取回报，明白自身所扮演的社会角色，主动肩负起为社会主义事业奋斗的历史重任，为了“中国梦”这个共同理想的早日实现不断实践、努力。

## （二）自我调节能力缺乏

现在的大学生大多是“95后”“00后”，为了让子女健康成长，父母更多地参与到子女的生活中，为子女承担了更多的压力，所以导致现在的一些大学生在上大学之前几乎很少经历挫折，也不具有应对挫折的能力。等进入大学校门之后，离开了疼爱自己的家人，真正到了要自己面对困难的时候，大学生便出现了很多的不如意，如居住条件差、饮食不合口味、同学关系不和睦、学习成绩不理想等。由于没有人会像父母那样迁就自己，也没有人会像父母那样为自己清理困难，所以大学生在面对困难和挫折的时候，就会缺乏理性的思考，这样就容易出现极端的表现，从而造成大学生心理出现问题。大学生如果缺乏这种自我调节压力的心理素质，也就缺少了在社会上立足的基本能力，同时也给社会带来严重的危害，不能很好地在困难中自我调节、控制情绪，也就没有办法为自己的行为负责，无法承担社会责任。

## （三）社会责任认知不足

想要树立良好的社会责任感，除了接受相关的教育之外，更重要的就是自身对社会的认知，如果对社会认识不清，也就无从考虑为社会负责。那么什么是社会认知？社会认知就是人们对社会的特点、矛盾以及各种社会关系的认识、分析和评价。社会认知主要包括对他人表情的认知，对他人性格的认知，对人与人之间关系的认知和对人的行为原因的认知等。

从整体来看，当代大学生具有的使命感是积极的、健康的，但是从现实来看，大学生由于生活在大学这座象牙塔之内，享受的是自由的时光，呼吸的是安逸的空气，除了在校园里学习之外很少参加社会实践活动，这样就减少了和社会的接触，也就不了解社会的百态景象。大学生对社会的看法，也都只限于自己现有的观念和认识，思想并不成熟，所以看待问题的角度从一定程度上说也是片面的，是有局限性的，所以他们对社会上的一些问题的意见，也多是感性的，不能真正地从事件的本身来理性分析，于是也就造成了一些大学生对社会的不理解和对一些现象的冲动表现。

## （四）对社会生活缺乏正确认知

正确认识社会上的各种现象是形成社会责任感和认同感的前提，由于社会生活的复杂性，以及大学生看待事情还不全面，大学生对社会的认识比较肤浅，比较容易受他人想法的影响，对社会现象的本质分析得不是很透彻，从而对社会生活产生偏见和否定的看法。例如，对待在路上遇到老人摔倒是否要去扶起这个问题，因为之前发生过搀扶老人产生误会、纠纷的案例，所以一些人认为遇到摔倒老人最好不要上前去扶，以免惹上官司，这使得一些大学生也产生了避而远之的想法，不去主动关心帮助他人，导致社会责任感逐渐淡化。

社会上的事情纷繁复杂，人们看待事情的角度也不尽相同，就会产生多种多样的评判标准，大学生由于还未彻底进入社会中去生活，缺乏实际经验，往往会被不正确的舆论所蛊惑，对社会的认知不够深刻，割裂了自身发展与社会发展之间的密切关系。由于自身认识的局限性，一旦社会上发生了热点争议，大学生经常是以否定、批判的角度去分析问题，否定社会生活积极的一面。由此可见，大学生应该多多参与公益活动，通过亲身感受形成社会认知，处理好自身与社会二者的辩证关系，而不是人云亦云，人云亦云不利于自身思想的成熟，也不利于社会责任感的建立。

# 第三章　大学生社会责任感教育的内容

新时代大学生社会责任感教育的内容是一个体系，内容的设定是在“两点论”和“重点论”相结合这一马克思主义哲学思想指导下进行的。“两点论”要求新时代大学生社会责任感教育要顾及多方面，包括基本内容和重要内容。“重点论”要求新时代大学生社会责任感教育要突出重点。本章分为大学生社会责任感教育的基本内容、大学生社会责任感教育的重要内容两部分。

## 第一节　大学生社会责任感教育的基本内容

新时代大学生社会责任感教育的基本内容包括认知教育、情感培养和行为塑造。根据人的思想行为的发展规律可知：认知是情感和行为的基础，情感是认知转化为行为的纽带，行为是认知和情感的目的。因此，新时代大学生社会责任认知教育、情感培养和行为塑造是一个相互联系的整体。

### 一、大学生社会责任认知教育

认知是精神的基础和主体。只有知之全、知之深、知之切、知之透，并将“知”上升为“信”，方可付诸行动，在行动前，才可能做认真的、全面的、细致的准备，才可能全力以赴，保证责任的全部实施，从而获得成就。只有知之通透，才能行动彻底。知行合一，言行一致，是诚实守信的表现，也是人格健全的表现。认知主义理论认为，形成责任行为是个体与环境间相互作用的结果，只有当环境的刺激因素能够作用于个体关于责任的认知结构时，个体关于责任的认知结构才会发生同化或顺应，这样个体关于责任的心理结构才会发生改变，继而改变责任行为的方式。大学生社会责任感教育中认知的重要性在于认知是获得与应用的必经阶段。学习是人类进步的重要途径，也一直都是我们党永葆生机的不竭动力，在党的十九大报告中，习近平总书记更是把学习作为党政干部需要增强的“第一本领”提了出来。他强调指出：领导 14 亿多人的社会主义大国，我们党既要政治过硬，也要本领高强。首先要增强的就是“学习本领”，要在全党营造善于学习、勇于实践的浓厚氛围，建设马克思主义学习型政党，推动建设学习型大国。大学生社会责任认知教育就是要重视对社会责任的学习，把社会责任学习作为提升新时代大学生承担社会责任能力的手段。大学生社会责任认知教育的任务就是使新时代大学生对社会责任有一个完整的认知，具体包括以下三方面。

### （一）社会责任是什么

通过认知教育，新时代大学生明白了社会责任的真正含义，而不仅仅是字面上的意思。一般认为，社会责任是一个组织对社会应负的责任，是组织道德管理的要求和出于义务的一种自愿行为。对于诸如公司、企业等经济体来说，社会责任是一种超越法律和经济的义务。马克思主义认识论认为：人们对事物的认识是一个由浅入深，不断发展的过程，要透过现象看到事物的本质。因此，大学生也应该透过社会责任的现象看到社会责任的本质，而社会责任的本质体现在社会责任的特征之中。

一是社会责任具有自觉性。社会责任的承担要靠承担者的自觉，社会责任承担者只有在思想上自觉承担起社会责任，才能使思想和行为保持一致，才不会推卸责任。

二是社会责任具有道德性。责任分为两种：一种是指责任承担者分内应该做的事情，如岗位责任、职业责任、家庭责任等，这种责任实际上是一种角色义务责任；另一种是责任承担者分内没有应该做某件事情的义务，而是一种分外之事。这种分外之事更能体现一个人的奉献精神。例如，一个人除了在自己的岗位上尽职尽责之外，还想着为社会能做点什么，这表明这个人具有某种社会道德品质。

三是社会责任具有评价性。社会责任承担的情况如何？如何进一步改进完善社会责任的承担？这需要社会对此做出评价。

以上是社会责任的普遍特征。

然而对于新时代大学生而言，他们的社会责任又具有特殊性，可以从不同角度来看待社会责任。

一是作为一种世界观的社会责任。从世界观的角度看，社会责任具有世界观的特性。世界观是指人们对世界总的看法，社会责任是整个世界的一部分，因此，人们对社会责任的总的看法就形成一种社会责任观。这种社会责任观具有辩证唯物主义和历史唯物主义的性质。例如，社会责任与社会权利是一致的，是不可分割的。两者是互动的，没有社会责任就没有社会权利，反之，没有社会权利也就没有社会责任。社会责任存在于整个历史过程中，不管人们是否意识到，社会责任依然客观存在。

二是作为一种政治观的社会责任。从政治观角度来看，社会责任具有政治观的特性。政治观指人们对政治现象、政治活动、政治关系、政治制度等方面的根本观点。政治是伴随着社会的产生而产生的，人具有社会性同时也具有政治性，社会发展离不开政治的有效运作，对社会责任的承担也体现了一种政治担当。因此，社会责任认知也是一种政治认知。

三是作为一种法治观的社会责任。从法治观角度看，社会责任具有法治观的特性。法治观是人们关于法律制度和依法治理的根本看法。社会的和谐发展离不开稳定的环境，稳定环境的创设离不开法治。责任和权利的统一是法律所规定的，社会责任要靠全体社会成员共同承担。如何共同承担？一方面靠人们的自觉，另一方面要靠法律的规定。因此，社会责任认知也是一种法治认知。

四是作为一种人生观的社会责任。从人生观角度看，社会责任具有人生观的特性。人生观指人们对人生目的和意义的根本看法。人生的目的、意义和价值更大程度上在于对社会的奉献，奉献社会是社会责任承担的价值方向。因此，社会责任认知也是一种对人生目的、意义和价值的认知。

### （二）为什么要承担社会责任

人们对社会责任的认知除了知道社会责任是什么，还要知道为什么要承担社会责任。只有知道了为什么要承担社会责任，才能更进一步对社会责任进行深刻的认识。认识越深刻，行动就越自觉。人的任何行动都是在一定意识指导下发生的，并且这种行动只有符合人的主观目的才能发生。人们承担社会责任的行动只有在了解承担社会责任的目的、意义和价值的基础之上才发生。历史唯物主义关于社会存在与社会意识关系的哲学原理是社会历史发展的一条重要规律。这条规律就是：社会存在决定社会意识，社会意识是社会存在的反映，社会意识对社会存在具有能动作用。那么这种能动作用是如何发生的？其中，对“为什么要承担社会责任”这一问题的认知在这种能动作用中起到一种催化剂的作用。新时代大学生为什么要承担社会责任？其原因在于新时代大学生承担社会责任对国家、社会、学校、家庭和个人都有重要作用，有利于实现中华民族伟大复兴的中国梦，有利于推进社会治理体系和治理能力的现代化，有利于提高高校思想政治工作水平，有利于促进高校各方面的发展，有利于家庭和睦、和谐美满，有利于个人公民身份的塑造等。

### （三）怎样承担社会责任

判断一个人是否是一个具有社会责任感、勇于担当的人，其判断标准主要不是看这个人对“社会责任是什么”和“为什么要承担社会责任”的认知，而是看这个人是否在社会实践当中切切实实地用行动履行着社会责任。如果说“社会责任是什么”和“为什么要承担社会责任”这两个问题是两个理论层面的问题，那么“怎样承担社会责任”这一问题是一个实践层面的问题。作为新时代大学生，怎样承担社会责任？对此，新时代大学生要有以下认知。

首先，要认真学习并深刻领会习近平新时代中国特色社会主义思想，尤其是习近平总书记关于青年问题及高校思想政治工作的有关论述，以此作为新时代大学生在高校学习和生活以及毕业后的工作和生活乃至一生的指导。

其次，要努力学好本专业的知识，掌握好本专业的相关技能，做到学一行、爱一行、精一行，同时要博览群书，传承中华优秀传统文化以及革命文化，全面提高自己的素养。

再次，要积极参加实践活动，如志愿服务、社团活动等。这些活动能使大学生在真正步入社会之前体验并学习怎样承担社会责任，因为在实践活动中，每个大学生都有自己的任务和职责。

最后，要保持积极乐观、向上进取、艰苦奋斗的状态，及时调整心态，保持自己身心健康，珍爱生命。这些都是承担社会责任的“本钱”。

## 二、大学生社会责任情感培养

情感是人们对客观存在的事物是否满足自己的主观需要而产生的态度体验，当客观存在的事物满足自己的主观需要时，人们会在心理上产生喜爱、满足、成就、乐观、坚持、上进等积极的体验。当客观存在的事物不能满足自己的主观需要时，人们会在心理上产生厌恶、失落、沮丧、悲观、退缩、不思进取等消极的体验。情感教学理论认为个体的责任行为是个人本能的需要，是每个个体发展到一定的心理阶段都会产生的需要。所以教育的目的在于促成大学生成为一个完善的人，这样个体关于责任行为的需求及完善的需求也会得以满足。新时代大学生社会责任情感则是新时代大学生对社会责任是否满足自己的主观需要而产生的态度体验，当社会责任满足自己的主观需要时，新时代大学生会在心理上产生喜爱、满足、成就、乐观、坚持、上进等积极的体验，就会认真承担起自己的社会责任。当社会责任不能满足自己的主观需要时，新时代大学生会在心理上产生厌恶、失落、沮丧、悲观、退缩、不思进取等消极的体验，就会推卸自己的社会责任。情感是一种态度体验，人是一种具有情感的动物。

一般而言，人的情感是在人的成长中自然形成的，这为情感的培养提供了依据，表明情感是可以培养的。然而在自然环境中自然产生的情感有好坏之分、积极与消极之分、高尚与低俗之分。这就需要依靠教育的力量使好的、积极的、高尚的情感朝着更好的、更积极的、更高尚的方向发展，避免情感朝着坏的、消极的、低俗的方向发展。新时代大学生社会责任情感的培养要依靠新时代大学生社会责任感教育，使大学生的社会责任情感朝着更好的、更积极的、更高尚的方向发展。因此，大学生社会责任情感的培养是新时代大学生社会责任感教育的内容。大学生社会责任情感培养又包括以下两大方面。

## （一）大学生社会责任情绪培养

情绪是人们对客观事物的反应，社会责任情绪则是人们对“社会责任是什么”“为什么要承担社会责任”“怎样承担社会责任”等问题的反应。人们的情绪丰富多彩，按不同标准可以分为不同种类。按基本情绪分类，情绪可以分为四大类，即喜、怒、哀、惧。按情绪产生的功能来分，情绪可分为正性情绪和负性情绪。按情绪状态分，情绪可以分为心境、激情和应激三种情绪状态。心境是一种微弱、平静、持久的情绪状态，激情是一种短暂而强烈的情绪状态，应激是一种在出乎意料的紧急情况下的适应性反应。情绪具有信息传递功能、动力功能、调节功能和保健功能，并对学业、身心健康和人际关系有重要影响。因此，人们要保持良好的情绪。由于大学生社会责任在新时代背景下得到凸显，新时代大学生所承担的社会责任比以前多，比以前重。在承担社会责任的过程中大学生会产生情绪上的困扰，影响了自己的学业、身心健康和人际关系。因此，要培养新时代大学生良好的社会责任情绪。

### 1. 培养大学生社会责任的正面情绪

在人的四大基本情绪中，“喜”是正面情绪。“喜”是人们期望的目标达到自己要求或需要得到满足之后，之前的紧张感得到解除时的快乐情绪体验。按由弱到强的程度，“喜”可分为满意、愉快、欢乐和狂喜。大学生社会责任情绪的培养包括社会责任的满意情绪培养、社会责任的愉快情绪培养、社会责任的欢乐情绪培养和社会责任的狂喜情绪培养。这些不同强度的社会责任正面情绪是依据新时代大学生对社会责任目标的设定以及目标的实现情况而定的。

### 2. 抑制大学生社会责任的负面情绪

培养人们的正面情绪既要从正面情绪入手，也要从负面情绪入手，以便扬长避短。在人的四大基本情绪中，“怒”“哀”“惧”是负面情绪。大学时期是人生发展的一个重要时期，也是情绪多变的时期。培育时代新人的目标赋予了新时代大学生更高的要求，更多的任务。这在一定程度上给新时代大学生带来了一定的情绪困扰，例如，担心自己承担的责任完成不了而产生焦虑、抑郁等不良情绪。

3. 稳定大学生社会责任情绪的状态

社会责任情感培养从某种意义上来说是一种心理健康教育。在大学生社会责任情绪培养中存在对社会责任持有的心境、激情和应激这三种情绪状态。这三种情绪状态都存在于新时代大学生当中，有的心境占的比例多点，有的激情占的比例多点，有的应激占的比例多点。

一般认为，大学生对社会责任要保持一种平静和持久的心境状态，在疲乏困顿时要有勇于承担社会责任的激情，在承担社会责任的过程中遇到紧急情况要有必要的应激反应。

4. 掌握大学生社会责任情绪的调适方法

大学生情绪有时不稳定，需要自我调适。不稳定的情绪来源于不合理的观念，如绝对化要求、过分化概括、糟糕至极。如“我必须把社团交给我的任务完成”，有这种要求固然好，但是并不是每个人都能按照要求按时按质按量地完成的。在完成任务、履行职责的过程中，偶然的不顺利、不顺心被大学生看成必然的事，从此认为自己不行，彻底否定自己。为此，要适当地宣泄情绪，进行积极的自我暗示，通过放松训练、音乐调节、想象放松等方法进行调节。

### （二）大学生社会责任感情培养

感情与情绪有联系又有区别。情绪一般指短暂而强烈的具有情景性的主观反应。感情一般指稳定而持久的、具有深沉体验的主观反应。情绪带有感性成分多点，而感情带有理性成分多点。大学生社会责任情感培养就是要实现从情绪培养向感情培养的转变，以便使新时代大学生从内心深处认同社会责任，把承担社会责任作为自己的本职工作。如何实现这种转变？需要从意向转向态度，从态度转向信仰。

因此，大学生社会责任感情培养包括以下三部分。

1. 意向培养

意向，即意念的指向，心之所向，是个体对客观事物的反应倾向，是行为的准备状态，表现为人们的欲望、希望、愿望等反应，是对行为目标的关注。

社会责任意向是人们把自己的所思所感所为指向社会责任这一领域，并为承担社会责任进行人、财、物方面的准备。大学生社会责任意向培养主要任务就是聚焦大学生对社会责任的关注。

2. 态度培养

态度是指人们对特定对象所持有的一种稳定的心理倾向。这种心理倾向蕴含着人们的主观评价。可见，态度具有一定的稳定性和可评性。只有具有稳定性，才能发挥持久作用，只有具有稳定性才方便被评价，只有被评价，才能扬长避短，不断进步发展。新时代大学生只有形成对社会责任所持的良好态度，才能始终如一地承担起社会责任，才有可能获得来自社会对自己的评价，一方面从正面评价中获得成就感和满足感，坚定继续承担社会责任的信心，另一方面从负面评价中得知自身的短处和需要完善之处，以便及时改进。这样反过来有利于良好的社会责任态度的培养。

3. 信仰培养

信仰是指人们对某种思想以及对某人某物的信奉和敬仰，把某种思想作为自己的人生指导思想，把某人作为自己的行为准则和榜样，即使遇到困难时，也能尽自己最大努力，甚至不惜一切代价克服困难，继续前进。信仰带有理智的主观色彩。信仰的力量是伟大的，因为有理智做基础。新时代大学生应该把社会责任信仰作为自己的人生指导，把在承担社会责任中表现良好的同学、朋友作为自己学习的榜样。同时，用习近平新时代中国特色社会主义思想充实自己，使自己具有坚定的信仰。

## 三、大学生社会责任行为塑造

行为是认知与感情的外化表达，行为是探知认知与感情的路径。大学生社会责任行为是社会责任认知与社会责任情感的外化表达，社会责任行为是探知社会责任认知与社会责任感情的路径。大学生社会责任行为塑造具体包括以下两方面的内容。

### （一）大学生社会责任行为塑造的心理学

从心理学角度考察，行为塑造是指通过各种强化手段来矫正人们的行为，使之逐渐接近某种适应性行为模式的强化手段，是根据斯金纳的操作条件反射研究结果而设计的。行为主义理论认为学习即“刺激—反应”之间联结的加强，教学的艺术在于如何安排强化。责任与道德形成的关键在于学习与强化。当积极的责任行为发生时，应该加以正强化，如鼓励、表扬、奖励等，使积极行为持续下去；当消极的不负责任的行为发生时，应加以负强化，如批评、惩罚等，使消极行为减少。通过强化，能够对个体的责任行为进行塑造。在行为塑造的过程中，多采用正强化的手段，正强化是一种鼓励，鼓励正确行为的产生。一旦符合人们需要的行为出现，就立即给予正强化，直到一种新的习惯性正确行为产生。必要时也可采取负强化，负强化是一种惩罚，惩罚错误行为的产生。一旦不符合人们需要的行为出现，就立即给予负强化，直到一种旧的习惯性错误行为消失。在行为塑造过程中，应该根据行为人和环境的具体情况，将正强化与负强化结合起来使用。因此，应该结合中国特色社会主义进入新时代这一大环境以及新时代大学生的特点，通过正强化和负强化的结合来塑造他们的社会责任行为。

在新时代大学生社会责任行为塑造过程中要注意以下两点。

1. 注意行为塑造方法的选择

在社会责任行为塑造的过程中，要根据行为塑造的不同目标，行为塑造内容的不同特点，以及大学生在承担社会责任中问题的性质、存在方式、产生的原因等情况，运用适当的方法，做到方法的针对性、创新性和综合性。大学生社会责任行为塑造方法的针对性就是从实际出发，实事求是，用不同方法完成大学生社会责任行为塑造这一任务，其实质是要求大学生社会责任行为塑造方法的运用合乎大学生社会责任行为塑造过程的客观规律，合乎大学生社会责任感、社会责任道德、社会责任中“知”“情”“意”“行”的客观发展规律。大学生社会责任行为塑造方法的创新性就是要解放思想，与时俱进，以增强大学生社会责任行为塑造的实效性为基本要求，自觉研究大学生社会责任行为塑造中的新情况、新问题和新方法，综合运用哲学、教育学、心理学等相关学科所取得的研究成果，丰富和发展适应新时代要求的大学生社会责任行为塑造的科学方法论体系，运用微信、微博、直播等多媒体，实现大学生社会责任行为塑造手段的现代化。大学生社会责任行为塑造方法的综合性就是教育者根据新时代中国特色社会主义发展和大学生思想活动的特点在进行社会责任行为塑造过程中，综合分析大学生社会责任行为塑造体系内部各要素的特点以及环境的特点，同时或先后使用一种以上行为塑造方法，使这些方法之间构成协调、有序的关系，形成合力，从而使大学生社会责任行为塑造产生综合效果。

2. 注意行为塑造的过程

在社会责任行为塑造过程中，包括四个步骤。

（1）定义目标行为

目标是行为的动力和方向，目标的确定不能脱离目标实施者的实际能力。目标太高太难，会使得目标实施者有“难以登天，干脆放弃”的思想，最终放弃目标；目标太低太易，会使得目标实施者有“不屑一顾”的思想，即使目标实现也很少会给目标实施者带来较大成就感，对目标实施者各方面的提高效果不大。因此，目标的确定应该在目标实施者的最近发展区之内，达到“跳一跳就能摘到桃子”的效果。所以，要合理确定新时代大学生社会责任行为塑造的目标行为。

（2）确认初始行为

初始行为即个体已有的、与目标行为有关的行为。在这些初始行为当中，有的初始行为与目标行为保持一致，有的初始行为偏离目标行为。对于与目标行为保持一致的初始行为，主要从加强行为动力入手，加强正强化；对于偏离目标行为的初始行为，主要从改正行为指向入手，加强负强化。由于成长经历、知识储备、生活体验、家庭环境、教育情况等方面的不同，大学生进入大学之后各自初始行为存在差异，做事认真程度不同，有的有正义感，有的则没有，有的意志坚强，有的意志薄弱。因此，在塑造大学生社会责任行为时要对照目标行为及时纠正偏离目标的初始行为。

（3）选择塑造步骤

在大学生社会责任行为塑造过程中，各个步骤之间所体现的社会责任行为的改变应恰当，步子太小会费事，步子太大可能导致停滞不前。

（4）确定强化刺激物

美国心理学家斯金纳提出的强化理论认为：人的行为是对其所获刺激的函数。如果这种刺激对他有利，则这种行为就会重复出现；若对他不利，则这种行为就会减弱直至消失。正强化指某一刺激物在个体做出某种反应后出现，并且提高了该行为发生的概率，这一刺激物被称为正强化物。负强化指某一刺激物在个体做出某种反应后出现，并且降低了该行为发生的概率，这一刺激物被称为负强化物。强化物大体分为物质强化物和精神强化物。新时代大学生有着物质需求和精神需求，应合理使用物质强化物和精神强化物，主要在精神上满足他们。

## （二）大学生社会责任行为塑造的实践

责任实践既是对责任意识的落实，又是对责任意识的丰富和补充，还是深化责任认识、提高责任能力、增强责任意识、调节责任情绪、增进责任感情的有效途径。人们的责任行为不仅仅体现在职业活动中，还体现在家庭生活、个人的学习生活、娱乐活动中，也体现在交朋结友和思维活动中。责任是全方位的。个人责任是与政治责任、信仰责任、职业责任联系在一起的。人是一个有机的整体，在行为主体的大脑中，各种活动是互相关联、互相影响的。大学生社会责任行为塑造的实践包括多方面。

1. 理论与实践互动型实践

大学生社会责任的理论性实践表现在运用上大学之前掌握的知识来进一步加强大学期间的理论学习，包括技术学习、思想学习、政治学习等。随着中国特色社会主义建设进入新时代，新时代大学生更要加强对习近平关于社会责任有关论述的学习。实践性实践指的是对某一实践活动的实践，即某一实践活动不是理论上的说道，而是实践层面的具体实施。大学生社会责任行为塑造不是仅仅让他们从理论上知道所以然，还要从一件件具体事情中去落实，在此基础上不断总结经验教训，实现大学生社会责任行为塑造的理论与实践互动型实践。

2. 整体全面型实践

马克思主义从分析现实的人和现实的社会生产关系入手，阐述了关于人的发展学说。其学说的主题是人的整体全面发展。人的整体发展指人的各种最基本或最基础的素质必须整体发展。人的全面发展指人的德、智、体、美、劳等方面的发展。就社会责任来说，新时代大学生只有具备大公无私、奉献社会的高尚品德才有愿意承担社会责任的意向，只有掌握好科学文化知识才有承担社会责任的能力，只有具备健康的身体才能有承担社会责任的基础，只有养成热爱劳动、尊重劳动果实、艰苦奋斗的习惯才能有承担社会责任的实践基础和可能。

## 第二节　大学生社会责任感教育的重要内容

新时代大学生要有文化自信，尤其是责任文化自信，并在此基础上树立新时代中国特色社会主义新理想，在立德树人的育人理念下，做一个新时代负有责任意识、责任理想的大学生。

### 一、大学生社会责任文化教育

中国传统文化中的社会责任文化，体现在中国古代历史当中的一些开明朝廷官员中，也体现在中国古代历史中涌现出的许许多多民族英雄当中。他们以高度的社会责任感践行承担社会责任的行为，这种行为激励着中国近现代历史中出现的包括爱国华侨在内的一批批仁人志士在改变中国的行动中体现着社会责任文化。可以说，大学生社会责任文化源于中国传统社会责任文化，发展于中国近现代社会责任文化，并借鉴国外社会责任文化。因此，大学生社会责任文化教育包括以下内容。

### （一）中国传统社会责任文化教育

我国的传统文化历史悠久，包含着极为丰富的社会责任文化，每一个社会成员都处于一种相互交织的社会责任关系中。在诸多中国传统社会责任文化中，传统儒家文化是主流，其所强调的“以天下为己任”“内圣外王”“修己济世”的社会责任文化思想广泛地渗入中国人的日常生活中。中国传统社会责任文化教育具体包括以下方面。

1.“天赋责任”文化教育

“天赋责任”是中国传统儒家文化和社会责任思想碰撞、交融产生的一种中国传统社会责任文化。在中国传统儒家文化体系中，“天”在万事万物中具有崇高的地位，被认为是宇宙万物的源泉。来自天的力量就是天道。因此，天所赋予人的责任是天大的责任，有崇高的地位。《尚书》中所说的“天秩有礼”“天命有德”“天讨有罪”等思想，实际上就指出天的至高无上和绝对权威。人必须顺天而行，只有顺天而行的人才可以称得上是有道德、有担当、负责任的人。正是这种“天赋责任”文化使得人们主动承担起照管天下的社会责任，也决定了中国人的社会责任意识和社会责任行为主要不是依赖刑罚威慑。从古代朴素唯物主义看，这里的“天”是人的一种“绝对精神”，也是一种客观存在。虽然相对于辩证唯物主义，这种“天”的哲学存在一定的不足之处，但至少说明，在中国传统社会责任文化中，社会责任不是简简单单的人的一种想当然的东西，而是一种客观的东西。

2.“人赋责任”文化教育

在中国传统儒家文化中“天道”处于绝对地位，拥有至高无上的力量。但是“天道”不能自发地起作用，必须通过一种中坚力量，这种中坚力量就是“人道”。那么，“天道”如何才能转化为“人道”？在社会责任文化层面就是“天赋责任”文化转化为“人赋责任”文化的问题。“人赋责任”即人赋予人的责任。这种转化的桥梁就是“德”，即人的道德规范。围绕“德”，以孔子为代表的儒家思想家在继承“天道”思想的基础上，形成一套完整的以“人道”为轴心的道德规范体系，并将这套道德规范体系确立为世人遵守的实践原则和行动指南。具体说来，这种“人赋责任”文化可以从以下方面来把握。

首先，“人赋责任”文化是一种“对集体负责”的文化。在人与集体的关系上，中国传统儒家社会责任文化崇尚集体本位，集体对于个体有重要的价值。中国传统儒家社会责任文化里的人不是单个独立的个体，而是处于各种社会关系中的人。

例如，“仁”是中国传统儒家社会责任文化的核心。“仁者，人也。”“仁”，左人右二，本意是指两个人。梁启超也认为人人都有各自的责任，他说：“自放弃其责任，则是自放弃其所以为人之具也。是故人也者，对于一家有一家之责任，对于一国而有一国之责任，对于世界而有世界之责任。一家之人各放弃其责任，则家必落；一国之人各自放弃其责任，则国必亡；全世界之人各自放弃其责任，则世界必毁。”梁启超的这种社会责任观从人对家庭的责任、人对国家的责任、人对世界的责任这三个层面给“对集体负责”的文化做了很好的解释。

其次，“人赋责任”文化是一种“对他人负责”的文化。在人与他人的关系上，中国传统儒家社会责任文化，把“五常”作为处理人与他人关系的规范。在人际交往过程中，违背“五常”就是违背“天道”，违背“天道”就是违背“德”，违背“德”就是对他人不负责。“五常”，即“仁”“义”“礼”“智”“信”。其中，“仁”是“对他人负责”的情感基础与逻辑起点。《论语·颜渊》中说道：“克己复礼为仁。一日克己复礼，天下归仁焉。”要实现克己复礼，就必须“爱人”，即爱所有人。孟子提出“恻隐之心，仁之端也”，意思是人有同情怜悯之心，仁爱之人能够爱所有人，这是仁爱之人“对他人负责”的体现。“义”，即理应承担的责任和应尽的义务。中国传统儒家文化把“义”具体化为“父慈”“子孝”“兄良”“弟悌”“夫义”“妇听”“长惠”“幼顺”“君仁”“臣忠”这十义。按照十义的要求，个体对他人的责任覆盖到了家庭和社会。“礼”，即一种外在的制度体系。社会责任的落实除了靠个体内在“克己”，还需要外在的“礼”来保证实施。可以说，“礼”就是中国传统儒家社会责任得以落实的基本准则和外在保障。

最后，“人赋责任”文化是一种“对自然负责”的文化。在人与自然的关系上，中国传统儒家社会责任文化认为人与自然是和谐统一的，主要包括两方面的内容。

①“对自然负责”的中国传统儒家社会责任文化是“天人合一”文化的进

一步扩展。“天人合一”是由“推己及人”的“对他人负责”的社会责任文化扩展到“推人及自然”的“对自然负责”的社会责任文化的基础，认为从生命意义上来说，人、动物、植物等自然之物都是天地父母所生。因此，“天人合一”蕴含着丰富的人与自然辩证关系的思想。

②“对自然负责”的中国传统儒家社会责任文化是人与自然和谐共处的实践。从实践角度看，“对自然负责”就是要树立“尊重自然就是尊重自己”的理念，保持生态平衡，按客观规律办事。例如，孟子认为“斧斤以时入山林，材木不可胜用也”，意思是要限制广大民众入山滥砍滥伐，使林木更好地生长，这样木材就会多得用不完。中国传统儒家社会责任文化源远流长，在后来的发展中，中国传统儒家社会责任文化得到进一步发展，有了新的内容和形式。

## （二）国外社会责任文化教育

新时代也意味着中国对外交往进入一个新时代，交往的深度和广度得到拓宽。新时代大学生也要有新时代中国外交的参与意识，要有世界眼光，积极学习、借鉴国外一切优秀文化成果，为我所用。因此，大学生社会责任文化教育除了要进行中国的社会责任文化教育，还要进行国外社会责任文化教育。国外社会责任感教育主要是公民责任教育。我们可以从理论与实践两个方面通过分析国外公民责任教育文化来分析国外社会责任文化教育所包含的内容。

### 1. 国外社会责任的理论文化教育

国外社会责任的理论文化包括国外公民责任教育的自由理论文化、共和理论文化、社群理论文化和多元理论文化。自由理论文化提倡以公益为目的的积极自由，认为经济上的机会平等与经济福利高于个人自由，国家干预要明智，主张平等的自由。虽然自由理论在不同阶段有不同侧重点，但都具有“自由至上”“有限政府”“宽容”“平等”“正义”等核心理念。因此，国外公民教育注重个人自决能力、中立与平等价值观及以勇敢、礼貌、容忍、守法、独立、批判力为内容的公民政治自由美德的培养。共和理论文化强调国家统治的法治性、权衡性，政治制度的公共性、公平性，公民美德的正义性、崇高性。因此，国外公民教育还注重公民美德教育，包括爱国主义教育、公益参与教育、公共精神教育等。社群理论文化主张个人在社群中的自由以个人对社群的义务为基础，并能在社群中获得奉献、利他、互助、正直等好品德，注重社群公民资格的认证和培养。

可见，外国社群理论文化强调公民责任教育要通过社群政治参与实践活动来培养公民的社群认同感、归属感和责任感，做一名合格的社群公民。多元理论文化提倡宗教、行会、城市、国家等团体都是平等的权利主体，国家与其他团体无本质区别，反对国家独掌所有权力，主张国家与其他各团体共同掌权。公民责任教育注重公民不同文化、价值观的认同教育，培养他们宽容的态度、普世的伦理理念。

2. 国外社会责任的实践文化教育

社会责任重在实践，在社会责任实践中形成的全部精神活动及其产品被称为社会责任实践文化。美国高校一直重视大学生个体责任和社会责任的培养。美国学校的公民教育主要通过包含人类学、历史学、政治学、社会学等在内的“社会研究”这门综合课程来实施，旨在培养学生的独立实践意识和责任感，带有很强的政治教育性质，包括政府及其职能教育、美国民主政治教育、美国公民文化教育等方面。这种课程除了以《美国国家社会科课程标准：卓越的期望》为大纲，在主题轴课程理念指导下，朝着一体化、综合性、开放性发展，还积极鼓励各种形式的社会实践。英国学校的公民教育主要通过宗教教育和道德教育的途径来进行，以“公民科”“历史科”为核心课程，以“个人、社会与健康教育”为外围课程。这一课程基于这一认识：“哲学是灵魂和主脑，它帮助人们树立基本的世界观和方法论，居于课程体系的核心位置，由此往外推及，依次分别是公民知识、公民意识、公民技能、公民德行和公民实践。”可见，培养全面发展的公民是英国公民教育的目标。法国学校的公民教育受到本国以“激进、彻底”为特征的政治文化传统影响，由国家干预，注重构建共同价值观念，如自由、平等、博爱、世俗化、社会公正等，强调推动学生道德认知、批判精神、个体与集体责任感的形成与发展。同时，注重公民资格和人权的教育。其课程先后有“共和国公民的伦理与道德”“公民爱国教育”“公民道德教育”“公民、法律及政治教育”等，采取的方法有差异教学法、辩论教学法、社会参与教学法等。在德国，公民教育教育公民具有坚强的意志，具有宽容的品德，具有民主思想，具有人道主义的精神，具有科学人文的修养，具有高尚的信仰，强调公民的责任和义务教育、政治养成教育和伦理道德教育，注重历史尤其是德国纳粹大屠杀历史教育，培养学生反对错误的勇气和新的民族精神。新加坡学校的公民教育以新加坡精神为底蕴，以“新公民学”“公民与道德”为课程，通过日常行为规范教育、课外活动、社区活动，挖掘他们的潜力，培养他们成为良好的公民，让他们意识到对家庭、社区和国家的责任，为他们生活、就业做准备。可见，国外公民责任教育普遍注重课程设置的综合性、公民素质的全面性、实践活动的参与性、文化差异的理解性。

## 二、大学生社会责任理想教育

大学生社会责任理想是大学生在承担社会责任的有关实践中形成的、有可能实现的一种追求。这种追求既包括通过承担社会责任使自身的学习、工作、生活达到自己的理想目标，又包括通过承担社会责任使社会各方面达到一种令人满意的状况。大学生社会责任理想可以分为大学生个体的社会责任理想和大学生群体的社会责任理想。邓小平在谈到“四有”公民教育时指出：“我们一定要经常教育我们的人民，尤其是我们的青年，要有理想。”作为处于青年时期的大学生更要接受社会责任理想教育，有理想才有行动的持久力。

因此，社会责任理想教育对于大学生承担社会责任有重要意义。强调社会责任，必然要涉及个人与社会的关系。如何承担社会责任？首先要信仰马克思主义。社会责任也是一种建设好中国特色社会主义的责任，并且也承担着建设好未来共产主义的责任。因此，可以从以下方面来分析大学生社会责任理想教育的内容。

### （一）个人理想与社会理想统一教育

个人理想是个体在一定历史条件下和社会关系中对于自己未来的物质生活、精神生活所产生的向往和追求。社会理想是全体社会成员对未来生活的共同向往和追求。个人理想和社会理想的关系是个人与社会关系在理想层面的反映。根据历史唯物主义，社会发展的道路是客观的，不是由单个人决定的，是由一个个单个个体共同决定的，是一个个单个个体合力的结果。社会理想也是一个个个人理想的合力结果。个人理想有时与社会理想不一致，这样，人们在承担社会责任的时候有时力不从心，把精力更多地投入个人事情中。因此，要通过个人理想与社会理想相统一教育，让新时代大学生深刻明白个人理想与社会理想的统一性，从而自觉承担起相应的社会责任。

首先，社会责任理想指引着个人责任理想。大学生社会责任感教育要发挥社会责任理想的指引作用。一个人的责任大体分为这个人对整个社会的责任和这个人对自己的责任。对整个社会的责任，关注的是社会公共生活领域，体现着一个人的社会责任理想；对自己的责任，关注的是个人生活领域，体现着个人责任。个人责任理想的实现，必须以社会责任理想的实现为前提和基础。

其次，社会责任理想是对个人责任理想的升华。社会是由个人组成的，个人依赖社会。社会责任也是由个人责任组成的。一个人只有首先对自己承担责任，包括生命责任、学习责任、生活责任、家庭责任，才能承担起对社会的责任。

责任理想是责任行动的动力，只有提升个人责任理想的境界，才能树立崇高的社会责任理想，也就会付诸行动。

### （二）马克思主义教育

马克思主义是我们立党立国的根本指导思想，是近代以来中国历史发展的必然结果，是中国人民长期探索的历史选择。新时代大学生只有确立马克思主义的科学信仰，才能真正树立崇高的理想，从而为树立马克思主义视域下的社会责任理想奠定基础。作为马克思主义教育内容之一的马克思主义视域下社会责任理想教育主要包括以下部分。

1. 马克思主义者社会责任感教育

中外伟大的马克思主义者都是有社会责任感的伟大人物，他们所进行的伟大革命事业都充分体现了强烈的社会责任感。给新时代大学生介绍、讲解马克思、恩格斯、列宁、毛泽东、邓小平等马克思主义者的生平、事迹能为大学生树立良好的榜样。

2. 马克思主义社会责任理想特征教育

马克思主义中关于无产阶级推翻资产阶级建立社会主义，并在全世界实现共产主义这一论说，实际上指出了无产阶级自带的社会责任。这一社会责任是人类迄今为止最先进、最伟大、最艰巨、最崇高的社会责任。马克思主义社会责任理想特征源于马克思主义特征。我们知道马克思主义是科学性和革命性的统一，具有鲜明的实践品格和持久的生命力。那么，马克思主义社会责任理想也具备以上特征。马克思主义社会责任理想正确揭示了自然界、人类社会和人类思维发展的普遍规律，为人类社会进步指明了正确的发展方向。

### （三）中国特色社会主义理想教育

中国特色社会主义不是什么别的社会主义，是科学社会主义，是改革开放以来党的全部理论和实践的主题，既坚持了科学社会主义的基本原则，又根据时代条件赋予其鲜明的中国特色。中国特色社会主义也成为中国共产党历次代表大会报告的内容。例如，党的十三大提到“沿着中国特色社会主义道路前进”，党的十四大提到“加快改革开放和现代化建设步伐，夺取有中国特色社会主义事业的更大胜利”，党的十五大提到“高举邓小平理论伟大旗帜，把建设有中国特色社会主义事业全面推向二十一世纪”，党的十六大提到“全面建设小康社会，开创中国特色社会主义事业新局面”，党的十七大提到“高举中国特色社会主义伟大旗帜，为夺取全面建设小康社会新胜利而奋斗”，党的十八大提到“坚定不移沿着中国特色社会主义道路前进，为全面建成小康社会而奋斗”，党的十九大提出“决胜全面建成小康社会，夺取新时代中国特色社会主义伟大胜利”。可见，中国特色社会主义建设是中国共产党一以贯之的中心工作。坚持和发展中国特色社会主义，就是要实现社会主义现代化和中华民族的伟大复兴，在21世纪中叶建成富强民主文明和谐美丽的社会主义现代化强国。新时代大学生在推进中国特色社会主义伟大事业前进的过程中，要树立对中国特色社会主义制度、理论、道路、文化等方面的自信心。

### （四）共产主义理想教育

共产主义社会只有在社会主义社会充分发展的基础上才能实现，而我国现在还处于社会主义初级阶段。可见，共产主义社会的实现是一个漫长、艰辛的历史过程，需要一代又一代人付出艰苦的努力。新时代大学生要正确认识共产主义远大理想和中国特色社会主义共同理想之间的关系，树立共产主义责任理想。在共产主义理想教育中，共产主义责任理想教育是重要内容。共产主义的长期性要求大学生树立相关责任意识，落实相关责任行动。

## 三、大学生社会道德责任教育

社会是人与人在相互交往中形成的一个联系体，在这个联系体当中，有“人—人”联系体、“人—组织”联系体、“组织—组织”联系体，其中人是最基本的单位，因此，“人—人”联系体是一切其他联系体的基础。人与人在交往中时常会产生矛盾冲突，当这种矛盾冲突不能依靠自身力量解决的时候，就需要靠一种外在的力量来解决。这种外在力量有两种：一种是刚性力量，另一种是柔性力量。刚性力量就是指法制，柔性力量就是指道德。教育是一种“春风化雨”的工作，教师是人类灵魂的工程师，教师的教育事业也是一种做“人”的工作。同时，“立德树人”又是新时代大学生教育的目标。

所以，做“人”的工作，首要的是做人的“道德”的工作。道德广泛地存在于社会之中，是调节人与人之间、人与社会之间、组织与组织之间的柔性力量。这种道德的柔性力量是促进社会和谐稳定发展的根本力量。社会道德责任也是社会责任中一项重要的内容。新时代大学生要承担起提升自己社会道德水平的责任。大学生社会道德责任教育属于大学生社会责任感教育的一部分，它具体包括以下部分。

## （一）马克思主义经典作家的道德教育思想

大学生比起其他阶段的学生具有较强的自主性、独立性。新时代大学生更应该具有自我学习、自我教育、自我提升的意识和能力。道德教育不是简单的道德知识的传授和灌输，而是道德责任的内化和外化，将道德责任融入自己的世界观、人生观、价值观当中，使之成为自己性格的一部分，将道德责任体现在日常生活当中。大学生社会道德责任教育是一种思想政治教育，而思想政治教育中的一个重要任务是进行马克思主义理论的教育与传播。

因此，大学生社会道德责任教育应该让新时代大学生了解马克思主义经典作家关于道德教育的思想，提高自我教育的能力。以马克思为例，马克思认为道德教育具有阶级性。马克思指出："我们拒绝想把任何道德教条当作永恒的、终极的、从此不变的伦理规律强加给我们的一切无理要求……相反，我们断定，一切以往的道德论归根到底都是当时的社会经济状况的产物。而社会直到现在还是在阶级对立中运动的，所以道德始终是阶级的道德；它或者为统治阶级的统治和利益辩护，或者当被压迫阶级变得足够强大时，代表被压迫者对这个统治的反抗和他们的未来利益。"可见，马克思鲜明地反对把道德当作永恒不变的东西，主张道德具有阶级性。因此，社会道德责任教育也要根据时代的变化而变化，大学生社会责任感教育要根据新时代中国特色社会主义的特点来进行，并始终如一地坚持中国特色社会主义道德教育原则。以毛泽东为例，毛泽东十分重视道德教育，他在新中国成立后的1957年，根据当时社会主义建设的实际情况提出了正确的教育方针，即"我们的教育方针，应该使受教育者在德育、智育、体育几方面都得到发展，成为有社会主义觉悟的有文化的劳动者"。毛泽东把德育放在第一位，这足以说明毛泽东对道德教育的重视。毛泽东对道德教育的重视在邓小平那里得到继承和发扬，他在1978年的全国教育工作会议上指出："我们的学校是为社会主义建设培养人才的地方。培养人才有没有质量标准呢？有的。这就是毛泽东同志说的，应该使受教育者在德育、智育、体育几方面都得到发展，成为有社会主义觉悟的有文化的劳动者。"同时，邓小平在回顾新中国成立后教育工作所取得的成绩时说道："在很长的一段时间里，广大青少年好好学习，天天向上，爱祖国，爱人民，爱劳动，爱科学，爱护公共财物，英勇机智地同敌人、坏分子作斗争，树立了一代新风。"这里邓小平实际上指出了"爱祖国，爱人民，爱劳动，爱科学，爱护公共财物"这一道德教育的内容。邓小平不仅在教育领域重视道德教育，还在文学艺术工作领域重视道德教育。

以马克思、毛泽东、邓小平为代表的马克思主义者关于道德教育的思想，指导着新时代的大学生，使他们成为具有高度社会责任感的新时代中国特色社会主义建设者和接班人。

## （二）社会公共道德责任教育

社会生活领域包括社会中的个人生活领域和社会生活中的公共生活领域。社会道德责任包括社会中个人生活领域中的道德责任和社会公共生活领域中的道德责任。个人生活领域中的道德责任包括个人的家庭道德责任，个人对自己朋友、同事的道德责任，个人对自己所从事的事业的道德责任。社会公共生活领域中的道德责任存在于文明礼貌、助人为乐、爱护公物、保护环境、遵纪守法等社会公共道德之中。公民社会公共道德素质的高低直接影响着一个社会公共道德水平的高低，从而影响着一个国家整体的社会生活秩序、社会风气和社会凝聚力，是一个社会文明程度高低与否的重要标志。大学生是新时代中国特色社会主义建设的重要力量，他们对社会公共道德的恪守和对社会公共道德责任的承担直接影响着新时代中国的道德风尚和精神面貌。所以，大学生接受社会公共道德责任教育显得十分重要。进行新时代大学生社会公共道德责任教育，就是要积极引导大学生发扬新时代中国特色社会主义人道主义精神，积极参与学校和社会公益事业；帮助大学生遵守社会公共生活秩序，维护社会安定团结；倡导诚实守信，尊重他人，相互礼让；引导大学生以主人翁的态度参与到学校和社会公共生活中各项事业的治理中；提倡人人讲究卫生，保护生态环境，建设美丽中国。

进行大学生社会公共道德责任教育，首先，要大力提高全国大学生的思想道德素质和文明程度。这是一项长期性、基础性、治本性、固本性的道德责任教育工作，因为提高了全国大学生的思想道德素质和文明程度，就能促使他们更好地承担遵守社会公共道德的责任。

其次，要明确社会公共道德责任规范，使大学生遵循。社会公共道德责任规范是人们社会公共道德责任行为和社会公共道德责任关系的最基本的规则，因此它是最明确的规范。明确的社会公共道德责任规范是进行新时代大学生社会公共道德责任教育的前提之一。

再次，要运用专题教学、社会实践、自我评价等多种方式，通过学校、社区、社团、大众传媒等多种渠道对大学生进行社会公共道德责任教育，以对他们产生影响。

最后，要营造承担社会公共道德责任的良好氛围。凡是承担社会公共道德责任的大学生，都应该得到赞扬和肯定；凡是没有承担社会公共道德责任的大学生，都应该受到谴责和批评。另外，大学生要承担起对社会公共道德责任学、守、传的责任，在学习社会公共道德的基础上遵守社会公共道德，在遵守公共道德的基础上传播社会公共道德。

## 四、大学生家国情怀和世界情怀教育

习近平有着“家是最小国，国是千万家”的家国情怀。习近平的家国情怀包括以下几点。

①注重家庭、家教、家风。例如，2016年12月，习近平在会见第一届全国文明家庭代表时的讲话中指出，中华民族传统家庭美德是家庭文明建设的宝贵精神财富，“家庭是人生的第一个课堂，父母是孩子的第一任老师”“家风是社会风气的重要组成部分”。

②热爱祖国、忠于祖国。例如，2018年5月2日，习近平在北京大学师生座谈会上的讲话中指出，“爱国，是人世间最深层、最持久的情感”“爱国，不能停留在口号上”。

③把爱家和爱国统一起来。例如，2016年12月，习近平在会见第一届全国文明家庭代表时的讲话中指出，“家庭的前途命运同国家和民族的前途命运紧密相连”。习近平在2018年春节团拜会上的讲话中也指出，“千家万户都好，国家才能好，民族才能好”。2019年3月18日，习近平在学校思想政治理论课教师座谈会上指出新时代思想政治理论课教师“政治要强、情怀要深、思维要新、视野要广、自律要严、人格要正”，其中“情怀要深”就是要“心里装着国家和民族，在党和人民的伟大实践中关注时代、关注社会，汲取养分、丰富思想”，这不仅是对新时代思想政治理论课教师的要求，也是对新时代大学生的要求。

家国情怀源于“家国一体”思想。“家国一体”思想是中国古代国家架构与治理的重要理论来源之一，使中国社会充满浓浓的家国情怀。家国情怀是我国传统责任伦理中一个重要的维度，修身、齐家、治国、平天下的人生理想是人伦责任的升华。个体要以天下为己任，通过修身、齐家进而承担起天下兴亡的责任。如“先天下之忧而忧，后天下之乐而乐”“居庙堂之高则忧其民，处江湖之远则忧其君”“天下兴亡，匹夫有责”“苟利国家生死以，岂因祸福避趋之”“我自横刀向天笑，去留肝胆两昆仑”。

家国情怀是中国优秀传统文化的一个重要范畴，是增强民族认同感、国家认同感的重要体现，是增强民族凝聚力的重要思想保证，是中华民族伟大精神的重要组成部分，是中华民族几千年历史的情操沉淀，是民族认同的情感归属，是中华民族的价值追求和责任担当，是爱国主义的深厚感情。我国传统的家国情怀思想为中国共产党家国情怀教育提供了丰富的素材。2014 年 3 月，教育部印发的《完善中华优秀传统文化教育指导纲要》将开展以天下兴亡、匹夫有责为重点的家国情怀教育放在首要位置，凸显了党和政府对家国情怀教育的高度重视。家国情怀在学生群体中的培育和塑造将成为思想政治教育领域中的研究重点之一。《完善中华优秀传统文化教育指导纲要》指出，加强对青少年学生的中华优秀传统文化教育，要以弘扬爱国主义精神为核心，以家国情怀教育、社会关爱教育和人格修养教育为重点，着力完善青少年学生的道德品质，培育理想人格，提升政治素养。新时代大学生家国情怀教育包括以下内容。

### （一）家国情怀内涵教育

要想培养大学生的家国情怀，首先要了解家国情怀的内涵。家国情怀的基本内涵包括家国同构、共同体意识（小到以集体主义为原则，大到以人类共同体意识为原则）、仁爱之情等。总体而言，家国情怀的内涵包括以下两方面。

#### 1. 家国情怀的理论内涵

家国情怀蕴含着深厚的中华传统优秀文化积淀，基于“天下观”的传统家国情怀具有鲜明的中华传统文化特质。家国情怀的内涵主要体现在人们对故土的至深热爱、对共同文化信仰的执着、对天下苍生的朴素情感、对普遍价值准则的认同固守等方面。这些都构成了中华传统优秀文化的价值源流，与中华传统优秀文化“讲仁爱、重民本、守诚信、崇正义、尚和合、求大同”的时代价值是相吻合的。

近代以来，传统家国情怀在内涵与形式方面均发生了重要变化，表征着中华民族意识的觉醒与国家主权概念的确立。新时代，做好家国情怀的传承和培育是弘扬社会主义核心价值观的应有之义，也是加强大学生社会责任感教育的主要内容之一。教育部在《完善中华优秀文化教育指导纲要》这一文件中把家国情怀教育的重点定位为“天下兴亡、匹夫有责”就能说明这一点。

#### 2. 家国情怀的实践内涵

家国情怀的实践内涵分为两种：一种是个体层面的实践，另一种是群体层面的实践。个体层面的实践是指个体在慈爱之心、悲悯之情方面的实践，体现为对家庭的爱、责任，对亲人、朋友的关怀，进而推己及人，这是家国情怀实践的基础。群体层面的实践是关注国家和社会的发展，是爱国主义方面的实践，是一种使国家民族纵然处于危难之中而终能屹立不败的精神凝聚力，是家国情怀实践的升华。家国情怀虽古已有之，却一直有名无实，近代鸦片战争以后才真正兴起。面对国破家亡、民族危机，中华民族开始自省和奋起，家国情怀思潮应运而生。在家国情怀的历史发展中，家国情怀展现出了具有民族性又超越民族性，具有阶级性又超越阶级性，具有时代性又超越时代性的历史特征。这些特征也赋予家国情怀独特的信仰魅力。在中国传统文化中，中国社会没有宗教的外在超越，更多依靠的是一种“人文信仰”。家国情怀就是这种人文信仰。家国情怀以一种特有的信仰魅力，超越种族和民族、宗族和地域、阶级和阶层、政党和意识形态，是中华民族生生不息的不竭动力。

### （二）家国情怀价值教育

家国情怀的价值更多地体现在家国情怀的教育价值方面。大学生家国情怀教育最现实和最迫切的任务是凝聚为一种价值共识，进而转化为一种能力，最终目标要将家国情怀转化为家国治理能力。大学生家国情怀教育要力图通过对大学生的教育引导，注重彰显大学生对国家发展的忧患意识，表达出大学生对中国特色社会主义的自信，进而塑造出一种现实力量。这种力量最终反映在以爱国主义为核心的民族精神和以改革创新为核心的时代精神当中。

要培养大学生伟大的民族精神和时代精神，家国情怀教育就要以变化了的世情、国情、党情为时代背景，发挥新时代大学生的主动性和创造性，使他们永远具有“逢山开路、遇河搭桥，锐意进取，大胆探索”的精神，以“天下兴亡”为己任，针对学习、工作、生活中和现实社会发展中迫切需要解决的问题，不断有所发现、有所创造、有所前进，不断推进中国特色社会主义事业获得长足发展。可以说，由价值培育到能力转化是大学生家国情怀教育的重要内在目标，也是推进国家治理体系和治理能力现代化的意蕴所在。

另外，家国情怀教育能增强大学生对国家的认同。国家认同是指公民对自己所属国家的一种认可与评价，并且忠诚于国家和愿意为此效力的一种心理和行为，它主要包括政治认同、文化认同、制度认同等多方面的内容。国家认同是一个国家凝聚力的重要体现。家国情怀是民族精神的本源，为增强新时代大学生国家认同提供心理基础；家国情怀是传统文化的主旋律，为增强大学生国家认同提供文化根基；家国情怀蕴含现代公民意识，为增强大学生国家认同提供内在动力。

## （三）家国情怀实现教育

马斯洛需求层次理论认为人类价值体系存在两类不同的需要：一类是沿生物谱系上升方向逐渐变弱的本能或冲动，称为低级需要和生理需要；另一类是随着生物进化而逐渐显现的潜能或需要，称为高级需要。人的需求从低级到高级分别为生理需求、安全需求、归属需求、尊重需求、自我实现需求。其中，自我实现需求是最高级的需求。新时代大学生应该以“自我实现”为目标。家国情怀的实现应该成为大学生的最高需求。

1. 强调个人正心、修身、慎独

中华传统儒家思想强调提高个人道德水平，儒家有言：“老吾老，以及人之老；幼吾幼，以及人之幼，天下可运于掌。”意思是告诫人们在孝敬赡养自己的父母等其他长辈时，也要孝敬赡养与自己没有血缘关系的长辈；在抚养教育自己的小孩等晚辈的时候，也要时刻惦记着周围邻居等别人的小孩及其他晚辈，这样天下就能在自己的掌控之下。这是一种“推己及人”的大爱思想。这一思想跟“修身齐家治国平天下”有相同之处，都是先从自己出发，再涉及他者。从自己出发，就是要通过正心、修身来关爱自己的家人以及其他人，使自己融入“家”的氛围当中，从而在“家”的氛围中培养“家”的情怀。在此基础上再涉及他者，把“家”的情怀投射到“国”的情怀，也就是古人所说的先修身、后齐家、再治国，最后达到天下太平。这实际上也就指出了家国情怀实现的路径，即由自己对自己的情怀到自己对家庭的情怀，再到自己对国家的情怀，最后到自己对天下的情怀。可见，家国情怀包括了“家”的情怀和“国”的情怀以及由“家”向“国”的过渡性情怀。这种过渡性情怀需要人们正确处理好内心的矛盾。因为，并非所有人都能顺利实现由“家”向“国”的过渡。

2. 强调亲情，与人和睦相处

亲情是天下最真实、最珍贵的感情，是其他感情的基础。一个自小有着亲情陪伴的人，身心会得到健康发展，也会与他人和睦相处。《中庸》曰：“仁者，人也，亲亲为大。”这句话的意思是“仁”也就是人，把“仁”等同于“人”，这说明仁是人的题中之义。从构字角度看，“仁”字意味着“二人”，也就是指仁义道德发生在人与人之间而不是单个人身上。在人与人之间那种和谐友好关系中，与自己亲人之间的关系最重要。“仁”更多地体现在与亲人的关系上。

3. 要有心怀天下的抱负和责任

“心怀天下”是家国情怀的升华。在中国历史上涌现出了许许多多有远大抱负和强烈社会责任感的人物。有“天下兴亡，匹夫有责”的顾炎武，有“先天下之忧而忧，后天下之乐而乐”的范仲淹，有“为中华之崛起而读书”的周恩来。他们都以各自的天下情怀践行各自的社会责任，诠释各自的家国情怀。这种家国情怀不仅仅限于“家”和“国”的范围，而是对“家”和“国”的突破和超越，在范围上扩大到“天下”。中国古代的这些思想对大学生家国情怀教育有重要启示。随着我国国际影响力的提高，我国国际交往也越来越频繁，面临的国际机遇与挑战也越来越多，同时，承担的国际责任也越来越多。大学生要有国际视野，既要对自己的国家充满情怀，又要对国际社会充满情怀，承担起国际责任。

总之，在大学生家国情怀教育当中要把握好家国情怀中传承中华民族传统文化这一本质载体；把握好家国情怀中胸怀天下、环视全球这一外延拓展；把握好家国情怀中爱国、敬业、诚信、友善等核心价值这一新的内涵；把握好家国情怀中勇于奉献、恪尽职守这一责任担当。此外，还要增强民族认同感，实现中华民族的价值追求和责任担当，培养爱国主义的深厚感情，以此夯实家国情怀的文化底蕴。传承“在家尽孝”与“为国尽忠”的文化精髓，重构以感恩情怀和勇于担当为核心的价值观念；传承“国家认同”与“家庭自律”文化精髓，重构公共空间意识与内部自律意识；传承“以民为本”与“天下为公”的文化精髓，重构民生为先和国家为重的现代准则。同时，要把以德修身作为培育家国情怀的立足点，把为政以德作为家国情怀的政治信念，把仁政爱民作为家国情怀的责任担当，以此筑牢家国情怀的道德根基。还要把必须坚定崇高的理想信念，必须坚持德才兼备以德为先的基本要求，必须坚持执政为民的政治责任这三个“必须”作为家国情怀的现实追求。

家国情怀教育理所当然是大学生社会责任的重要内容之一。因为，大学生要担当起实现中华民族伟大复兴中国梦的重任。然而世界情怀教育也是大学生社会责任感教育的重要内容之一。因为，大学生还要担当起维护世界和平，促进世界发展，为最终实现世界性的共产主义做出最大贡献这一重任。如果说家国情怀是大学生社会责任情怀在国家层面的体现，那么世界情怀则是大学生社会责任情怀在世界层面的体现，是家国情怀的升华。

## （四）世界情怀教育

大学生世界情怀教育主要包括以下内容。

### 1. 世界情怀内涵教育

世界情怀内涵是世界情怀价值和世界情怀实现的基础，只有在把握好世界情怀内涵的基础上，才能理解好世界情怀价值，也只有在理解世界情怀价值的基础上，才能践行好世界情怀。因此，大学生的世界情怀内涵教育是世界情怀教育和世界情怀实现教育的前提。世界情怀内涵包括以下两方面。

（1）世界情怀的理论内涵

首先，世界情怀有着马克思主义的内涵。马克思在他的中学毕业论文《青年在选择职业时的考虑》中明确表达了自己要从事能够为全世界人们谋幸福的职业。其原因就在于马克思对资本主义社会中资本家剥削工人、“人吃人”的深恶痛绝，同时对受剥削、受压迫人们的深深同情。马克思的这种深深同情后来化作了为实现人类共产主义而奋斗这一伟大事业，深刻表达了马克思对世界怀有的一种情怀。

其次，世界情怀有着“人类命运共同体”的内涵。人类命运共同体实质上指一国在促进本国发展，谋求本国利益时，要兼顾他国发展，考虑他国利益，消除两极分化，达到共同发展，不仅关心本国的发展及本国人民的生活和发展状况，还要关心他国的发展及他国人民的生活和发展状况。

（2）世界情怀的实践内涵

世界情怀的实践内涵具有强烈的问题意识，是按照发现问题、解决问题的实践逻辑展开的。因此，世界情怀的实践内涵可以从以下两方面来理解。

首先，世界情怀有着发现问题的实践内涵。发现问题是解决问题的前提。中国共产党人借用马克思主义世界观和方法论这一双慧眼，用联系的观点、发展的观点、整体的观点、辩证的观点发现了当今世界面临的诸如粮食安全、气候变化、网络攻击、人口爆炸、环境污染、资源短缺、跨国犯罪、疾病流行等世界性问题。这些世界性问题的发现及其受到中国共产党人的重视是中国共产党人忧国忧民情怀在世界层面的延伸。

其次，世界情怀有着解决问题的实践内涵。发现问题不是目的，解决问题才是目的。中国共产党人忧国忧民的情怀不是挂在嘴上的空谈，而是落在手上的实干，只有实干才能让情怀更加真切而温暖。面对世界性问题，中国共产党人采取对话交流方式，在对话交流中发展同各国的友好关系。

例如，习近平在2019年5月15日亚洲文明大会上的演讲中指出，要“美人之美、美美与共”。这实际上就是要怀有一份美好的情感，在与亚洲各国的对话交流中，建设好亚洲命运共同体，为建设好人类命运共同体奠定基础，在成己之美中实现成人之美，最终实现美美与共。

2. 世界情怀价值教育

世界情怀价值是世界情怀实现的基础。只有理解世界情怀的价值，才能积极主动地去实现世界情怀价值的最大化，才能付诸行动。因此，新时代大学生要践行世界情怀，首先就要接受世界情怀价值教育。世界情怀的价值包括以下几个方面。

（1）世界情怀的个人价值

对新时代大学生进行世界情怀教育有利于新时代大学生的成人成才。从2019年3月18日，习近平在学校思想政治理论课教师座谈会上的讲话中可以看出，在培养时代新人中，要坚定不移地全面贯彻党的教育方针，以立德树人为根本任务，培养德智体美劳全面发展的社会主义建设者和接班人。

可见，无论是“立德树人”，还是“德智体美劳全面发展”，都把“德”放在成人成才的第一位。德可以分为大德、公德和私德。世界情怀体现的是一种对世界和平的情感，是一种大公无私的大德。新时代大学生要有世界意识、世界眼光、世界情怀。

（2）世界情怀的社会价值

一个“人人自由、相互平等、事事公正、处处法治”的社会，是人类梦寐以求的理想社会。社会是在人与人之间的联系当中形成的。人与人之间不当交往形成的是一个不和谐的社会，而人与人之间的文明交往形成的是一个和谐的社会。世界情怀所蕴含的对话交流式解决问题的实践内涵有利于理想社会的形成。

（3）世界情怀的国家价值

对一个国家来说，国家的综合实力是一个国家屹立世界民族之林的基石。其中，文化软实力是综合实力中一个重要的部分。一个国家对世界有情怀，才有可能对世界有贡献，对世界有贡献，才有可能赢得世界人民的尊重，才能凸显整个国家的文化素养和大国形象，为国家的繁荣昌盛赢得更多支持。

（4）世界情怀的世界价值

世界情怀是世界责任得以产生的情感基础，世界责任的担当需要以世界情怀为情感纽带，否则，世界责任的担当将缺乏维持力。从某种意义上说，世界情怀是通过世界责任来体现其世界价值的。当今世界面临的全球变暖、意识形态斗争等问题是世界责任的现实基础，实现世界的和平与发展是世界责任的主要任务，实现世界性的共产主义则是世界责任的终极目标和价值所在。

3. 世界情怀实现教育

通过践行世界情怀达到世界情怀的实现是世界情怀教育的“知行统一”。大学生世界情怀实现教育包括以下两个方面。

（1）校内的世界情怀实现教育

校园是一个小世界，世界由不同民族、不同国家构成，而校园小世界也有来自不同民族的学生和不同国家的留学生。因此，从这个意义上来说，校园小世界和一般意义上的世界有着共同点，这一共同点为大学生校内世界情怀实现教育提供了客观条件。可以说，校园小世界里的世界情怀教育是一般意义上的世界情怀教育的试验基地，是对一般意义上的世界情怀教育的模拟。大学生校园小世界的世界情怀实现包括两部分。

首先，民族的世界情怀实现教育。随着“西部大开发”战略的全面实施，民族大团结教育的深入开展和我国高等教育事业的蓬勃发展，越来越多少数民族大学生进入内地高校学习。少数民族大学生在生长环境、文化背景、学习基础等方面与汉族大学生有差异，他们大多有着强烈的民族自尊心、自信心，民族意识较强，大部分时间只同本民族学生接触，活动范围小，小团体意识较强烈。因此，要加强新时代大学生与少数民族大学生在文化、生活、学习等方面的交流与对话，树立中华民族共同体意识。

其次，国家的世界情怀实现教育。随着我国国际地位的不断提高和高等教育逐步迈向国际化，来华留学生的数量和国别也越来越多，他们与我国大学生一起组成了一个微型的国际社会。在这个微型的国际社会中，我们得以有机会跟各国来华留学生交流互动，了解各国的风土人情和多彩文化。同时，由于来华留学生的文化和教育背景不同，会面临一些生活上、学习上的困难，这些困难不能一味地认为是由他们的懒惰造成的。这时，我们要多一些理解，多一些关怀，这是树立人类命运共同体意识的提前演练。

（2）校外的世界情怀实现教育

校外的世界情怀实现教育属于第二课堂范畴的实践教育教学。校外的实践教育教学活动包括国内的志愿服务、社会调查、研学旅行等，也包括国际互派留学生、国际研学活动等。

# 第四章 大学生社会责任感教育的理念

理念是行动的先导。大学生社会责任感教育的理念创新是大学生社会责任感教育实践活动的思想引擎与精神指引。当前，大学生社会责任感教育正面临着复杂多变的新形势，回应现实，跟进时代发展更加迫切，亟须在理论思维和精神原则上率先取得突破。本章分为大学生社会责任感教育理念的内涵、大学生社会责任感教育理念的意义两部分。

## 第一节 大学生社会责任感教育理念的内涵

### 一、大学生社会责任感教育理念的“三种理论”

从以往的研究来看，学术界关于大学生社会责任感教育理念基本内涵的理解主要有三种观点。

#### （一）公理论

这种观点是从对理论思维进行前提批判的角度把“理念”理解为贯穿思想理论体系的统一性原理、前提性观念，认为大学生社会责任感教育理念揭示了关于大学生社会责任感教育何以可能的前提性承诺的内涵性规定，是大学生社会责任感教育理论体系的逻辑起点，贯穿于大学生社会责任感教育每一行为实践活动和思想观点之中，并以“胚芽”的形式规定了大学生社会责任感教育理论的整体架构。因而大学生社会责任感教育的基本理念其实就是大学生社会责任感教育的公理，主要包括大学生社会责任感教育真善观的主体性确认理念、大学生社会责任感教育需求的客体性确认理念、大学生社会责任感教育匡正的指向性确认理念以及大学生社会责任感教育价值的社会性确认理念。

#### （二）本质论

持此观点的学者往往没有对“本质”与“理念”进行严格区分，而是将之理解为同一个问题的两种观念表征，认为大学生社会责任感教育本质和大学生社会责任感教育理念都是对大学生社会责任感教育是什么问题的前提追问和根本回答，对大学生社会责任感教育本质有着怎样的揭示和凝练，也就体现出怎样的大学生社会责任感教育理念认识。同样人们在何种理念规定意义上理解和把握大学生社会责任感教育，就会在这种规定意义上揭示和表征大学生社会责任感教育的本质，因而研究大学生社会责任感教育本质就是在回答大学生社会责任感教育理念问题，回答大学生社会责任感教育理念也就是要探讨大学生社会责任感教育的根本源起、本质内涵、特殊属性、逻辑规律、功能构成、价值原则等原理问题。

### （三）指导思想论

这种观点把“理念”视作能够指导实践探索的基本观念和思想理论，不再把理念上升到前提批判与本质追问层面，转而强调理念回应问题、指导现实的理论阐释性和应用具体性，在事实上把理念理解为思想理论指导，主张大学生社会责任感教育理念就是贯穿大学生社会责任感教育理论实践始终，发挥着指引和规范作用的具有根本性、主导性、核心性、基本性特质的思想理论。这些能够指引和规范大学生社会责任感教育理论实践的思想理论作为前置的大学生社会责任感教育理念，往往体现为大学生社会责任感教育形成发展中的精神传统、价值追求、理想原则、目标任务等理念内涵，它们是一定时代大学生社会责任感教育的总体的思想理论指导。

综上所述，以上研究在逻辑起点上都把“理念”作为起始范畴，区别在于公理论从理念的前提批判意蕴引入，本质论从理念的本质规定意义展开，指导思想论则从理念的现实指导价值出发，形成了对大学生社会责任感教育理念内涵及其创新构建的不同理解与意见，同时在不同维度和层面上构成对大学生社会责任感教育理念内涵实质的揭示。马克思曾经指出：“一切作为前提和条件出现的东西，在过程结束时则必然出现。”在这里，“理念”范畴作为大学生社会责任感教育理念研究的逻辑起点，正是深入展开大学生社会责任感教育理念创新所必须厘清的概念。

## 二、大学生社会责任感教育理念的内容

理念不是这个时代才兴起的“新名词”，而是在西方哲学传统中就已经得到足够重视。例如，柏拉图的“理念说”、托马斯·阿奎那的“上帝理念”、康德的“理性理念”及黑格尔的“绝对理念”。随着哲学的发展，理念的意义

逐渐上升为哲学最高范畴，也因此获得了以自己为对象理解和把握自己的最高形式。马克思不仅揭露了思辨哲学中理念范畴的唯心主义本质，指出“观念的东西不外是移入人的头脑并在人的头脑中改造过的物质的东西而已”，还批判了理念范畴由于被唯心主义者颠倒其与社会生活的真实关系而被混淆为“真正的现实的主体”成为“神秘的理念”，以至于现实生活中“没有行动中的主体，而如果应当是抽象，是意志的纯粹理念在行动，那它当然只能神秘地行动”。为了做出区别，马克思更愿意使用“意识”“观念”“精神”等范畴，这也使得在相当长时间内人们都把理念视为唯心主义哲学的专属标签，认为谈理念就是唯心主义，就是玩弄思辨抽象，从而也导致马克思主义语境中的理念思想被遮蔽起来。直到改革开放后，人们才又在各种层面和意义上使用理念概念，理念一词渐渐热起来。尽管在教育学和管理学领域探讨“教育理念”“管理理念”的成果已经层出不穷，但是在马克思主义理论研究领域探讨马克思主义理念思想的文章仍不多见，这也成为思想政治教育学科领域研究大学生社会责任感教育理念的成果多在教育哲学理念或具体工作理念层面切入和展开的原因之一。

理念问题是包括马克思主义哲学在内的全部哲学不能回避与抛弃的基本问题，因为理念问题不仅寄托着人们对思维与存在何为根本、本质何在的终极追问，也反映了人们对于自己的思维能否认识存在的认识论焦虑，更承载了人们对于自己与社会本质关系的价值审视。正是在此意义上，卡西尔认为，“哲学概念一再表现为一个哲学问题，表现为一个永恒骚动着，然而又必须在思想的持续辩证运动中推陈出新的问题，当两千年前古希腊哲学家认识到这一问题，并以鲜明和尖锐的方式提出它后，我们依然处于这一运动之中”。显然，理念就是这样的一个哲学概念，同时也是贯穿全部哲学思想运动的哲学问题。在马克思主义语境中，理念是反映人们社会生活存在发展本质规律与深层精神的理性意识，凝练为一种具有根本指向和终极追求、思维规定和前提追问、现实旨趣和价值追寻等深刻内涵的思想观念精髓。理念因此获得实践本体论意义上的终极追寻和本质规定，历史认识论意义上的思维规律和逻辑规定，以及人本价值论意义上的理想原则和价值规定。由这一理念内涵规定出发，可以尝试把大学生社会责任感教育理念基本内涵理解和把握为这样一种观念表述：大学生社会责任感教育理念是由一定时代人们开展大学生社会责任感教育的本质认识、思维范式、现实指向、理想原则等理性精神凝练建构而成的观念总体，这个观念总体是该时期大学生社会责任感教育创新自我理解、深化理论构建、推动实践发展的思想前提和精神规定。

### （一）大学生社会责任感教育理念观念化

观念化是指理性认识的系统化和清晰化。大学生社会责任感教育理念贯穿但又深藏于每个时代的理论实践活动全过程之中，在形式上表现为人们思想观念和行为意识的社会责任感教育精神，是内在贯穿、相互联结的理性观念体系和逻辑思维系统。这种形式上的抽象性使得如果不是通过深度挖掘和观念澄清，大学生社会责任感教育理念便难以自觉被理论实践活动所把握和建构，因而不得不诉诸思维抽象和理论格言。大学生社会责任感教育理念本质是对社会责任感教育“是什么”问题的根本性回答，从其凝练性和根本性来看，它是最接近大学生社会责任感教育理念的观念表征，是最能反映大学生社会责任感教育理念的理论格言。

因此，尽管大学生社会责任感教育本质可能不是大学生社会责任感教育理念的完整揭示，但也是大学生社会责任感教育理念的真实揭示，是人们把握大学生社会责任感教育理念范畴的具体表征，因而人们会发现，一种大学生社会责任感教育本质观其实就是一种社会责任感教育理念论，怎样揭示大学生社会责任感教育本质就表征了对大学生社会责任感教育理念有着怎样的内涵理解和观念把握。

### （二）大学生社会责任感教育理念逻辑化

逻辑化是指大学生社会责任感教育理念的规律化、范式化和方法化。如果说本质表征是大学生社会责任感教育理念的本体论呈现，那么逻辑化为一定时代人们从事大学生社会责任感教育理论研究和实践探索的基本思维范式。正如没有方法论的世界观无效那样，离开了思维范式的大学生社会责任感教育理念表征也是没有意义的，其并不能建构真正适合的大学生社会责任感教育理念形态。大学生社会责任感教育有自己的特殊研究对象和思维范式，并且这种思维范式在不同社会或不同时代还会同当时面临的整体形势与任务相结合而发展优化，从而保证不同时代大学生社会责任感教育理念总是能够支撑和满足理论研究与实践发展的方法论建构需求。

### （三）大学生社会责任感教育理念具体化

具体化是指大学生社会责任感教育理念从抽象的观念形态现实化为具体的理论形态，是从理论走向现实的关键环节。马克思曾经指出：“理论在一个国家实现的程度，总是决定于理论满足这个国家需要的程度……理论是否会直接成为实践需要呢？光是思想力求成为现实是不够的，现实本身应当力求趋向思想。”大学生社会责任感教育现实运动的整体推进离不开大学生社会责任感教育理念的指引，但是如果后者仅仅停留在抽象的观念形态和逻辑的方法论层面，那么大学生社会责任感教育现实运动同大学生社会责任感教育理念的精神指引就会绝缘，要打通理论融入现实的关键环节，确保现实趋向思想，就要求大学生社会责任感教育理念在形成建构过程中具体化，把自身观念、思维范式和精神规定现实化为一定时代大学生社会责任感教育所要解决的现实问题、所要完成的根本任务、所要实现的奋斗目标。也就是说，大学生社会责任感教育理念要为大学生社会责任感教育现实运动提供总体指向和整体规定。

### （四）大学生社会责任感教育理念价值化

价值化是指大学生社会责任感教育理念不仅要回答大学生社会责任感教育“是什么”的问题，更要关切和明确大学生社会责任感教育现实运动“为了谁”，在更深层次意义上回答大学生社会责任感教育创新发展“应当是什么”等基本问题。尽管当前人们关于社会责任感教育本质的界定不一，但是意识形态性和阶级性是人们对社会责任感教育本质属性的普遍共识。也就是说，社会责任感教育总是被一定的阶级集团所掌握和运用，总是服务于一定的意识形态。如果从马克思、恩格斯所说统治阶级的思想总是占统治地位这个历史规律出发来进一步分析就会发现，人类社会的社会责任感教育运动史往往如此——有什么意识形态就会要求有与之相对应的社会责任感教育。这样一来，“为了谁”的问题就成为融合在大学生社会责任感教育理念基本问题域中的根本关切，这种问题关切决定着一定时代社会责任感教育理念实践运动的根本性质和价值旨归，也是任何时代社会责任感教育存在发展都必须面临和解决的重大问题。大学生社会责任感教育理念的价值论意蕴就在于，它要在价值追求和价值原则的总体规定性上对一定时代的社会责任感教育运动发展的价值坐标和价值选择进行理性分析与核心建构，并将大学生社会责任感教育运动发展的未来追求理想化为价值愿景，从而规定和指引了大学生社会责任感教育未来运动发展的基本性质、价值原则和理想图式。

## 三、大学生社会责任感教育理念的特征

大学生社会责任感教育理念要回答一定时代大学生社会责任感教育运动发展的本质表征、思维范式、现实指向和理想原则，这种回答不管如何表述，人们总是需要在澄清大学生社会责任感教育理念中把握这些深刻思考。

## （一）思想核心

人类认识把握世界的基本方式是理论思维，不同的认识把握方式获得不同的思想，以人们的认识活动和实践活动为内容和中介进行思考而实现对思维与存在统一关系的把握是构成性思想，以人们思想自身为内容和中介反过来审视追问思想前提而实现对思维与存在统一关系的把握是反思性思想。大学生社会责任感教育理论研究当然都是在寻获思想，但是大学生社会责任感教育理念研究所意蕴的思想性同其他思想政治教育理论研究所意蕴的思想性的主要差异在于，大学生社会责任感教育理念研究不仅获得构成性思想，还追问寻获反思性思想。大学生社会责任感教育理念融合一定时代人们理解和开展大学生社会责任感教育的本质表征、思维范式、现实指向和理想原则等理性思想，这些思想内涵既是这个时代人们理解大学生社会责任感教育理论与实践的构成性思想，也是这个时代人们重新追问和审视大学生社会责任感教育前提问题、创新发展问题的反思性思想。

黑格尔认为，“哲学把握的是思想中的时代”。马克思认为，“任何真正的哲学都是自己时代精神的精华”。这些都意指哲学思维方式的深刻性及其叩问把握时代生活的思想现实性。大学生社会责任感教育理念同样是在这种思想现实意义上不断追求和探寻一定时代的大学生社会责任感教育实践精神的，因而每一个时代的社会责任感教育理念正是这个时代人们理解和把握大学生社会责任感教育运动发展的思想精华，正是它建构了这个时代大学生社会责任感教育整体运动的思想核心与精神原则。

## （二）价值引领

由于大学生社会责任感教育理念建构了一定时代大学生社会责任感教育整体运动的思想核心与精神原则，从而也就规定了这个时代人们进行大学生社会责任感教育理论实践的基本定位和总体走向。

首先，大学生社会责任感教育理念立足现实重新回答了大学生社会责任感教育的本质问题，也就奠定了这个时代大学生社会责任感教育运动发展的思想基石。

其次，大学生社会责任感教育理念在思维范式上的反思，往往足以支撑和引领整个时代大学生社会责任感教育理论研究和实践发展的方法论原则。近年来，人们探讨大学生社会责任感教育研究范式的转换正是在大学生社会责任感教育理念思维范式意义上展开的，这种思维范式的成功转换是这个时代大学生社会责任感教育理念的建构标志，将会在思想方式、研究范式、实践方略、工作方法以及实施手段等全过程、多方面产生规定和引领作用。

再次，大学生社会责任感教育理念明确了这个时代大学生社会责任感教育面临的整体环境，认领了这个时代大学生社会责任感教育所要承担的重要使命，谋划了这个时代大学生社会责任感教育运动发展的现实任务，也就指引了这个时代大学生社会责任感教育运动发展的奋斗目标和演进图景。

最后，大学生社会责任感教育理念建构了这个时代大学生社会责任感教育理念的基本性质和价值原则，也就规定了大学生社会责任感教育运动发展的价值规范、价值信念和价值理想，引领大学生社会责任感教育理论实践沿着价值路径向着理想原则进发。

### （三）时代精神

大学生社会责任感教育理念作为每一时代大学生社会责任感教育理论实践运动发展的思想核心和精神原则，同样会紧跟时代发展发生形态转换，以适应时代变迁及意识形态发展的最新要求，并能在完成意识形态传播转化等主要任务的同时创新自我理解、深化理论研究、完善实践形态。因此人们才会看到每个时代的大学生社会责任感教育理论实践形态都有所差异，隐藏其下发挥着规定和推动作用的正是该时代已然建构或者正在建构的大学生社会责任感教育精神理念。

当然，这并不是说理念决定了现实发展，而是说这个时代经济社会发展和思想精神整体状况决定并催生建构了大学生社会责任感教育理念，但其观念内核一经建构就会对现实运动发挥规定和引领作用，成为这个时代大学生社会责任感教育创新发展的基本精神和理性主旨。正是在此意义上，大学生社会责任感教育理念具有时代性和发展性，每一时代的大学生社会责任感教育理念都凝聚着自己时代的突出问题与基本精神。

### （四）相对稳定

大学生社会责任感教育理念的稳定特征主要体现在两个层面上。一方面，在相当长的一段历史时期内，大学生社会责任感教育理念基本形态保持相对稳定。尽管每个时代大学生社会责任感教育理念在基本形态和整体理解上都会有所侧重，都要在回应自己时代的问题与精神中变迁发展，但是如果大学生社会责任感教育理念总在变更，尤其是在经济社会平稳发展的时代环境中频繁转换，就容易失去其对大学生社会责任感教育整体运动的规定和引领意义，也就失去了理念核心的思想意蕴。这不仅是因为现实要求大学生社会责任感教育理念不能总变，而且从社会意识与社会存在的关系来看，思想文化上的变迁往往会跟经济社会发展变迁不同步，并且正是这种不同步使得思想审视得以严肃而深刻，这在客观上要求大学生社会责任感教育理念要保持相对稳定。另一方面，即使时代发展、社会变迁，但是有些最为根本和前提的大学生社会责任感教育理念因素与认识原则不仅不会变，而且会在新的经济社会发展环境中呈现为新的命题形式和时代使命，但其作为思想精髓和理念基因的地位和作用是不变的。正是如此，才使得大学生社会责任感教育理念形态中一些原始的、根本的、优秀的思想元素和精神记忆保留和继承了下来。

## 第二节　大学生社会责任感教育理念的意义

### 一、是实现“中国梦”的客观要求

“中国梦”，是习近平总书记在国家博物馆参观《复兴之路》展览过程中提出的。“中国梦”的具体内容是：每个人都有理想和追求，都有自己的梦想。这个梦想，凝聚了几代中国人的夙愿，体现了中华民族和中国人民的整体利益，是每一个中华儿女共同的期盼。历史告诉我们，每个人的前途命运都与国家和民族的前途命运紧密相连。国家好，民族好，大家才会好。实现中华民族伟大复兴是一项光荣而艰巨的事业，需要一代又一代中国人共同为之努力。到中国共产党成立 100 年时全面建成小康社会的目标，到新中国成立 100 年时建成富强民主文明和谐的社会主义现代化国家的目标，这两个百年目标的实现标志着中华民族伟大复兴梦想的实现。

实现中华民族的伟大复兴，是我们这个时代中国人伟大而神圣的历史使命。然而一个民族的希望，在很大程度上体现在这个民族的青年人特别是当代大学生身上。只有赢在青年才能赢在未来。当代大学生作为 21 世纪社会主义现代化建设的中坚力量，其社会责任感的强弱对社会是否和谐、国家是否强盛和社会主义事业的成败有重大影响。增强当代大学生的社会责任感，既是时代发展的要求，也是构建和谐社会的要求，同时也是大学生全面发展的要求。

新中国成立以来，社会主义事业之所以能够不断发展进步、充满生机活力，其中一个重要原因就是成功地、源源不断地培养造就了一批又一批社会主义事业合格建设者和可靠接班人。时代在召唤年轻人去坚定地履行新的历史使命。大学生是祖国的未来，是民族的继承人，他们将决定祖国的命运。大学生应当义不容辞地挑起振兴祖国科技事业、迎接新技术革命挑战的重担，从而成为祖国振兴的中坚力量。这就要求大学生必须认清形势，努力学习，坚定自己的理念，时刻牢记自己的历史使命，肩负起时代的重任。要完成自己的历史使命，大学生必须具有很强的自觉意识，而社会责任感正是这种自觉意识的体现，是大学生行为导向系统的核心因素，它指导、控制和调节大学生的社会行为。因此，大学生社会责任感的强弱将关系到全面建成小康社会的进程，关系到他们能否或在多大程度上肩负起实现中华民族伟大复兴的使命。

当代大学生在接受先进的文明知识的同时也会为社会提供优良的精神产品。他们可以通过实践等活动与社会接触，树立个人良好的形象。随着市场经济的发展，社会上出现了一些不良现象，有些人为了个人的私利而损害他人的利益，使人与人之间的关系变得冷漠，这不利于和谐社会的建设。具有高度社会责任感的大学生投入社会后，不仅关心自身利益，而且也能关注他人和社会的利益，必将促进社会的进步。因此，强化大学生的社会责任感培养具有十分重要的意义。一个国家、民族要想屹立于世界，要想实现民族复兴，实现“中国梦”，关键在于培养对国家、民族有高度责任感的接班人。

大学生社会责任感是实现“中国梦”的客观要求，当代大学生是一群高素质的群体，是实现社会主义现代化建设、实现中华民族伟大复兴的依靠力量。每个大学生只有做到正确地认识自己，树立正确的人生观和价值取向，承担自己对社会的责任，这样才能实现我们的伟大目标，共同实现“中国梦”。

## 二、是保障大学生全面发展的内在基础

大学阶段是个体社会化的重要时期，是从不成熟走向成熟、从不稳定趋于稳定的过渡时期。培养大学生的社会责任感是大学生健康成长的关键。社会责任感具有特殊的引导作用，是大学生做一切事情的首要着眼点。一个具备社会责任感的大学生，能够在集体主义精神的指导下，妥善处理好各种关系，加快自身社会化进程，从而获得全面的发展。

### （一）大学生社会责任感有利于大学生完善人格

强化对大学生社会责任感的培养是健全大学生人格、提高个人素质的基本要求。人格是心理学的重要概念，塑造健全人格不仅是心理健康教育的重要目的，也是促进大学生全面发展的重要途径。大学生的健全人格主要包括思想道德要素、科学文化要素、心理要素、身体要素以及其他方面的要素，具体来说包含以下几个方面：较强的创新意识、高尚的人生追求、良好的社会公德、必要的文艺修养和心理保健意识。而这其中的几个方面都与责任感直接相关。

例如：较强的创新意识不仅需要良好的专业知识与技术，还需要刻苦钻研的精神；人生追求高尚与否，区别在于是纯粹为了个人利益还是为了大多数人的利益；良好的社会公德是具备社会责任感的基本体现。由此可见，责任感是健全人格的重要内容之一，塑造大学生健全的人格离不开对他们的社会责任感的培养。

人格是指人的特质，包括行为模式、倾向性、心理特征和自我意识四个相互联系的方面。强化对大学生社会责任感的培养，有利于当代大学生获得内心成长、人格完善。强烈的责任感意识集中体现在大学生的健康人格上。社会心理学表明，责任感的培养要以人的自我意识为中心，它也是道德行为的源泉。归其根本来说，人之所以有尊严，是因为具有强烈的社会责任感和正直的人格魅力。大学阶段是步入社会的缓冲阶段，这一阶段树立的良好品格是将来责任意识的延续，也是源泉。进入高校的大学生无论是在现实社会中还是在内心深处都拥有了更多的自由，但是他们不能完全把握自己的人生道路。在这样一种环境下，强调要对大学生进行道德教育的培养，使其主动承担责任，做一名优秀合格的大学生，也只有这样，他们才能顺利走向社会。

### （二）大学生社会责任感有利于大学生实现个人价值

承担社会责任是当代大学生实现自我价值的要求。社会价值是自我价值的基础，没有社会价值，就不会有真正的自我价值。自我价值的实现只有在实现社会价值中才能得以体现。爱因斯坦曾经说过：“人只有献身于社会，才能找出那实际上是短暂而有风险的生命的意义。”俄国文学家托尔斯泰也说过：“一个人若没有热情，他将一事无成，而热情的基点正是责任心。”当代大学生的人生价值在很大程度上取决于他对人民群众的尊重程度和服务程度，也即他在什么程度上适应和满足了人民群众的物质文化生活需要，在什么程度上促进了社会的发展和人类的进步。能最大限度地为祖国和人民贡献自己的青春和热血，需要当代大学生强烈的社会责任感。增强大学生的社会责任感是塑造大学生良好的形象，使其融入社会的需要。

人的价值即人对人自身的意义，就在于人能创造价值以满足人自身的需要。人的需要是全面的，既有物质生活的需要，又有精神生活的需要。人的价值是自我价值与社会价值的统一，两者不可分割。自我价值是社会价值的必要前提，社会价值是自我价值的外在体现。在马克思主义者看来，一个人最大的价值，就是以他的实践和理论推动社会向新的阶段变革，推动历史车轮前进。要实现人生价值，就要投身社会实践中，每个人都应主动地承担起社会责任，因为“只有在集体中，个人才能获得全面发展其才能的手段”。当代大学生是朝气蓬勃的一代，他们怀揣梦想，乐观自信。追求自我价值的实现，希望将来能凭着自己的才干赢得社会的承认，充分发挥自己的聪明才智干一番事业，是当代大学生的热门话题。这就要求当代大学生无论在什么地方、在什么岗位上，都应该认真地做好每一件该做的事情，发挥应有的作用，这是实现自我价值最基本的途径。在当前，就是要投身于祖国社会主义现代化建设的伟大实践，在实践中贡献自己的才智，从而使自身的价值得到充分的实现。

在社会生活中，人是主客体的统一，人的价值分为自我价值和社会价值。人应当实现自我价值，而人是社会的人，人自身意义的体现和实现是离不开人生活于其中的社会的。评价人的价值，就是看人的活动及其结果是否满足社会的需要，即人对社会的意义和奉献。承担社会责任是大学生实现自我价值的必然要求。人只有在奉献社会的时候才能真正体会到生命的意义，而这些的基点是责任感。大学生实现人生价值取决于他们对他人和社会的满足程度和付出。真正实现人生价值，需要大学生具有强烈的社会责任感。

大学生对社会的适应以及人生价值的实现，都是在自我发展和完善的过程中完成的，而实现人生价值、适应社会等都离不开强烈的社会责任感。信念、理想、知识、智慧、勇气、纪律、力量都来自社会责任感，和社会责任感相连接，并通过履行责任来体现。大学生有了社会责任感，在学习和工作中，无论遇到多大的困难都可以克服。大学生有了社会责任感，在社会生活中，会自觉地遵守法律，服从各种道德规范。这样，具有了社会责任感的大学生一定会在自身发展和完善过程中实现个人价值。

### （三）大学生的全面发展和健康成长离不开强烈的责任感

大学生的成长发展过程是实现人的社会化，由“自然人”走向“社会人”的过程。个体社会化的实质就是要体现一定的社会本质，实现一定的社会角色，履行一定的社会义务，承担一定的社会责任。社会关系不仅赋予了人一定的社会本质，而且赋予了人一定的社会责任。大学生也是生活在一定社会关系中的人，也具有一定社会关系赋予的社会本质和社会责任。大学生的社会责任感，体现了大学生在处理权利与义务、贡献与索取、自我价值与社会价值关系上的自觉与成熟。要通过加强大学生责任教育，促进大学生责任感的社会化，把大学生培养成适应社会主义生产关系本质要求、具有高度社会责任感、符合社会发展需要的合格的社会公民。承担社会责任是当代大学生实现自我价值的要求。社会价值是自我价值的基础，没有社会价值，就不会有真正的自我价值。自我价值只有在实现社会价值中才能得以体现。

马克思指出："人跟世界的关系是一种合乎人的本性的关系，那么，你就只能用爱来交换爱，只能用信任来交换信任。"能最大限度地为祖国和人民贡献自己的青春和热血，需要当代大学生强烈的社会责任感。大学生社会责任感教育是大学生全面发展的内在需要。有无责任感是大学生是否实现全面发展的重要指标和条件，有了强烈的责任感，则道德有境界，学习有动力，锻炼有意志，审美有品位；缺乏强烈的责任感，则道德无境界，学习无动力，锻炼少意志，审美缺品位，德、智、体、美难以获得真正的全面发展。人的全面发展是一个动态的过程，本质上是人的发展的主体性不断提高、责任意识不断增强、劳动能力不断提高、社会关系不断丰富、综合素质不断提升的过程。培养个体的责任感，能够提升个体的主体性、提高个体的劳动积极性、促进个人社会关系的丰富和综合素质的提高。综合素质是由思想道德素质、职业技能、文化修养和心理素质组成的，其中思想道德素质占主要地位。社会责任感是思想道德素质水平的重要体现，是衡量综合素质高低的标准。目前我国的一些大学生存在信仰缺失问题，对社会环境没有形成正确的认识，自身定位不明，价值取向模糊。加强对大学生的社会责任感的培养，有助于培养大学生高尚的思想品质，增强大学生的使命感，明确自身的责任和义务，学会处理人与人之间、人与社会之间的关系，使大学生自律自强，促进其综合素质的全面提升，最终实现个人价值。

## 三、是高校思想政治教育的必然选择

### （一）是思想政治教育的基本内容

思想政治教育是培养人、塑造人、提高人的全面素质的工作，而人的素质就其现实性来说，又是由多种要素构成的系统，社会责任感是大学生的首要素质。高校思想政治教育的任务之一就是使大学生树立对他人、对集体、对社会、对国家负责的意识。

"学校是进行系统道德教育的重要阵地。"在提高公民道德水准方面高校教育是其中一个重要的环节，高校教育能更科学地引导大学生的社会意向。学校的思想教育的首要任务就是培养大学生的社会责任感与乐于奉献精神。只有具备了高度社会责任感，才会把自己的义务与国家的稳定发展和社会的进步紧密地联系在一起，始终如一地把自己与祖国事业的蓬勃发展和民族事业的振兴紧密地联系在一起，乐于奉献自己，为社会、为国家、为整个民族做出应有的贡献。学校是培养人才的摇篮，作为大学生在学校里不仅要学好丰富的文化知识，还要学会怎么做人，好好做人，学会利用自己所掌握的知识实现自我价值，同时给社会和他人带来好处，从而实现自我的社会价值以及人生价值，体现出自己应尽的义务与责任。在社会主义环境下，我们国家高校的基本目标是培养德、智、体、美、劳全面发展的综合的高素质人才，它不仅仅是单纯的知识海洋和高级人才的培养组织，更是促进一个人精神层面高度发展的精神殿堂。大学期间所接受的道德教育对大学生以后步入社会起到至关重要的作用，是对社会现象评判的标尺，也是对自我道德衡量的准绳。作为高校道德教育工程的人生价值观教育，最为关注的，就是受教育者对人生潜能和生命质量等终极意义的认知。中华民族一直都有爱国主义的优良传统，特别是在今天，科学技术飞速发展，人才、国际竞争日趋激烈，强调要以本民族的优良传统来引导大学生，帮助他们树立正确的价值观和人生观，自觉地将社会责任和人生价值有机结合，显得尤为重要。

然而，随着社会的不断发展，道德也在不断地赋予我们更多的使命，更应该加强大学生社会责任感的教育，不能只注重文化知识的传授，还要提高大学生的道德修养。当今有部分大学生忽视了对国家的使命感，对于整个社会的发展、民族的兴衰无动于衷，只关心个人利益，这种心理是不健康的，我们要坚决抵制这种无所谓的态度，逐渐摒弃应试教育带来的只注重文化而忽视德育的弊病。在社会飞速发展的今天，对大学生的素质要求不断提高，培养大学生的社会责任感应成为高校思想政治教育的首要环节。

### （二）是大学生道德教育的重要目标

改革开放以来，由于社会环境的深刻变化，大学生群体也不断发生深刻的变化。目前在校大学生这个群体身上有着不同于以往大学生群体的明显特征。总体上看，我国大学生思想政治状况的主流是积极、健康、向上的，但是，也有一部分大学生存在着一些突出的思想问题。有的政治信仰迷茫、理想信念模糊；有的社会责任感不强、团结协作意识较差；有的艰苦奋斗精神不足、心理素质差；有的受到拜金主义、享乐主义、极端个人主义影响较深。大学生时期是人生形成自觉道德意识的重要阶段。引导大学生树立“天下兴亡，匹夫有责”的理想抱负，培育“苟利国家生死以，岂因祸福避趋之”的爱国情操，树立“先天下之忧而忧，后天下之乐而乐”的崇高志向，养成“富贵不能淫，贫贱不能移，威武不能屈”的浩然正气，拥有“厚德载物、达济天下”的广阔胸襟，积蕴“舍生取义、见义勇为”的英雄气概，实践“公正无私、戒奢节俭、防微杜渐”等修身之道。我们需要发展大学生适应社会变革需求的主体性，将大学生的社会责任意识的培养作为大学生道德教育的重要目标和主要内容。

当今世界正处于大发展、大变革的时代，人类面临各种新挑战。特别是21世纪，随着世界人口激增，工农业生产加速发展，城市化的步伐加快，我们迎来了一个大规模消耗自然资源的新时期。于是出现了耕地危机、淡水危机、森林危机、物种危机、生态系统内部失衡，以及生态系统与非生态系统之间的关系日益恶化的问题。因此，对人类负责、对自己负责、对未来负责已成为时代对每个现代人的迫切要求，也成为世界各国教育改革关注的重点。

英国著名高等教育学家阿什比在《科技发达时代的大学教育》一书中指出："英国大学教育目标的实质是造就有教养的人而不是有学问的人。"在现代社会中，一些人的社会责任感随着物质生活水平的提高而淡化，精神文明和物质文明的发展不同步。社会责任感作为社会发展的主流意识，也是社会发展的前提，而这种意识的培养必须依靠教育来实现。

但是，在我们的教育中往往存在着误区，不少人认为，社会责任感是一个自然形成的过程，经历了大学教育后，走向社会的大学生自然而然就会有社会责任感，或通过再教育，唤起他的责任感也不迟。这就把有形的、可考查的知识教育与无形的、没有具体考查标准的德育，特别是社会责任感做了不同的处理，似乎社会责任感的培养成了某阶段才需要的必修课，造成了德育工作的深层次断层。同时随着科学教育、技术教育、专业教育的地位越来越突出，我们往往强调大学生的任务是学习，要求大学生不要关心那些与自己无关的事情，自觉不自觉地推行了"两耳不闻窗外事，一心只读圣贤书"的观念。还有一些学校和教师，怕大学生受到不良思想的影响，沾染上各种不良习气，把大学生与社会进行了人为的分割，更不要说培养社会责任感了。在这种思想、行为的引导下，部分大学生缺乏对社会的认识，更缺乏社会责任感。其表现为：一是冷漠，对社会、公益事业没有热情，置社会的发展于不顾；二是自私，一切以自己的利益为出发点，为了自己的利益可以置他人、集体的利益于不顾；三是不适应，面对社会的负面现象，茫然不知所措；四是攻击社会，既然社会发展与我无关，而社会又有众多对我不利之处，于是产生不满怨恨情绪，敌视一切。这种观念与做法，与我们的教育目标格格不入。因此，加强对大学生社会责任感的培养，是当前对教育改革提出的新的更高的要求。

### （三）是高校对社会承担的最基本责任

教大学生学会负责，是时下社会道德生活状况的迫切呼吁。当今我国公民道德状况中确实存在不少需要努力克服的不良现象。例如：职业道德责任意识缺乏导致的玩忽职守、渎职腐败；社会公正和公共安全在冷漠中屡遭践踏；环境道德责任意识不强或者为了局部和眼前利益而不计后果，肆意破坏环境，进行掠夺式的资源开发；家庭道德责任意识缺乏。科技的飞速发展，给我们带来了高度的物质文明，但是也产生了严重的结果。“它已经危害着，并且仍然在破坏着人与他的环境之间、自然与社会结构之间、人的生理组织与他的个性之间的平衡状态。无可挽回的分裂状况正在威胁着人类。应付这许多危险的责任大部分落在教育上面了。教育要承担这个新任务，即提醒人们去认识这种危险。虽然有许多理由说明由教育承担这个任务是十分合适的，但是人们却时常低估了这一点。”虽然我们不能指望通过教育解决道德问题来消除一切社会问题，但道德在转化为个人的品德和责任后却可以借助自律有效预防或减少社会问题的加剧。高校作为社会改革与建设的一个重要阵地，作为合格的社会公民的教育基地，责无旁贷。

我国教育正面临着从义务教育向素质教育的转型，这就要求学校不仅传授给大学生知识，还应注意其综合素质的全面发展。部分大学生缺乏社会责任感，对他人以及社会的责任意识淡薄，这种现象与我国全面展开素质教育的发展目标背道而驰，因此，高校对大学生进行社会责任感教育，是我国现有发展形势下对教育提出的客观要求，符合素质教育发展的基本理念。

大学生正处于树立正确信仰，形成思想政治观念的重要阶段，加强社会责任感教育，有利于促使大学生养成良好的思想品质，强化道德观念，培养其强烈的责任感。高校加强对大学生的社会责任感教育，可以促使大学生自主提高思想道德水平，规范自身行为，在自觉增强社会责任感、使命感的同时，认识社会环境，明确自我定位，形成正确的价值取向，最终树立正确的思想政治观念。

### （四）是思想政治教育现代化的必然要求

高校思想政治教育现代化是不断发展着的社会实践对思想政治教育提出的新要求。思想政治教育的现代化是一个系统的工程，包括理念、目标、内容、方式等各个方面的现代化。只有把对大学生社会责任感的培养纳入高校思想政治教育的目标体系中来，才能实现思想政治教育目标的现代化。

首先，大学生的社会责任感是现代责任意识的重要组成部分。我国古代的德育、封建时期的西方宗教教育等都是把塑造臣民作为德育的目标，主要目的是维护君主的统治地位，使人民向君主负责，而不是向社会负责、向法律负责。这种目标理念在极少数人的思想深处至今仍占据着一定的位置。就我国来说，虽然中华人民共和国的成立早已为人们思想上的独立与解放奠定了基础，宪法和法律也赋予了人民当家做主的权利，但是臣民意识在极少数人的心中根深蒂固。这种落后的思想观念不利于人们积极性、主动性的发挥，因此，现代思想政治教育必须立足于使人们养成现代公民意识，破除陈旧的观念对人们思想的束缚。由此可见，社会责任感是当代大学生责任意识的重要组成部分。

其次，培养大学生的社会责任感是当今世界各国德育的共同目标。自工业革命以来，特别是第二次世界大战之后，人类在科学技术上实现了大发展。但是，这在一定程度上造成了工具理性无限制的膨胀进而引发了一系列的社会问题，如道德滑坡、行为失范、责任感缺失、人生意义的迷惘。因此，各国政府都把培养公民的社会责任感作为德育的一个重要目标。1972 年，联合国教科文组织在《学会生存——教育世界的今天和明天》的报告中就把教育的发展方向确定为使每个人承担起包括道德在内的一切责任。1989 年，该组织再次呼吁教育要培养一种道德关怀和道德责任。美国针对当时社会上出现的一系列道德失范问题，开始致力于品格教育的复兴。品格教育重视发挥德育课的作用，把培养公民良好的道德品格作为目标，实际上是一种美国核心价值观的教育。品格教育的代表人托马斯·阿奎纳把“尊重”与“责任”作为普遍道德价值观的核心，旨在培养学生尊重他人，对他人、对社会负责的良好品格。世界上的其他国家，如日本、新加坡、英国等也都把培养社会责任感列入德育的目标。由此可见，培养大学生的社会责任感是当今世界各国德育的一个重要目标。对我国来说，高校思想政治教育要实现现代化，必须把培养大学生的社会责任感作为重要任务。

## （五）是促进大学生思想政治教育的重要途径

培养大学生的社会责任感与大学生思想政治教育的目标相一致。大学生思想政治教育的目标是以理想信念教育为核心，引导和帮助大学生树立正确的世界观、人生观和价值观，培养“有理想”“有道德”“有纪律”“有文化”的“四有”新人，促进人的全面发展，为社会主义现代化建设培养合格的建设者和接班人。社会责任感作为“有理想、有道德、有纪律”的表现形式之一，是“四有”新人所必须具备和实践的重要精神品质，只有大学生自觉实践了“有理想、有道德、有纪律”，形成了社会主义核心价值观，承担起自己所肩负的责任，才能被称为“全面发展的人”。

培养大学生的社会责任感与大学生思想政治教育的内容相一致。大学生思想政治教育从某一方面来说以服务人民为核心，以集体利益为原则，以诚实守信为重点，来引导大学生遵纪守法、明礼诚信、团结友善、勤俭自强、敬业奉献。这与大学生对他人的责任、对社会的责任、对国家的责任相一致。“遵纪守法”是每个人的义务，只有遵纪守法，个人的权利和利益才能得到保障，才能促进社会的稳定、经济的发展，从而促进个人的全面提高；“明礼诚信、团结友善”是个人处理与他人和社会关系的基本原则，只有人与人之间坦诚相待，人与社会之间和谐共生，国家才会兴旺发达，个人的理想才能实现；“勤俭自强、敬业奉献”是个人的处世态度，只有个人承担起责任，才能获得崇高的职业理想。因此，要把大学生社会责任感的培养作为大学生思想政治教育的重要内容之一，通过培养大学生的社会责任感，促进大学生的思想政治教育。

培养大学生的社会责任感与大学生思想政治教育的特点相一致。思想政治教育就是教育大学生具有正确的世界观、人生观、价值观，这些方面主要是人在后天成长过程中形成的，是内因和外因共同作用的结果。大学生社会责任感作为一种道德情感，也是在社会生活中，经过后天对社会的认识而逐渐产生的。大学生社会责任感的培养与思想政治教育都属于“后天”教育，因此可以通过后天对大学生社会责任感的培养，促进大学生的思想道德水平的提高，从而促进大学生思想政治教育建设。培养大学生的社会责任感与大学生思想政治教育都具有实践性和现实性，都强调知、行统一，理论与实践相结合，两者相辅相成，相互促进。思想政治教育指导大学生在学习有关思想建设和道德建设理论的基础上，注重道德实践，从自我做起，从小事做起，从身边事做起，鼓励大学生为社会奉献，为他人服务，身体力行。

大学生社会责任感是责任认识和责任情感的统一，但最终还要在承担责任的实践活动中体现出来，有了实践活动，才算是真正承担起自己的社会责任。因此，应在大学生思想政治教育中培养大学生的社会责任感，在承担社会责任的实践行动中巩固思想政治教育的成果。

# 第五章　大学生社会责任感教育的原则

大学生是社会发展和现代化建设所需要的人才，其特殊的社会角色决定了加强大学生责任感教育的现实意义。因此，要结合高校学生工作的实际，遵循大学生责任感教育的基本原则。本章分为大学生社会责任感教育的一般原则、大学生社会责任感教育的特殊原则两部分。

## 第一节　大学生社会责任感教育的一般原则

不同时期的大学生有不同的特点，这是特殊性。但是，作为大学生这一群体，他们也有某些共性。因此，新时代的大学生在接受教育时，也要考虑普遍的一面。另外，社会责任感教育属于教育的一个方面，因此，教育中的某些原则也可适用于大学生社会责任感教育这一领域。

### 一、理论联系实际的原则

理论联系实际历来都是中国共产党的三大优良作风之一，是中国共产党辩证唯物主义思想路线的具体体现，也是进行理论宣传和理论教育必须遵循的根本原则。理论从实际中来，并接受实践的检验。理论只有联系实际，才能从实际出发，指导革命实践。脱离实际的理论，就会变成僵死的教条。中国共产党在长期的革命斗争中，同违反这个原则的教条主义和经验主义做了坚决的斗争，从而使党不断地发展和壮大起来。中国共产党经常进行党内的思想政治教育，要求树立和坚持理论联系实际的作风。中国共产党是中国特色社会主义建设事业的领导核心，大学生社会责任感教育是中国特色社会主义建设事业的主要组成部分，大学生社会责任感教育成功与否直接关系到中国特色社会主义建设事业接班人的质量。大学生社会责任感教育虽然需要学校、社会、家庭共同参与，但主要阵地还在学校。中国共产党也是大学生社会责任感教育的领导核心。因此，中国共产党所秉持的理论联系实际这一优良作风和教育原则理应成为大学生社会责任感教育的原则。那么，大学生社会责任感教育怎样坚持理论联系实际的原则？我们可以从以下方面进行分析。

### （一）明确大学生社会责任感教育中的“理论”和“实际”

大学生社会责任感教育不能仅仅从社会责任感教育角度来谈，而应该多角度、全方位、立体式地来看这个问题。如果多角度、全方位、立体式地来看这一问题，那么新时代大学生社会责任感教育就是一个体系。因此，大学生社会责任感教育中的“理论”和“实际”都有各自的体系。其中，大学生社会责任感教育中的“理论”体系主要涉及三个具有紧密逻辑关系的问题，即新时代大学生社会责任感教育是什么？为什么要进行新时代大学生社会责任感教育？怎样进行大学生社会责任感教育？对这三个问题的理论阐释构成了大学生社会责任感教育中的“理论”体系。其中，关于“新时代大学生社会责任感教育是什么？”的理论阐释主要包括相关概念的阐释及其特征；关于“为什么要进行新时代大学生社会责任感教育？”的理论阐释主要包括大学生社会责任感教育对自己、对别人、对家庭、对社会、对国家等方面的意义；关于“怎样进行大学生社会责任感教育？”的理论阐释主要包括大学生社会责任感教育的方法、原则、路径等。同时，大学生社会责任感教育中的“理论”还涉及多个学科领域的理论，如教育理论、传播理论等。“大学生”指出社会责任感教育的对象是大学生，这就涉及大学生方面的理论。“新时代”指出了大学生社会责任感教育的时代背景，这就涉及新时代中国特色社会主义方面的理论。大学生社会责任感教育中的“实际”是指教育中的实际情况。这些实际情况也不是单一的，而是相互联系的一个统一体，如新时代社会责任感教育涉及学校、家庭、社会，因此，在进行社会责任感教育的时候要考虑到学校、家庭、社会的实际情况。此外，还要考虑新时代的时代背景，大学生在学校学习、生活和参加活动等方面的实际情况。

### （二）构建大学生社会责任感教育中理论与实际的双向互动模式

在大学生社会责任感教育中坚持理论联系实际原则，就是要构建理论与实际相结合的双向互动模式。大学生社会责任感教育必须坚持理论与实际的结合与统一，用大学生社会责任感教育理论分析实际，用大学生社会责任感教育实际验证理论，使大学生从社会责任感教育理论和实际的结合中理解和掌握有关大学生社会责任的知识，培养大学生运用这些知识解决新时代大学生在承担社会责任中遇到的实际问题的能力。理论联系实际原则所反映和要解决的矛盾，主要是保证新时代大学生在接受社会责任感教育中所学知识时与其来源不至脱节，使大学生掌握的知识能够运用到大学生社会责任实践中去。

## 二、疏通与引导相结合的原则

疏通，就是广开言路、畅所欲言、集思广益。引导，就是在疏通基础上对正确的观点加以肯定和赞扬，对不正确的观点，通过民主讨论、说服教育、批评与自我批评的方法，引导到积极、正确的方向上来。可见，疏通是引导的前提，而引导则是疏通的目的，二者相互统一，不可分割。从大方面来说，大学生社会责任感教育涉及家庭、学校、社会三个层面，并且每一个层面都涉及许多方面。在家庭层面，大学生社会责任感教育涉及父母、兄弟姐妹、原生家庭或者再婚家庭，还有未来自己组建的家庭。在学校层面，大学生社会责任感教育涉及学校党委、共青团委、社团、学生生活服务部门、学院，专业课和非专业课，思想政治教育，心理健康教育，专业课任课教师和非专业课任课教师，普通教师和研究生导师，等等。在社会层面，大学生社会责任感教育涉及各级教育行政管理部门、社会服务部门等。因此，大学生社会责任感教育的疏通，就是要调动家庭、学校、社会各层面的力量，广开言路，坚持开放办学，让所有从事、热爱、关心大学生社会责任感教育的各界人士畅所欲言，发挥他们的智慧，为大学生社会责任感教育献计献策。当各界人士在献计献策中出现意见不合的时候，要认识到这是属于人民内部的矛盾，要使用“团结—批评—团结”的方法加以解决，肯定和赞扬正确的，并通过民主讨论等方式，批评和改正错误的。从小的方面说，大学生社会责任感教育的疏通和引导主要针对在承担社会责任过程中感到困惑、迷茫的那部分人。

大学生社会责任感教育坚持疏通与引导相结合的原则，要注意以下几点。

首先，大学生社会责任感教育工作者要积极发扬民主工作作风，让广大新时代大学生和相关教师畅所欲言，创造畅所欲言的浓厚氛围。这样，才能使涉及大学生社会责任感教育的教育者更多地了解新时代大学生的学习、生活、思想等方面的实际情况，更好地把握新时代大学生各方面的思想动态和需求，找到合适的具体的疏通和引导办法。

其次，大学生社会责任感教育工作者要坚持对新时代大学生进行正面引导和说服教育，在进行大学生社会责任感教育的过程中，一方面要坚持用马克思主义的立场、观点、方法，对新时代大学生进行马克思主义理论、社会责任理论等方面必要的灌输和积极的引导；另一方面，也要正视新时代大学生对于承担社会责任存在的思想认识上的偏差，诚恳地指出问题，激发他们继续承担起应有的社会责任的自信心，调动他们在社会责任行动方面的积极性，促进他们有关社会责任思想方面的转化和提升。

再次，大学生社会责任感教育工作者要将解决新时代大学生思想问题和解决他们的实际问题相结合。历史唯物主义认为社会存在决定社会意识，社会存在的变化发展决定了社会意识的变化发展，但社会意识的变化发展在具体某个阶段与社会存在的发展变化不完全同步，有可能先进于或落后于社会存在。社会意识是对社会存在的反映，社会意识对社会存在具有反作用，正确的社会意识推动社会存在的发展，落后的社会意识阻碍社会存在的发展。大学生对社会责任的思想认识属于社会意识范畴，大学生在承担社会责任当中遇到的实际问题属于社会存在。大学生在承担社会责任当中遇到的实际问题会由于种种原因变得多种多样，当他们不知道怎么解决或错误地解决的时候，会给他们思想认识上带来困扰和混乱，这样有可能导致他们在承担社会责任时心灰意冷，大大削弱了社会责任感教育的成效。因此，大学生社会责任感教育要坚持解决思想问题与解决实际问题相结合，正视而不是回避新时代大学生当前关心的具体问题和面临的各种大大小小的实际困难，要贴近新时代大学生的生活，正确认识新时代大学生关心的热点问题和学习生活中的实际困难，要分清性质，善于引导和帮助新时代大学生从政策上、心理辅导上、法律上寻找解决的方法。

此外，还要引导新时代大学生正确面对有关承担社会责任中的实际问题，正确认识承担社会责任给自己带来的根本利益和长远利益，调动他们的内在积极性，培养团结协作精神，用集体主义精神和力量战胜承担社会责任行动中的困难。

最后，大学生社会责任感教育工作者在进行社会责任感教育时要以身作则、言行一致，遵守教师职业道德和《新时代高校教师职业行为十项准则》，用自己的实际行动和人格力量去影响新时代大学生、感召新时代大学生、带动新时代大学生，做一名负有责任与担当的新时代人民教师。只有在大学生社会责任感教育当中做到身教与言教的统一，大学生社会责任感教育工作者才能在新时代大学生当中树立威信，对他们的引导才能有力量。

## 三、科学性与方向性相结合的原则

科学性原则是指一项活动或一项事业必须在科学理论指导下，遵循科学决策的程序，运用科学的思维方法来开展这项活动或这项事业的行动原则。科学性原则应该贯穿这项活动或这项事业的始终，包括科学决策、科学规划、科学实施、科学管理、科学评价等阶段。其中，科学决策起着决定性作用。决策不科学，会导致后面的事情偏离方向，给正在进行的某项活动或某项事业带来巨大损失。与科学决策相反的是经验决策，经验决策只能是科学决策的补充，科学决策是对经验决策的总结和升华。科学决策以准确、严密、客观、可靠作为自己的优点。要使决策科学化就必须建立科学化的决策体制、确立程序化的决策过程、采取科学化的决策程序、培养高素质的决策者。新时代大学生社会责任感教育科学性原则就是指大学生社会责任感教育这项教育事业必须在科学理论指导下，遵循科学的教育决策程序，以大学生社会责任感教育科学决策为重点，完善对大学生社会责任感教育的科学规划，并精心组织实施，加强科学管理，完善大学生社会责任感教育的相关评价体系，使之科学化。这就需要建立科学化的大学生社会责任感教育决策体制、确立程序化的大学生社会责任感教育决策过程、采取科学化的新时代大学生社会责任感教育决策程序、培养高素质的大学生社会责任感教育决策者。传统的以灌输为主的社会责任感教育方法体系，已经越来越不符合新时代社会发展的要求，也越来越不能被新时代大学生所接受。在今天的大学生社会责任感教育方法中，哪些大学生社会责任感教育方法应该得到大力弘扬，又有哪些大学生社会责任感教育方法应该得到舍弃，还有哪些大学生社会责任感教育方法应该得到发展创新，其唯一的判断标准在于这种大学生社会责任感教育方法是否符合新时代大学生社会责任感教育的科学性原则。应该遵循由浅入深、循序渐进的思路，使大学生在承担社会责任的过程中切实增长知识，提高认识，升华境界。

大学生社会责任感教育方向性原则是指大学生社会责任感教育的全部活动要始终与新时代中国特色社会主义发展的要求和中华民族伟大复兴中国梦的要求相一致，坚持正确的政治方向。当前，大学生社会责任感教育方向性原则主要体现为大学生社会责任感教育要旗帜鲜明地坚持中国特色社会主义和共产主义方向，与中国共产党的根本宗旨和以习近平同志为核心的党中央的决策部署相一致。大学生社会责任感教育就要以此为方向，既要对新时代大学生进行新时代中国共产党的路线、方针和政策的教育，又要进行实现中华民族伟大复兴中国梦这一伟大理想的教育，引导大学生增强社会责任感，全心全意为人民服务；既要引导新时代大学生认认真真、踏踏实实地搞好学习，为奉献中国特色社会主义建设事业做好准备，又要引导新时代大学生将自身的学习目标与社会主义现代化建设目标联系起来，帮助新时代大学生坚定共产主义信念，从而为中国特色社会主义的发展和实现中华民族伟大复兴中国梦创造物质上和精神上的条件。

坚持方向性原则对大学生社会责任感教育具有重要意义。首先，只有坚持方向性原则，才能保证中国共产党领导下新时代大学生社会责任感教育的本质特色。其次，只有坚持方向性原则，才能统一新时代大学生对社会责任所持的思想。最后，坚持方向性原则是实现大学生社会责任感教育价值的根本要求。大学生社会责任感教育价值实现与否，必须以是否达到大学生社会责任感教育的目的以及达到的程度来衡量。要达到培养社会主义负有社会责任感的新时代大学生的目的，就必须坚持中国特色社会主义和共产主义方向。在大学生社会责任感教育过程中坚持中国特色社会主义和共产主义方向，就必须始终坚持以马克思主义及其中国化最新理论成果——习近平新时代中国特色社会主义思想为指导思想。只有坚持这一指导思想，大学生社会责任感教育才能真正实现阶级性与科学性的统一以及理论与实践的统一；才能在新时代中国特色社会主义建设进程中，增强承担社会责任的自觉性，减少承担社会责任的盲目性，始终沿着中国特色社会主义和共产主义方向前进。

坚持方向性原则需要讲究科学性原则。在新时代大学生社会责任感教育实际工作中贯彻方向性原则，必须将原则的坚定性和方法的灵活性结合起来，努力使大学生社会责任感教育渗透到社会生活的各个方面和大学生的日常生活当中，从而潜移默化地影响新时代大学生。从事有关大学生社会责任感教育的教育者要努力探寻方向性原则与大学生社会责任感教育具体目标之间的契合点，并以方向性原则统摄大学生社会责任感教育的具体目标，使大学生社会责任感教育始终在科学的理论指导下沿着中国特色社会主义和共产主义方向发展。

## 第二节　大学生社会责任感教育的特殊原则

马克思主义唯物辩证法认为，任何事物都是普遍性与特殊性的统一。普遍性寓于特殊性之中，普遍性是对于特殊性的归纳总结。因此，特殊性是根本。这就要求我们从事物的特殊性出发，实事求是。当代大学生处于中国特色社会主义新的时代，新时代赋予大学生新的任务。因此，新时代大学生社会责任感教育一方面要遵循其一般普遍性的教育规律，另一方面还要遵循其特殊原则。

## 一、强化历史使命的原则

面对社会责任，新时代大学生如何承担，在何种程度上承担，除了要从他们自身角度出发教育他们，还要从外部角度赋予新时代大学生一种历史使命。历史使命就是一种纵向维度的社会责任，一般而言，前一个社会历史时期的历史使命就是后一个历史时期的现实。

例如，共产党在资本主义社会时期的历史使命就是后一个时期社会主义社会时期社会主义的实现，新时代中国共产党的历史使命就是未来某个时期中华民族伟大复兴的实现。历史使命在更大程度上具有未来指向性，社会责任在更大程度上具有当前指向性。人无远虑，必有近忧，没有历史使命感，也就不能真正承担好社会责任。因此，强化历史使命的原则是新时代大学生社会责任感教育的一种重要原则。

广大青年要增强历史使命感，高举邓小平理论伟大旗帜，发扬伟大的五四精神，为实现我国社会主义现代化不断建功立业，要高举习近平新时代中国特色社会主义伟大旗帜，发扬艰苦奋斗，勇于创新的精神，为建设社会主义现代化强国，实现中华民族伟大复兴，最终实现共产主义而努力奋斗。

那么，如何强化历史使命，增强新时代大学生的历史责任感和历史使命感？笔者认为最重要的就是要加强中国革命历史教育。只有通过中国革命历史教育，才能让新时代大学生深刻了解中国共产党是如何以高度的历史使命感和社会责任感领导广大人民革命和建设的。那么，如何进行中国革命历史教育？1987年2月18日邓小平在与加蓬总统邦戈谈话中关于用中国的历史教育青年这一话题的阐述给新时代大学生的中国革命历史教育带来一些启示。

### （一）确立中国革命历史教育的目标

邓小平认为中国革命历史教育的目的就是让青年通过了解中国革命历史，使青年深刻理解“中国走资本主义道路不行，中国除了走社会主义道路没有别的道路可走”，从而使广大青年树立起坚定走社会主义道路的信念。关于中国革命历史教育目标，邓小平认为就是要教育人民成为“四有”人民，教育干部成为“四有”干部，这就是要教育广大青年以及广大青年干部成为有理想、有道德、有文化、有纪律的四有新人。可见，邓小平关于坚定走社会主义道路信念的中国革命历史教育的目标不是单一的，而是一个体系。他有关确立中国革命历史教育目标的论述为新时代大学生中国革命历史教育提供了启示。这启示我们要用中国革命历史，尤其是红色革命史教育新时代大学生。新时代大学生红色革命史教育的目标不仅是让新时代大学生坚定走社会主义道路的信念，更要坚定走新时代中国特色社会主义道路的信念，要振奋“中国精神”、走好“中国道路”、体现“中国风格”、显示“中国气派”、讲好“中国故事”、创新“中国模式”、实施“中国方案”。新时代大学生红色革命史教育的目标包括了解红色革命时期的历史进程，培养对红色革命斗争时期党和人民的热爱之情，提高对红色革命道路和“左”倾盲动主义、“右”倾投降主义的辨别能力，坚定走中国特色社会主义道路。

### （二）确定中国革命历史教育的内容

邓小平认为中国革命历史教育的内容包括中国历史的进程和四项基本原则。关于用哪段历史进程教育青年，邓小平说：“中国从鸦片战争起沦为半殖民地半封建社会，中国成了世界上著名的‘东亚病夫’……后来，孙中山觉得资本主义西方不行了，提出‘以俄为师’，学习十月革命后的俄国，开始了国共合作，导致北伐战争的胜利。孙中山逝世以后，国民党的统治使中国继续处在半殖民地半封建社会的悲惨地位，在日本侵华期间大片国土沦为殖民地。”邓小平指出了中国经历了半殖民地半封建社会、中华民国、国民党统治这三大历史进程，并在各个历史进程中分别得出了“东亚病夫”“以俄为师”、需要“国共合作”的历史结论，综合这些结论得出总的结论就是：“在帝国主义、封建主义和后来发展起来的官僚资本主义压迫下，中国继续贫穷下去……一旦中国抛弃社会主义，就要回到半殖民地半封建社会，不要说实现‘小康’，就连温饱也没有保证。”实际上这跟坚持四项基本原则中的“坚持社会主义道路”这一项相吻合。邓小平告诫青年，如果“青年人不了解这些历史，我们要用历史教育青年，教育人民”。四项基本原则既是对反对者的正面回应，又是对中国近现代历史进程的高度概括，因此，必须坚持四项基本原则。这启示我们要对新时代大学生进行红色文化和红色精神教育，首先要对他们进行红色革命斗争史的历史进程教育，用四项基本原则教育青年。

### （三）选择中国革命历史教育的方法

说服、比较是思想政治教育常用的基本方法，这两种方法被邓小平用在对青年历史教育当中，他指出“对于资产阶级自由化的斗争是长期的，所以我们不搞运动，主要是进行教育。既是斗争的过程，也是说服教育的过程。虽然理论说服能达到一定的说服效果，但最终说服不相信社会主义的人要靠我们的发展。如果我们本世纪内达到了小康水平，那就可以使他们清醒一点；到下世纪中叶我们建成中等发达水平的社会主义国家时，就会大进一步地说服他们”。

邓小平的这番论述强调，要彻底说服人，必须靠“发展达到小康水平，建成中等发达水平的社会主义国家”这些看得见、摸得着的实实在在的事实。邓小平将半殖民地半封建社会、中华民国、国民党统治这三段历史进程进行纵向比较，将社会主义、共产主义理想与资本主义理想进行横向比较，指出“搞资产阶级自由化的人提出的理想与我们的不同”。这启示我们对大学生进行红色革命史教育采用的比较方法包括纵向比较和横向比较。纵向比较指既要将南昌起义、秋收起义、井冈山斗争、中央苏区斗争、长征和延安时期等红色革命时期内部各个时期进行比较，教育新时代大学生认识它们的不同点与共同点、区别与联系，认清红色革命时期内部不同阶段的历史发展规律，又要将红色革命时期前面的和后面的革命历史时期进行比较，使他们明白红色革命史的承上启下的历史地位。横向比较指将毛泽东领导中国人民进行红色革命的历史、红色革命中非革命思想被改造的历史、国民党对红军进行围剿的历史，与共产国际及中共中央改变红色革命政策的历史进行“四史合一”的比较，以及将以农村包围城市的红色革命斗争和直接在城市斗争的十月革命进行中外比较。

总之，历史使命呼唤责任担当，历史使命引领社会未来。大学生社会责任感教育要以习近平新时代中国特色社会主义思想为指导，不忘革命初心，牢记历史使命。

## 二、因势而新的原则

因势而新，即随着客观形势的变化而变化。

大学生社会责任感教育首先要让新时代大学生了解社会的客观形势，然后根据客观形势，对大学生社会责任感教育的内容、原则、方法、路径等做些变动。因势而新的本质就是与时俱进，实事求是。因势而新原则就是大学生社会责任感教育要始终坚持一切从实际形势出发，理论联系实际，实事求是的社会责任感教育思想路线。具体说来，就是要立足于大学生社会责任感教育的客观形势和大学生的思想实际开展社会责任感教育，在社会责任感教育实践中努力探求大学生社会责任感教育内部各要素的联系及其与外部环境的关系，从中探寻大学生社会责任感教育的客观规律，以此指导教育活动，以提高大学生社会责任感教育的效果。坚持从新时代大学生的思想实际出发，避免主观性和盲目性，是做好大学生社会责任感教育的基本要求，因势而新原则就很好地体现了这一要求。

在大学生社会责任感教育中坚持因势而新原则，首先，要树立强烈的因势而新意识。大学生社会责任感教育工作者应该努力做到不唯书、不唯上、只为实，也就是说，要深入大学生社会责任感教育各方面实际，加强调查研究，努力把握新时代大学生和新时代思想政治教育的实际情况，努力追求教育实效；要诚实守真，不弄虚作假，不搞形式主义。

其次，要坚持大学生社会责任感教育的与时俱进。因势而新内在地要求大学生社会责任感教育与时俱进，因为社会一直都处在不断发展变化之中，新时代大学生的思想也处在不断发展变化当中，新时代思想政治教育工作者要注意不断地对新时代大学生社会责任感教育的内容、形式、方法等进行调整，使之与不断变化的校内外、国内外客观实际形势相协调。为此，大学生社会责任感教育工作者要特别注意用联系、发展的观点在动态中认真分析和深刻把握新时代中国特色社会主义建设中出现的各种思想现象和社会现象，善于透过现象抓住本质，从而使大学生社会责任感教育活动常变常新。可见，只有坚持与时俱进，才能更好地坚持大学生社会责任感教育因势而新原则。

最后，要加强形势政策教育。形势是某个时期内社会各方面发展的整体状况和发展态势。政策是党和国家为实现某个时期的路线和任务而根据当时形势来制定的行动准则。形势和政策两者相互联系，体现在形势是政策制定的客观依据，而政策反过来通过影响人们的行为从而影响形势的发展变化。大学生社会责任感教育形势是指在新时代中国特色社会主义建设时期，社会各方面发展情况以及大学生社会责任感教育发展的整体状况和发展态势。大学生社会责任感教育政策是指以习近平同志为核心的党中央为实现中国特色社会主义建设这一时期的路线和任务而制定的关于大学生社会责任感教育方面的准则。为了帮助大学生正确认识当代形势，全面理解党和国家关于社会各方面尤其是大学生教育这方面的方针政策，激励新时代大学生满怀信心地投入建设中国特色社会主义的伟大实践当中去，就必须对新时代大学生不断地进行形势政策教育。这就要经常向新时代大学生分析国内外形势的风云变化，宣传新时代党的路线、方针、政策，培养新时代大学生用正确的观点和方法观察、辨别和分析新时代中国特色社会主义建设面临的形势的能力，培养正确理解、牢牢把握、认真执行新时代中国特色社会主义和大学生社会责任方面政策的能力，从《国家中长期教育改革和发展规划纲要（2010—2020 年）》《关于加强和改进新新形势下高校思想政治工作的意见》《中长期青年发展规划（2016—2025 年）》《中国教育现代化 2035》等文件和政策中提炼出有关大学生社会责任感教育方面的专项政策和意见。在对大学生进行形势政策教育中，要帮助新时代大学生掌握马克思主义尤其是习近平新时代中国特色社会主义思想中的形势与政策观，引导新时代大学生用联系和发展的观点来观察和分析新时代中国特色社会主义建设面临的形势，正确认识形势发展变化中的主流形势和支流形势、全局形势和局部形势、现象形势和本质形势的关系；引导新时代大学生正确把握党在新时代中国特色社会主义建设时期的各项方针政策，认清现阶段政策和建设社会主义现代化强国，实现中华民族伟大复兴以及最终实现共产主义目标和方向的一致性，从而正确处理个人、集体、国家之间的利益关系和眼前、长远的利益关系。要坚持因势而新，实事求是的原则，防止大学生社会责任感教育的绝对化、片面化和表面化；要围绕党和国家建设中国特色社会主义这一中心工作，突出重点，加强对热点和难点问题的分析和研判；要紧密围绕新时代大学生对国内外形势以及社会责任感教育的思想认识的实际情况进行有针对性的教育，以便使形势政策教育收到应有的效果。

## 三、关怀体谅的原则

新时代赋予新时代大学生新任务，新任务呼唤新责任。新时代大学生一方面有着较高的社会参与热情，另一方面有着完美主义的想法，同时又有社会经验不足的实际情况。因此，大学生在承担社会责任的过程中，难免有受到挫折或者自己的目标、愿望、理想没有实现的时候，这时大学生社会责任感教育工作者不能一味地指责，而是要具体问题具体分析，一方面要严格要求，另一方面对他们的失误要以人文关怀的方式进行体谅，以便促进他们的身心健康。因此，关怀体谅原则成为新时代大学生社会责任感教育的一条特殊原则。

大学生社会责任感教育中的关怀就是新时代大学生社会责任感教育工作者对新时代大学生的整体学习、生活、社会参与等方面状况的关怀，密切关注大学生的生存与发展，努力做到关心人、保护人、尊重人。在大学生社会责任感教育中提出“关怀”这一主题，标志着高校教育文明的进步，尤其是高校思想政治教育文明的进步。而这种进步最终也会促进人类社会文明的进步，同时也反映了大学生社会责任感教育工作者自觉意识的觉醒和提高。大学生社会责任感教育只有深刻理解人的生命内涵，关注新时代大学生的整体学习、生活、社会参与等方面的状况，才能激起大学生的社会责任情感和社会责任行动。大学生社会责任感教育中的体谅就是大学生社会责任感教育工作者设身处地为新时代大学生着想，要善解人意。我们知道，与人友好相处、爱与被爱是人的基本需求，帮助人们去满足这种需求是体谅的主要职责。大学生社会责任感教育中的体谅就是要建立和谐的、相互关心的道德关系。人们之间的相似性或共同性是人们相互体谅的基础，大学生社会责任感教育就是要培养新时代大学生关心别人、体谅别人的品德。新时代大学生做到了关心别人、体谅别人不仅可以使别人感到愉快，同时也可以使自己感到愉快，这既是一种利他行为，又是一种利己行为。在教育目标上，大学生社会责任感教育中的体谅就是引导新时代大学生学会关心，让新时代大学生在与别人共同承担社会责任的行动中具备关心别人的品德。一个有体谅品德的新时代大学生能够考虑别人的意见，察觉别人的感受，体谅别人的难处。大学生社会责任感教育工作者在以关心体谅为原则进行的教育中起到表率作用。在大学生社会责任感教育中，观察和学习大学生社会责任感教育工作者身上体现的体谅别人的品德是新时代大学生获得体谅别人品德的一种重要方式。新时代大学生从大学生社会责任感教育工作者所作所为中学习的东西比从他们所讲所教中学到的东西要多，要深刻。因此，大学生社会责任感教育工作者引导大学生学会关心体谅别人的最佳方法就是教育工作者自己首先要学会关心体谅别人，为新时代大学生树立榜样。

## 四、权、责、利相统一的原则

权，即权利。责，即责任。利，即利益。大学生社会责任感教育要有成效，除了客观方面，主要看新时代大学生主观能动性的发挥程度。而新时代大学生主观能动性的发挥程度与他们拥有的权利、承担的责任、获得的利益有关。没有相应的权利，新时代大学生不能也不敢放手大胆地去承担相应的社会责任；没有相应的责任，新时代大学生有可能在承担社会责任的行动中迷失方向；没有相应的利益，新时代大学生有可能缺乏继续承担社会责任的动力。因此，大学生社会责任感教育要坚持权、责、利相统一原则。那么，如何在大学生社会责任感教育中贯彻权、责、利相统一的原则呢？我们可以从以下方面入手。

### （一）坚持权、责、利基本相等原则

权、责、利基本相等体现了中华传统的中庸和谐之道，是现代法治社会的基本要求，也是管理学的一条重要原则。当权、责、利基本相等时，新时代大学生就会在自主权利范围内大胆行动起来，承担相应的社会责任，并在承担社会责任过程中获得满足感、幸福感，这标志着大学生社会责任感教育取得了一定成效。当权、责、利不等时，新时代大学生有可能就会在有限的权利范围内瞻前顾后，放不开手脚，并在承担社会责任过程中有较少的获得感，甚至还有深深的挫败感，其实这就意味着社会责任感教育的某种失败。权、责、利基本相等包括以下几种类型。

1. 权和责基本相等

大学生社会责任感教育要坚持权和责相等原则，不能拥有权利而不履行职责，也不能只要求大学生承担责任而不予以授权。向大学生授权是为其履行职责提供必要条件，合理向大学生授权是大学生社会责任感教育贯彻权和责相等原则的一个重要方面，必须根据新时代大学生承担社会责任的大小授予其相应的权利。新时代大学生能否很好地承担社会责任，不仅取决于他们的主观努力和其具有的素质，而且与上级的合理授权有关系。对大学生社会责任感教育工作者而言，贯彻权和责相等原则为做好大学生社会责任感教育工作提供了必要条件，同时也对大学生社会责任感教育工作者进行了约束，强调了大学生社会责任感教育工作者的责任，在其位要担其责。

2. 权和利基本相等

大学生社会责任感教育要坚持权和利相等原则。目前，社会责任感教育大都只是简单地呈现规范的要求，忽视权利的教育，难以给新时代大学生留下深刻印象。权利一般指法律赋予人们实现其自身利益的一种力量，指人们依法享有的权利和利益，或者人们在法律规定范围内，为满足自身特定的利益而享有的权利和利益。权利是实现利益的前提，利益是权利的维护者。新时代大学生在承担社会责任时要有相应的权利，这种权利或者来源于公民的基本权利，或者来源于大学生的教育和受教育的权利，或者来源于就读高校的校规校纪赋予的权利，或者来源于大学生所在基层单位和所在诸如社团、协会等基层组织赋予的权利。新时代大学生只有根据相应的权利，才能获得相应的利益，获得相应的利益反过来增强新时代大学生对自身各级各类权利的认同。以社团为例，高校社团能丰富大学生的业余生活，能锻炼大学生的社会交往能力，能培养大学生的社会责任感等。因此，高校社团在学生教育中起着非常重要的作用。大学生在社团中的职位，决定了他在这个社团中的权利和相应的利益。

3. 责和利基本相等

大学生社会责任感教育要坚持责和利相等原则。形象地说，责和利的关系就如同勤奋和懒惰的关系。承担好责任需要付出努力，要勤奋，而享受利益则比较轻松。从人的本性来看，人有时会有懒惰的一面，都注重利益，注重索取，轻视付出与奉献。大学生社会责任感教育则要注重这一现象，把重利益、重索取、轻责任、轻奉献转移到重责任、重奉献、轻利益、轻索取上来，实现责和利的基本相等。

## （二）坚持以精神利益获得为主

利益一般包括物质利益和精神利益。社会生活由物质生活和精神生活构成。社会生产也包括物质生产和精神生产。人类文明也分物质文明和精神文明。可见，物质与精神这对概念广泛存在于我们生活的世界当中。在大学生社会责任感教育中，获得利益也是新时代大学生愿意承担社会责任的原因之一，对他们来说也是动力之一。新时代，以习近平同志为核心的党中央非常关注广大人民群众的获得感。这里所指的获得不仅仅是物质方面的获得，更多的是精神方面的获得。新时代大学生在承担社会责任的过程中所获得的利益更多的应该是精神方面的利益。一方面，精神的力量是无穷的，另一方面，从教育意义角度看，精神利益应该是新时代大学生在承担社会责任一事上应获得的本质利益。因为，中国共产党一再强调要勤俭节约、艰苦奋斗，这表明中国共产党对党的教育也是更多地关注精神方面，而不是一味地关注物质，追求物质上的享受。因此，新时代大学生在党的领导下也要发扬这种勤俭节约、艰苦奋斗的作风。

## （三）做好权、责、利的统一管理

对权、责、利进行有效的统一管理必不可少。运用现代教育管理学原理，遵循大学生社会责任感教育基本规律，在科学总结大学生社会责任感教育的历史经验基础上，建立健全的、科学的权、责、利统一管理制度，形成系统的权、责、利统一管理内容，畅通高效的权、责、利统一管理过程，充满活力的权、责、利统一管理组织体系，是当前大学生社会责任感教育中权、责、利统一管理的当务之急。只有这样，才能调动一切有利的、积极的因素，形成大学生社会责任感教育的强大合力，保证大学生社会责任感教育功能的充分发挥和根本任务的完成。

# 第六章 大学生社会责任感内在生成机制

社会责任感是责任主体主动把外在的行为规范内化为自身的道德需求，寻求的内心的满足感。因此，培育大学生社会责任感是一个内外结合的过程，既需要外在的社会规范和社会指导，也需要个体内部的生成与发展。所以，培育大学生社会责任感，既需要外在的培育机制，也需要内在的责任感生成机制。本章分为大学生社会责任感心理机制、大学生社会责任感动力机制、大学生社会责任感能力机制三部分。

## 第一节 大学生社会责任感心理机制

### 一、社会责任认知是诱导力量

大学生责任感的心理机制的首要力量是大学生社会责任认知。责任认知是指个体对自己所承担的责任的认识和了解，能正确了解责任的内容，准确掌握责任的意义，以及个体能正确感知、判断、评价责任行为的能力。诱导力量主要表现为对责任认知内容的诱导。责任认知是责任感的基础和前提，只有了解了什么是责任感，什么是有责任的行为，才能从责任认知中诱导出责任行为。诱导力量还表现为责任认知的重要性。只有认识到了责任的不可推卸性，从日常生活中感知到了责任的力量，从人与人的交往中认知到责任的作用，人们才会渐渐有责任意识，慢慢形成责任感，然后从日常认知中强化责任感，形成责任心理。

责任认知包括许多内容。第一，感知责任的存在。在日常生活中，人们感知责任。在家庭生活中感受家庭责任，在与朋友相处中感受对他人的责任，在社会交往中感受社会责任，在这些日常生活点滴中认识责任，理解责任。第二，正确感知和判断责任情景，在各种生活情境中也要学会感知责任。社会生活复杂多变，人们要承担多样的责任，有了责任认知就能从复杂的生活情境中感知责任。人们能判断责任情景的起因和要素，判定情景的预期结果，掌握情景活动的可控性及其对个体的影响。在各种复杂的情境中，人们都会做出责任决策，要么承担，要么放弃，每个人对责任认知的不同是造成决策不同的原因。有了正确的责任认知，人们在生活中和责任情景中才能正确感知责任，做出责任判断，产生责任心理和责任感，因此，责任认知是责任感的诱导因素。

## 二、社会责任情感是推动力量

社会责任情感是大学生责任感形成的推动力量。责任认知促进了责任心理机制的产生，责任情感伴随责任心理机制的产生而出现，不断推进责任心理的完善和发展。责任情感是指个体对于行为选择及后果是否符合内心的需要而产生的不同的情感体验，行为选择及后果符合内心需要则形成积极的责任情感，行为选择及其后果不满足内心需要则会产生消极的责任情感。责任情感是人们基于对责任的认知，对责任感和责任行为的向往之情，对现实的责任关系和责任行为所产生的一种爱好或者憎恶。

正向的责任情感使人们做出正确的责任行为，做出的行为会得到内心的满足和外在的赞扬，符合社会整体的价值取向，进而产生积极的内心体验，反过来积极的内心体验又进一步强化了责任行为。如果责任行为及其结果不能满足内心需要，也不符合社会的价值取向，就会产生消极的情感体验，当消极的责任情感不能满足自身内心的需要时，内心会产生挫折感和愧疚感，会阻止不负责任行为的发生。

责任情感能够推动大学生不断反思责任行为，分析责任情景，把消极的责任情感转向积极的责任情感，规避不负责行为产生的后果。大学生积极的责任情感，有助于责任认知的形成和责任行为的产生，在大学生责任心理形成过程中占据重要地位。

## 三、社会责任心理认同是重要环节

随着年龄的增长，大学生的心理逐渐成熟，他们的社会化程度不断提高，能够逐步意识到社会责任的重要性，主动为他人、为社会、为国家做出贡献。但是，由于受到内外一系列因素的影响，如西方思潮的涌入、市场经济的负面影响等，部分大学生缺乏对社会责任的认同，因此，要引导大学生产生责任认同。

大学生要产生社会责任心理认同，首先要明白个人与社会的关系。人是社会性动物，是一切社会关系的总和，个人不能脱离社会而单独存在，只有社会发展了，个人的前途和命运才会得到保障，才能在社会发展中得到自我完善，因此，每个人要对社会负责，要对社会有所贡献。那种只关注个人利益，忽视甚至损害社会利益的做法是错误的，只有明白了这一点，大学生才会对社会责任产生心理认同。

大学生产生社会责任心理认同，还要把消极的责任情感积极转化为正向的责任情感。责任认知和责任情感是一种连续性的反应，责任情感总是伴随着责任认知产生。正确认识了个人与社会的关系、个人利益与社会利益的关系之后，要追求积极的责任情感，当个人利益与社会利益发生矛盾时，要勇于牺牲小我，成就大我，努力追求社会利益，把承担社会责任当作应尽之事。要追求积极的责任情感，正确理解个人、他人与社会的关系，积极追求正确的价值观、是非观，把对社会利益的追求放在首位，努力形成正确的价值感和成就感，使积极的责任情感形成道德诉求，进而履行道德责任。

# 第二节　大学生社会责任感动力机制

## 一、道德需要是内在思想推动力

社会责任是自己对他人与社会承担的职责，规定了义务和未履行责任应受的惩罚，具有明显的利他倾向，因此社会责任感要在个人道德需要和自我实现的渴望的基础上产生。道德需要是指主体基于对道德所具有的满足自我与社会价值的认识和把握，所产生的自觉遵守一定的道德原则和规范的心理倾向。它是人的一种求善的需要和情感，是道德责任实现的内在心理驱动力。一个人的道德需要越强烈，其接受的道德目标和层次就越高，就越能主动自觉地履行道德责任，其道德行为的价值就会越大，其个人的品格就越高尚。社会责任感是积极的道德情感体验，道德需要包含社会责任感。

道德需要产生的过程就是道德行为实现的过程，道德需要在道德行为中不同层次地产生并逐步得到满足，然后向更高层次迈进。随着个人的成长，大学生由最初的对生理的需要，逐步过渡到安全需要、归属与爱的需要、尊重的需要、自我实现的需要。进入校园后，在与他人交往的过程中，他们学会了爱与被爱、尊重他人与被他人尊重，慢慢地渴望表现自己，在集体中实现自身的价值。大学生在追求自我价值的过程中，逐步学会了爱与奉献、责任与义务，这些是为满足他们内心高层次的需要而产生的。道德需要促使他们调整责任情感，积极地追求正向的责任情感，做出责任行为，形成社会责任感。

## 二、利他行为是外在推动力

要想更好地履行责任，人们不应该仅仅是恪守道德规则，遵守道德规范，更应该把外在的道德规范内化，从社会意识向自我意识转化，自觉主动地遵守规范，履行责任，由内而外地自然地产生责任行为。人们在道德内化的过程中，不断产生和调整责任行为，对身边的人和事负责任，出现了利他行为和亲社会行为。这些行为符合人们的期待，也符合道德责任的要求，还符合社会发展的要求。这些利他行为满足了人们内心的道德需求，产生了积极的责任情感。正向的责任情感强化了责任行为，使责任行为能力得到提升。随着道德内化的不断深入，人的利他行为不断增多，积极的责任情感得到加深，责任感不断得到加强。

当代大学生知识丰富，文化水平高，学习能力和道德内化能力较强，利他行为能很好地检验他们道德水平的高低，也是他们实现社会化的重要环节。慢慢接触社会后，大学生真正懂得个人与社会的联系，明白个人只有在社会进步中才能得到发展。社会的发展要求自身提升道德水平，对社会和国家做出贡献。随着认知的不断提高，大学生做出了责任行为，对他人负责，承担社会责任，由此产生了许多利他行为，渐渐获得了积极的责任情感，积极的情感促使大学生进一步帮助他人，产生利他行为，不断强化自己的社会责任感。

## 三、自由意志是重要保证

个人想要生活得有意义、有价值，则需要提高自己的道德水平，完善自己的道德行为能力，要对社会和他人承担责任，做出贡献。个人要想在社会中承担责任，就必须在履行职责中享有自由。责任的存在基于如下三个条件：行为者必须出于自己的意志，也就是说行为者的意志是自由的，而不是强制和被迫的结果；行为者具有自觉意识；行为者具有必要的选择能力。当个人具有行为选择中的意志自由时，自己就意识到自己的选择是自由的，从而意识到自己要对自己的行为和行为结果承担责任，行为结果的责任是不可推卸的。大学生拥有了自由意志，可以自由选择自己的行为，因此，他们会积极面对自己的职责和使命，对自己的选择积极承担责任，履行责任。

自由意志与责任是辩证统一的关系，人们不能为了追求自由意志而忽视责任，责任不是对自由的限制，责任的存在又不仅仅只是自由意志的负担和限制，对责任的承担还能扩大人的自由意志的范围，促进人的自由意志的全面实现。大学生在自由意志与责任的辩证关系中可以体悟到社会责任对个体生存和发展的意义，对个人自由意志完善的意义，这有利于个人将社会道德规范内化为个人意识，变成自我道德追求，责任不再是一种负担。大学生会自觉自愿地承担责任，抵制社会生活中的诱惑，坚定个人信念，积极履行责任。

## 第三节 大学生社会责任感能力机制

### 一、个体身心发展和自我意识的发展

大学生身心发展和自我意识的发展，是形成社会责任感的重要支持，大学生只有在此基础之上才能提高责任认知，正视责任情感，产生心理认同，逐步形成社会责任感。

身体和心理的发展有利于大学生社会责任感的形成。随着年龄的增长，大学生的身体日益强壮，心理日益成熟，只要有了强健的体魄和成熟的心理，大学生才有能力承担社会责任。个体身心发展状况决定了社会责任承担的多少，如果承担的责任超出了他们的能力和范围，将不利于个体的成长和责任的履行。比如小学生的身心发展状况就决定了他们要想承担社会责任就只能从身边的小事做起，做好身边事就是承担社会责任，就是为祖国做贡献。到了大学阶段，身心都得到发展，大学生除了要做好小事、身边事之外，还要积极融入社会，建设祖国，为祖国的发展添砖加瓦。随着个体身心的不断发展，个人与他人的联系日益紧密，人们逐步认识到不同层次的社会责任，履行的责任由少到多，由基础层面到建设祖国的高级层面，个体的社会责任能力不断提高，有利于社会责任的承担。

自我意识的发展也有利于大学生社会责任感的形成。自我意识是指正确认识自身与社会的关系、与周围事物的关系。自我意识发展了，就能正确认识自己与他人、与社会的关系，理解了自身的发展离不开社会的进步，只有社会进步了，自身才能得到真正意义上的发展。社会的发展需要社会的每一位成员做出自己的贡献，积极履行责任。个人要获得发展，要融入社会，就要承担对他人和社会的责任。自我意识的完善有利于大学生形成正确的责任认知，培养积

极的责任情感，使大学生更能明白责任的含义与重要性，以更加积极的姿态投入社会责任的履行中。

## 二、对社会责任感的辨别能力

社会的发展和进步，提高了人类的物质生活水平，但是也带来了一些负面的影响。市场利益主体和价值观念多元化，给大学生的道德观念造成了影响。现实生活中人们不止扮演一种社会角色，而是扮演多重社会角色，在不同的利益集体中，每个人所肩负的责任在性质及大小方面存在很大不同，在对不同责任的渴望和期盼中，责任的冲突和选择的两难问题就出现了。道德冲突是不同的道德价值观、社会行为规范和不同的道德理论体系之间的相互碰撞。

在价值体系和社会行为规范的冲突中，大学生需要提升对社会责任感的辨别能力，在道德的冲突中去检验已有的行为是否符合他人与国家发展的需要，行为的结果是否符合正向的情感体验。只有提升对社会责任感的辨别能力，大学生才能坚定自己的理想信念，抛除杂念，抵制功利主义和享乐主义的干扰，形成正确的世界观、人生观、价值观，做一个对国家的发展有所贡献的人。

提升责任冲突中的辨别能力具有积极意义。责任冲突中的辨别能力提高了，能进一步强化大学生积极的责任情感，能够检验自己的责任认知是否正确，判断自己是否具有责任行为能力，看自身的行为是否符合社会和国家的利益。同时，人在道德冲突和选择中，能进一步提高自身认识事物的能力，更加深刻地认识责任感，在选择中提升自己。面对纷繁复杂的社会，大学生要提升面对冲突的辨别能力，履行责任，努力为他人做贡献。

## 三、社会责任意志能力

责任意志是指责任主体为实现责任行为而积极主动地做出不惧困难的努力，包括毅力和自控力。社会责任意志在社会责任感形成过程中占有重要地位，社会责任意志能力是大学生必须具备的能力，它能保证责任行为的顺利实施。具有了一定的责任认知，就会在实践过程中逐步产生责任情感，但是这些责任情感既有积极的责任情感，也有消极的责任情感，在复杂而又多变的社会生活中，责任情感在积极与消极、肯定与否定中转变，此时需要大学生具备责任意志能力，用责任意志来调节。

责任意志能够促使人们的责任情感向积极方向转变，保证责任行为顺利完成。一方面，如果没有坚强的责任意志，大学生在履行责任的过程中，遇到困难就会退缩，遇到困惑就会迷茫，逐渐失去履行责任的信心与勇气。特别是在现实生活中，不负责任的行为增多，如果没有坚强的责任意志，人们就会随波逐流，找借口不承担责任，甚至做出危害社会的行为。另一方面，只有具备了坚强的责任意志，才会遇到困难勇往直前，排除万难完成任务，才会在众人皆醉的社会中保持独醒。

## 四、社会责任行为能力

大学生只有具备社会责任感，才能肩负历史所赋予他们的重担。大学生拥有社会责任感不只是外在的道德要求，更是内心的使命，是自身的道德需要。大学生要努力促进道德要求向内心道德需要转化，从要求的行为转化成自觉的行为。要判断这种转化是否成功，大学生是否具有责任感，最好的检验方式就是看是否表现出社会责任行为。

责任行为是指个体承担责任和履行义务所表现出的行为方式，这种行为方式常规化、固定化后则变成行为习惯。责任行为是履行责任的表现和反应，是责任感形成的重要的能力因素。首先，责任行为可以检验大学生的责任感的强烈程度。对大学生责任行为的考察可以看出大学生社会责任能力的具体情况。看这些行为是短期的还是长期的，是偶尔的还是经常的，是利己的还是利他的，是积极主动承担还是推诿的，从这些行为中可以看出大学生是否具备责任能力，也可以看出责任要求是否已内化为内心需求。其次，责任行为可以增强大学生的社会责任感。增强大学生的责任感，就要坚持责任行为的长期性，偶尔为之的责任行为不能增强责任感。最后，形成的社会责任感可以进一步改善责任行为。大学生具备了社会责任感，才会在行为过程中加深对责任的理解，进一步完善自己的责任行为，坚定自己的责任意志，更好地承担责任，履行责任。

# 第七章　大学生社会责任感外在培育机制

培育大学生的社会责任感，不仅需要注重社会责任感内在的生成机制，加强对大学生个体内在思想的引导，还要加强外在的责任教育，形成外在的培育机制。在外在的培育机制中，培育大学生的社会责任感，需要个人、家庭、学校、社会共同努力，互相配合，形成合力。在这些培育主体中，学校作为实施教育活动的专门机构，对大学生社会责任感的培育起着尤为重要的作用。然而，如前所述，当今部分高校存在理念片面、目标不明确、内容缺乏针对性、方式单一、培育缺乏合力等问题，针对这些问题，学校应积极行动起来，采取有效的措施，形成一套行之有效的培育机制。

## 第一节　大学生社会责任感导向机制

培育的目标具有重要的引导作用，有了目标的引领，责任培育才不会偏离方向。因此，培育大学生的社会责任感，要建立目标导向机制，使责任培育的目标发挥应有的导向作用。构建目标导向机制，就是要树立正确的培育目标，使培育目标具有针对性、有效性。

### 一、坚持系统性和层次性

培育大学生的社会责任感，要树立正确的培育目标，培育的目标要具有系统性。系统性是指社会责任感的培育目标要系统、连贯。培育目标的系统性有以下具体表现。系统性首先表现在培育目标的连续性。大学生在不同的人生阶段其培育目标不同，但是不同阶段的目标要有连续性，不能割裂各个阶段的目标。系统性还表现在与社会主流价值观一致。社会责任感的培育目标要符合社会的主流价值观，要反映出社会的核心价值体系。系统性也表现在与其他教育活动的培育目标相符合，如法制教育、政治教育、文化教育等，这些教育活动的培育目标要形成统一的整体，共同提升学生的综合能力，各种教育活动的目标不能相互排斥。

一些西方国家学校的德育建立在自由主义与个人主义基础之上，与其自由的经济社会基础相适应，自由主义和个人主义强调人的自由、独立和自我发展。同时又完善了法律制度，建立了相当完备的法律体系，用来保护个人的自由。这就十分明确地体现了自由与法律的统一、选择与责任的统一。这种德育培育的好处就是学校德育的目标与社会的主流价值观一致，同时与社会的规则一致，这种系统性的培育目标取得了良好的培育效果。如果没有系统性，责任培育则没有一个共同的奋斗点，各个培育的环节如一盘散沙，不会形成合力。

培育目标有了系统性，还应该有层次性。层次性主要表现在学生不同的发展阶段有不同的培育目标，目标要循序渐进。学校的培育目标要具有层次性，体现在幼儿阶段，责任感的培育目标就是教会学生自己的事情自己做，多做一些力所能及的事情。中小学阶段，主要让学生学会对家庭负责，在家里做一些力所能及的事，承担一部分家庭责任。到了大学阶段，学生应该对社会负责，对国家负责，学校的培育目标应该是循序渐进的，具有层次性，逐步地健全学生的道德人格，逐步地完善学生的责任品质，使学生真正成为一个具有责任感的人。例如，美国高校为高年级学生开设了顶点课程，该课程具有层次性和针对性，是为临近毕业的学生总结、评估和整合大学学习成果而开设的。顶点课程的开设就是目标具有层次性的表现，符合学生年龄阶段的特征。

学校的培育目标应坚持系统性和层次性的统一，不能将二者分裂开来，只有二者有效地结合，责任感培育才能取得良好的效果。

## 二、去功利化

学校教育的目标还应该去功利化，功利化的培育目标培养出的是一个人格不健全的人，是一个道德水平低的人，这样的学生不会对社会和国家做出贡献，甚至会损害整个社会和集体的利益。

去功利化首先做到既关心学生的学习成绩和学术水平的提升，也关注学生道德人格的培养。学校应转变培育目标，不能只关注学生的学习成绩的提升和学术水平的提高，也要关注学生的内心道德需求，健全学生的道德人格。学校如果忽视学生的道德需求，不注意观察学生内心的变化，不及时对学生的心理进行疏导，这样学校就会培育出心理不健全的学生，这样的学生很难对社会有所贡献甚至是危害社会。

去功利化也表现在学校的评价标准去功利化。

第一，评价的内容要科学。高校对大学生的评价不能仅限于学术成果的评价，还要对大学生的责任行为进行评价。对他人的责任行为、对社会的责任行为、对国家的责任行为等都应该纳入评价的内容体系。

第二，评价的主体要多元化。学校对大学生的评价不能局限于教师对大学生的评价，要丰富评价主体，构建学生自我评价、学生之间相互评价、思想政治理论课教师评价、专业课教师评价、辅导员评价的评价体系。

第三，坚持培育过程和结果相统一，把发展性评价与终结性评价结合起来。评价大学生不仅要关注培育活动的效果，也要关注大学生在培育过程中的表现，看其在培育过程中是否努力，是否得到了发展。

## 第二节　大学生社会责任感激励机制

新时代大学生对新鲜事物既好奇又胆怯，期待的事情很多，但随之而来的困惑也很多，比如在承担社会责任的同时，不知道该如何实现，或者做到更上一层楼。所以在培养大学生的社会责任感时，更要注重引导和激励。

第一，可以利用榜样的带头作用，去积极引导大学生的社会责任感的养成。榜样的力量就如同夜晚海上的灯塔，又如同电影屏幕上的画面，使心中的理想具体化和现实化，将期待的东西变为现实，为履行责任行为提供模仿对象。树立榜样的带头作用，可以使大学生寻找到方向，使大学生明白自己的责任与义务，促进自身的发展。我们要与时俱进，紧跟新时代的步伐，将具有广泛群众基础的先进典型，通过网络、报纸等媒介进行宣传，让先进事迹走进校园，走进每个新时代大学生的心里，从而激发他们的潜力，通过楷模的影响，进一步让新时代大学生主动将社会责任意识转化为社会责任行动。

第二，建立完整的社会责任感培育奖惩机制。其主要目的是规范大学生的行为，通过采取奖励和惩罚的手段，使大学生知道什么可为，什么不可为，通过这一措施，提高大学生的整体素质。不仅要采取不同的奖惩措施，而且要注重奖励和惩罚的效果，因为太轻的奖赏和过重的惩罚，在某些时候会产生相反的效果，适度的奖惩作用是不言而喻的，在整个过程中可以使大学生对社会做出正确的责任行为，得到积极的情感体验。正确的奖惩制度有利于加强新时代大学生的责任认同，尤其是对新时代大学生的表扬和鼓励可以使其自身感觉到认同感和成就感。必要的惩罚措施，会对新时代大学生的行为起到约束作用，使其严格要求自己，从而不断增强社会责任感。奖惩机制对新时代大学生的社会责任感培养具有十分重要的作用。所以在新时代大学生责任感培养过程中不可忽视奖惩机制的重要性，而且要从家庭、学校、社会多个方面实施奖惩措施，建立一个完整的奖惩机制。在引导新时代大学生培养社会责任感的过程中，可以采取多种方法，比如通过思想政治教育课的途径，宣传正确的人生价值观，促进大学生社会责任感的培养。

## 第三节　大学生社会责任感保障机制

保障机制主要指大学生社会责任感培养过程中所需的组织、物质、精神和实践保障。

### 一、组织保障

应组织专门的部门和人员进行大学生社会责任感的教育。学校党委领导负责大学生社会责任感教育工作的宏观部署；二级学院领导、学生工作处、共青团负责组织、协调、实施教育工作；思政和人文社会科学任课教师主要负责思想理论教育、人文教育和社会责任感教育；辅导员和班主任负责指导学生的思想、生活和学习；学生会主席负责组织实践活动（志愿服务等）和高校社团活动，班长主要配合辅导员、班主任和学生会主席做好学生工作。这些部门和人员相互监督、相互配合，形成一个共同的教育管理体系。

要加强教师队伍建设。首先，应该提高高校德育工作者的政治地位。一般意义而言，学校较重视能够将理论转化为现代生产力的学科教育，这样就会造成德育空洞，从而降低一些教师的工作价值，由此学生对教师的期望值也逐渐降低，从而影响其思想道德修养的提升。因此，必须充分尊重高校德育工作者，只有这样才能加强学生的心理认同。其次，必须加强师德建设。一个合格的德育教师，必须具备基本的专业素养和崇高的人格魅力，才能给学生树立道德榜样，激发大学生培养社会责任感。

### 二、物质保障

大学生社会责任感的培养归根到底是德育，成果很难量化，且见效慢。加之高校对这一教育的忽略，对教育实践经费的投入力度远远小于对其他学科教育经费的投入。要跳出这一“怪圈”，必须做到以下三点。第一，加大对人文社科教育经费的投入，加强学科建设。第二，必须加大日常经费的投入，用于科研、社会实践和教育工作者培训等。第三，完善基本设施，拓展活动基地，改善教育者的工作条件。

## 三、精神保障

校园文化是大学生社会责任感培养的精神保障，丰富的校园文化和良好的学习风气能够增强大学生的自主意识和创新能力，对其道德品质的培养发挥重要的作用。首先，必须明确大学校训的深刻内涵，不能喊“空口号”。要用严谨认真的态度看待大学教育。高校要加强教风、学风和领导作风建设，教师必须加强理论学习，提高综合素质，为大学生树立榜样，起到以身作则的作用。其次，必须加强校园精神文明建设。弘扬爱国主义、集体主义的主旋律，重视中国传统文化教育，使大学生树立正确的义利观，明确人生目标。最后，以物质文化建设反哺精神文化建设，在校园规划和基础设施建设上注重精神传递、情感熏陶和价值认同。

## 四、实践保障

当前大学生不能仅生存在象牙塔中，他们应与社会密切接触，走出传统的课堂，多参加社会实践活动，多了解社会和国情，为社会多做贡献，不断增强社会责任感。

首先，以校园文化为主要载体，丰富大学生的课外活动。校园文化建设承担着塑造高校人文精神的重要职责，也是大学生形成公民道德的重要途径。高校应高度重视校园文化建设，创新教育宣传和传播载体，为创建和谐校园增添活力。在具体的社会责任感教育中，应该将大学生的行为准则与学校的规章制度结合在一起，形成科学的管理体系。大力开展校园文化活动，如开展勤工助学、实习锻炼及暑期志愿服务等活动，通过这些活动，使大学生得到很好的锻炼，也能够进一步接触各类企业事业单位，陶冶情操、开阔视野，同时也提高了大学生的领导能力和协调组织能力，培养其为社会服务的意识和能力。

其次，积极探索大学生社会实践与专业学习、服务社会的管理体制。从大学生的实际需求出发，锻炼大学生的责任意志，不断建立形式多样的实践基地，为大学生社会责任感的培养提供平台。应充分运用学校、社会团体、传媒及网络等平台，将社会责任感教育渗透到各个领域。通过开展丰富多彩的志愿服务活动，如慰问敬老院的老人、看望留守儿童等，大学生在活动中体验到人生的意义和价值，强化大学生的社会责任感。

最后，建立具有特色和吸引力的大学生社会责任感专题网站。网络技术的迅猛发展为教育提供了很多平台，我们可以充分利用网络的开放性和利用率高的特点，开发有关软件，同时链接其他的德育网站，将责任感教育与其他的德育教育充分联结在一起，提高教育的实效性。

# 第四节　大学生社会责任感调节机制

## 一、建立科学的评价机制

受传统应试教育的影响，我们对大学生的评价往往不够全面、客观，过分强调学业方面的考核和评价，而对思想、道德行为的评价较少，未能形成正确的评价体系，应加快建设科学评价机制，为大学生社会责任感教育提供合理的依据。

### （一）评价机制的原则

1. 层次性原则

社会责任感的培养是一个由低到高，不断深化、不断强化的过程，而大学生社会责任感的辐射范围应该是一个由近及远，由对自己负责，到对他人、社会、国家负责的过程。就大学生个人来讲，从入学伊始到大学毕业，也是大学生社会责任感不断增强的一个过程。

2. 全面性原则

应该从多角度、多层次评价大学生的责任水平状况，不能全盘否定，克服片面的评价方式。

3. 实效性原则

在评价的过程中，要避免走形式主义，及时反馈评价结果，对大学生进行有效约束和监督，改善评价方法。

4. 发展性原则

大学生社会责任感不是一成不变的，随着时代的变迁，它也会随之变化。因此评价内容也必须及时更新，符合时代要求和标准。

### （二）评价指标

习近平总书记曾指出，“大学生必须树立正确的理想信念，要学会对自己负责，对亲人负责，对周围的人和更多的人负责，进而对民族、祖国、社会和人类负责，做一个有价值、负责任的人”。在经济全球化时代背景下，大学生作为经济全球化的重要推动力量，应该肩负更多的责任。因此，应明确大学生社会责任感的评价指标，不断突破单一化、简单化的评价模式，完善评价体系。我们通过对大学生社会责任感的具体内容进行细化，使其在每个领域都能对自己的责任有明确的认识，有利于促使大学生对自己的行为进行检验，实现一定的教育效果。

## 二、建立合理的、全方位的、多层次的激励机制

顾名思义，激励就是激发和鼓励。激励机制是指满足需要，激发动机，引导行动的手段、方式和程序。坚持激励机制是加强对大学生社会责任感培养的具体要求。因此，必须建立合理的、全方位的、多层次的激励机制，奖优罚劣，通过一定的激励手段不断增强大学生的社会责任感。

### （一）必须建立科学的责任考评制度

高校要联合社会团体，明确大学生的责任内容，将考核、评比、奖惩、监督等制度纳入考核体系，规范大学生的行为。比如在评选“优秀大学生”或者“优秀学生干部”等荣誉称号时，应该综合考虑各种因素，将大学生社会责任感这一内容纳入综合考评中，建立责任档案，有助于增强大学生的社会责任感。

### （二）综合运用多种激励手段

以精神激励为主，以物质激励为辅；以自我激励为主，以他人激励为辅；还可以结合榜样激励、目标激励、荣誉激励等手段，实现优势互补，形成丰富的具有中国特色的大学生社会责任感激励机制。

### （三）不能忽视负激励的作用

在高校中，大学生的诚信意识缺失是影响大学生社会责任感有效发挥的重要体现。高校必须对这些诚信意识缺失的大学生进行责任教育，必要时采取一定程度的惩罚措施，以达到鞭策和警示的效果。

## 三、建立家庭、学校、社会、网络四位一体的教育合作机制

外因是事物发展变化的重要条件。我们必须建立家庭、学校、社会、网络四位一体的教育合作机制。在培养大学生社会责任感的过程中，不能单枪匹马，要注重发挥教育的合力。要将一切可以调动的积极因素都调动起来，营造良好的社会责任感教育氛围。打造以学校教育为主，以家庭教育、社会教育、网络教育为支撑的新型教育模式，形成四位一体的教育合作机制。

### （一）加强高校与家庭教育之间的联系

首先，必须畅通信息沟通、反馈渠道，建立家庭、学校信息沟通制度。应建立家庭教育委员会，增进家长、学生、学校之间的感情，形成良好的沟通教育机制。其次，必须重建社会责任感的教育内容。中国的“中庸”思想和明哲保身的思想根深蒂固，家庭教育比较侧重自身利益的教育，尤其是对独生子女娇生惯养，容易养成其自私自利的性格。因此，必须重新确立家庭对大学生的教育内容，培养大学生的独立意识和能力、竞争与协作精神、创新意识、诚信意识等。最后，必须优化家庭教育环境，对其进行生态治理，为学校教育创造可塑空间。

### （二）加强高校与社会教育之间的良性互动

大学生的发展离不开社会，对于大学生的生存和发展状况，社会（各类组织或团体）也承担着重要的使命。社会环境为大学生提供了施展才华的空间，但是也对大学生的各种能力发起了挑战。大学生最终要通过学校的学习步入社会工作，因此必须优化社会环境，强化学校教育的效果。

第一，要为大学生的充分就业创造就业环境。大学生饱读诗书，为的就是找到一份理想的工作，实现自己的理想抱负。优越的就业环境能够激发他们对生活的热爱和对工作的热忱，从而促进其社会责任感的形成。

第二，必须净化社会风气。近年来，拜金主义、享乐主义思想盛行，应加强榜样教育，树立廉洁奉公、作风正派的政府形象，势必会对大学生产生良好的教育效果。

第三，要建立和谐的人际关系。人际关系是一个人发展必不可少的条件，应加强大学生与家人之间、同辈朋友之间、老师之间的沟通和交流，在这一过程中培养互相信任、互相依托的感情。

## （三）加强社会、高校与网络教育之间的互动

随着网络影响力的逐渐扩大，人类生活方式和交流方式也发生了巨大的变化。在相对固定的网络空间中，人们的思想交流和信息资源交互也越发频繁。网络作为大学生获取日常信息最常用、最有效的载体，在大学生的生活中发挥着越来越重要的作用。净化大学生的上网环境对大学生的责任感、是非观等精神观念的形成有着指导性意义。因此，社会、学校必须承担起净化网络环境的责任。

首先，政府要依法治网，提高网络舆情监控能力，实施网络立法。要制定有效的网络伦理规范，对网民进行一定的引导和规范；加大网络信息安全的研究力度，积极开展网络技术监控，抵制不良信息的侵入和威胁；建立虚拟社群中的实名制度，追究上网用户的违法行为，从而构建良好的网络环境。

其次，高校要加强网络道德教育和法制教育。网络对大学生造成的影响是不可估量的，既有积极影响，又有消极影响。因此高校要加强网络道德教育和法制教育，尽可能减少负面信息对大学生造成的不利影响，为大学生提供一个健康的网络空间。

# 第八章　大学生社会责任感教育的目标和路径

在当前经济全球化的背景下，社会价值观呈现多元化，我国大学生的社会责任感问题日益凸显。因此，如何培养大学生的社会责任感已经成为各院校迫在眉睫的任务。本章分为大学生社会责任感教育的目标、大学生社会责任感教育的路径两部分。

## 第一节　大学生社会责任感教育的目标

大学生社会责任感教育的目标是一定时期内实施社会责任感教育所要达到的预期结果。大学生社会责任感教育的目标不是单一的，而是一个目标系统，具有内在的结构。大学生社会责任感教育的目标及其结构既是大学生社会责任感教育主体、客体、介体、环体诸要素相互作用的产物，又对大学生社会责任感教育内容的实施起着制约和指导作用。因此，必须深入分析和研究大学生社会责任感教育的目标和结构。

### 一、大学生社会责任感教育目标确立的依据

大学生社会责任感教育目标作为一定社会责任感教育活动所要达到的预期结果，其形式是主观的，而内容却是客观的。它虽然由大学生社会责任感教育者所制定，体现着教育者的主观愿望和要求，但实质上反映了教育对象和社会发展的客观需要。因此，适应和满足教育对象和社会发展的双重需要，是确立大学生社会责任感教育目标的客观依据。

#### （一）适应社会的发展需要

大学生社会责任感教育是社会实践活动的重要组成部分。它既是社会发展的产物，又是社会进一步发展的条件。适应和满足一定的社会发展需要，是制

定和确立一定的大学生社会责任感教育目标的根本依据。任何社会发展，都是社会基本矛盾运动的结果。生产力是社会发展的最终决定因素。生产力的发展，决定和推动着生产关系和上层建筑的变化与发展，推动着整个社会的变化与发展。大学生社会责任感教育适应和满足一定的社会发展需要，不仅是要适应社会上层建筑和经济基础变化、发展的需要，最根本的，是要适应社会生产力发展的需要。社会发展需要最根本的体现是生产力发展的需要。大学生社会责任感教育为一定社会的上层建筑和经济基础服务，最终是为一定社会生产力的发展服务。生产力和生产关系发展的现实状况和客观需要，对大学生社会责任感教育目标的制定和实施起着决定性的影响。

中国共产党依据马克思主义唯物史观的基本原理，结合我国的实际情况，提出了不同历史时期的奋斗目标和任务，集中体现了我国社会发展的需要。新民主主义革命时期，党提出的经过无产阶级领导的以工农联盟为基础的人民大众的反对帝国主义封建主义和官僚资本主义的革命，建立新民主主义国家的奋斗目标，集中体现了我国近代社会发展的根本需要。党在 1952 年提出的过渡时期的总路线，即在一个相当长的时期内，逐步实现国家的社会主义工业化，并逐步实现国家对农业、对手工业和对资本主义工商业的社会主义改造，则集中体现了从新民主主义社会向社会主义社会发展的需要。自党的十一届三中全会以来，我国进入了一个新的历史时期，党中央提出了以“一个中心，两个基本点”，即坚持以经济建设为中心，坚持四项基本原则，坚持以改革开放为核心内容的建设中国特色社会主义的基本路线，确定了把我国建设成为富强、民主、文明的社会主义现代化国家的奋斗目标，这集中体现了社会主义初级阶段我国社会发展的根本需要。党的最高纲领和最终目标是实现共产主义社会，它反映了社会发展的客观趋势和长远需要。党在不同历史时期提出的奋斗目标和中心任务，反映了社会发展不同阶段的根本需要，为我们制定不同时期的大学生社会责任感教育目标提供了根本依据。大学生社会责任感教育在制定工作目标时，既要立足现实，从实际出发，又要面向未来，超越现实，适应社会未来发展的需要。大学生社会责任感教育目标作为党和国家总的奋斗目标的重要组成部分，只有始终服从和服务于党和国家的总的奋斗目标和根本任务，才能得以科学的制定和有效的实施。

### （二）适应人的发展需要

大学生社会责任感教育不仅要促进社会发展，而且要促进人的发展。因此，大学生社会责任感教育既要适应社会的发展需要，又要适应人的发展需要。适应和满足人的发展需要，是确定大学生社会责任感教育目标的又一重要依据。人的本质是一切社会关系的总和。人的发展是在一定社会条件下从自然人向社会人转变和发展的过程，是逐步增强社会性，形成、发展和完善人的社会本质，成长为合格的社会成员的过程。因此，人的发展不仅包括体力和智力的发展，而且包含社会化所必需的思想道德品质的发展。人的发展是德、智、体、美、劳全面发展的过程。大学生社会责任感教育适应和满足人的发展需要，不仅要适应人的智力、体力的发展需要，更重要的是要适应和满足人的社会责任感发展的需要。因此，适应人的全面发展，尤其是适应人的社会责任感的发展需要，是制定大学生社会责任感教育目标的重要依据。

在人的成长和发展过程中，社会责任感的发展呈现出一定的规律性。人的社会责任感的发展与人的认知能力的发展具有相关性，人的社会责任感的发展是一个内化与外化相统一的过程。大学生社会责任感教育主体在确定社会责任感教育目标时，既要考虑受教育者社会责任感发展的现实状况，又要考虑受教育者社会责任感发展的未来需要。受教育者社会责任感发展的未来需要，就是形成与社会未来发展相适应的社会责任感。不同社会对人的社会责任感的发展乃至人的全面发展有不同的要求，这种要求集中体现在人的培养目标上。我国处于社会主义初级阶段，对人的全面发展的要求是，培养适应社会主义现代化建设需要的有理想、有道德、有文化、有纪律的德才兼备、全面发展的社会主义新人。因此，大学生社会责任感教育要遵循社会责任感形成发展的规律，依据受教育者社会责任感发展的需要和社会对人的培养目标的要求，科学制定社会责任感教育目标，促进人的全面发展。

## 二、大学生社会责任感教育目标的层次结构

大学生社会责任感教育目标的层次不同，不同层次的目标形成了一定的关系及其结构，即目标层次结构。大学生社会责任感教育目标的基本层次是个体目标与社会目标。个体目标与社会目标不仅具有一定的层次结构关系，还包含有不同的层次及其结构。所以，分析大学生社会责任感教育目标结构，需要从分析大学生社会责任感教育目标的层次结构入手。

### （一）个体目标

大学生社会责任感培养的个体目标是从大学生个体的层面上所确立的目标。大学生作为一个个活生生的个体，在他们的思想意识当中既具有共性的成分，又具有个性的一面。从个性中抽取出共性的元素就成为大学生社会责任感

培养的个体目标。如果从一个人的心理过程来分析的话，这个个体目标可以分为认知目标、情感目标和行为目标。

大学生社会责任感培养的认知目标就是让大学生从理性层面上理解并认同社会责任感的重要性，培养与社会责任有关的思想意识，形成符合当前社会所要求的社会责任认识，这个认知能够对个体的社会责任情感产生积极的影响，并且能够指导个体做出符合社会责任认知的社会责任行为。社会责任认知与大学生个体的自我意识有密切的关系。一般来说，有良好自我意识的个体在经过培养之后容易达到这个认知目标；相反，具有不良自我意识的个体在培养过程中要想达到这个目标就要付出更加艰苦的努力。

大学生社会责任感培养的情感目标是在认知目标的基础上所衍生出的情感体验。也就是说，在从理性层面上理解并认同社会责任感的重要性的基础上，出现与之相匹配的内心感受，从内心深处特别愿意为了社会的发展而付出自己的全部，感受到自身的存在与社会的发展是息息相关的，即在形成符合当前社会所要求的社会责任认识的基础上，出现强烈的社会责任情感体验。

大学生社会责任感培养的行为目标是在认知目标和情感目标的基础上，大学生个体将社会责任认知和情感所积聚的社会责任能量外化为社会责任行为，即真正做出符合社会规范的对国家、社会、他人、家庭和自身有意义的行动。因此，大学生社会责任感培养的行为目标是整个大学生社会责任感培养目标的落脚点和最终归宿，也是培养目标是否实现的重要检验标准。

这三个子目标的关系是：认知目标是情感目标和行为目标的统帅，支配着情感目标与行为目标的实现；情感目标是认知目标与行为目标的中介，在二者之间起到调节的作用，情感目标对行为目标起到激励和推动作用；行为目标既是认知目标和情感目标的外化，又是二者是否实现的衡量标准。

### （二）社会目标

社会目标是大学生社会责任感培养的社会宏观层面所要达到的目标。大学生社会责任感的培养不仅要促进大学生社会责任意识的提高和人的全面发展，具有个体目标；还要促进社会的进步与全面发展，具有社会目标。社会目标是比个体目标层次更高的目标。一个社会的发展主要表现为经济发展、政治发展和文化发展，因此，社会目标可以分解为经济目标、政治目标和文化目标，三者是相互联系，相互影响的。

总的来说，大学生社会责任感培养的经济目标是促进社会生产力的发展。生产力发展的一个重要因素就是人，具体来说就是人才因素。从这个意义上讲，人才的素质起到了决定性的作用，社会责任感是人才的基本素质之一，通过教育，大学生的社会责任感显著增强，从客观上起到了调动人才工作积极性、主动性和创造性的作用，直接促进生产力的发展。在当前社会主义初级阶段，我国大学生社会责任感培养的经济目标就是要促进社会主义市场经济体制的建立，促进经济的全面、协调、可持续发展。

社会的发展除了要有一定的经济基础以外，还离不开上层建筑的作用。大学生社会责任感培养的政治目标就是要维护社会主义制度和国家的安定团结，促进我国政治生活的发展与进步，为政治体制改革铺路搭桥。社会责任感教育本身就是为了提升大学生的思想政治水平，从客观上起到加强政治理论学习，坚定政治信念的作用。如果全体大学生都能具有强烈的社会责任感，那么这对于促进社会政治任务的完成和共同政治目标的实现是大有帮助的。

文化软实力是一个国家综合国力的重要体现。大学生社会责任感培养的文化目标就是要促进社会主义文化的全面发展，建设与社会经济和政治发展相适应的社会主义精神文明，提高全民族的思想道德素质和科学文化素质。大学生社会责任感的培养有助于爱国主义、集体主义和社会主义教育的实现，能够增强社会凝聚力，营造良好的社会文化环境，巩固社会主义主流意识形态在全社会的地位。

在大学生社会责任感教育的社会目标中，政治目标居于核心和主导地位。政治是经济的集中表现。政治目标是在经济目标的基础上形成的，但它又高于经济目标。政治目标代表了一定社会阶级阶层、集团的根本的经济利益，实现政治目标是实现经济目标的根本保证。政治目标还决定着文化目标的性质和内容。经济目标是政治目标和文化目标的基础，没有一定的经济目标就不可能产生一定的政治目标、文化目标。文化目标受到经济目标、政治目标的制约，实现文化目标又是实现大学生社会责任感教育经济目标、政治目标的必要条件。因此，大学生社会责任感教育的社会经济目标、政治目标与文化目标构成了一定的层次结构关系。

## 三、大学生社会责任感教育目标的发展结构

大学生社会责任感教育目标从空间上看，具有多维性与层次性；从时间上看，则具有顺序性与阶段性。不同发展阶段的大学生社会责任感教育目标，具有内在的联系及其联结方式，形成了大学生社会责任感教育目标的发展结构。大学生社会责任感教育目标从时间维度和发展阶段上划分，可以分为远期目标、中期目标和近期目标。

### （一）远期目标

远期目标又被称为长远目标，是经过相当长时间的持续努力才能实现的大学生社会责任感教育目标。大学生社会责任感教育的长远目标反映了社会发展的客观趋势和长远需要，贯穿于大学生社会责任感教育的全过程，是大学生社会责任感教育最终要达到的预期结果。大学生社会责任感教育的长远目标指明了社会责任感教育长期奋斗的方向和前景，具有根本性、全局性和战略性，因而又是大学生社会责任感教育的战略目标，对社会责任感教育和人们的思想行为有着重要的战略指导作用。从我们党的大学生社会责任感教育实践来看，长远目标就是要实现共产主义的远大理想。共产主义是人类社会发展的最高阶段，共产主义理想是人类社会最崇高的理想。大学生社会责任感教育的长远目标，就是要使大学生牢固树立共产主义远大理想并努力实现这一理想。而对于个人来说，大学生社会责任感教育的长远目标就是引导受教育者树立远大志向，把个人理想融入社会的远大理想，实现个人一生的发展目标，使受教育者成长为高度社会化的、具有社会所需要的德才兼备的素质，能够对社会有所贡献的人。大学生社会责任感教育的长远目标对社会和个人的思想道德建设有长期重要的导向和推动作用。

### （二）中期目标

中期目标是经过较长时间的艰苦努力才能实现的大学生社会责任感教育目标。大学生社会责任感教育的中期目标反映了社会发展的中期趋势和需要，贯穿于大学生社会责任感教育从开始阶段到中间阶段的发展过程，是大学生社会责任感教育中间发展阶段所要达到的预期结果。大学生社会责任感教育的中期目标指明了大学生社会责任感教育的中期奋斗前景，具有阶段性、局部性和过渡性，是大学生社会责任感教育的战役目标，对社会责任感教育和人们的思想、行为有着重要的指导作用。从我们党的大学生社会责任感教育实践来看，相对于共产主义的远大理想来说，建设中国特色的社会主义，把我国建设成社会主义现代化国家，是社会主义初级阶段我国人民的共同理想，也是大学生社会责任感教育的中期目标。

具体来说，就是至21世纪中叶，经过几十年的奋斗，基本实现现代化，使我国的经济社会发展水平接近世界发达国家。实现共同理想这一中期目标，对今后几十年我国大学生社会责任感教育和人们的思想行为有着重要的影响。从个体的大学生社会责任感教育来看，也有社会责任感教育的中期目标。就个人而言，大学生社会责任感教育的中期目标就是增强受教育者的社会责任感，促进受教育者的迅速成长，实现受教育者人生发展中间阶段的目标。如果把人的一生划分为少年阶段、青年阶段和成年阶段的话，少年阶段主要是成长阶段，青年阶段主要是成才阶段，成年阶段主要是成就事业阶段。从人的一生来看，大学生社会责任感教育的中期目标就是引导受教育者在人生发展的青年阶段成长为德、智、体、美、劳全面发展的合格人才。

### （三）近期目标

近期目标是大学生社会责任感教育在较短时间内能够实现的目标。大学生社会责任感教育近期目标反映了社会和个人发展的现实需要，是大学生社会责任感教育当前要达到的预期结果，具有现实性、具体性、可操作性，是大学生社会责任感教育的战术目标，对社会责任感教育和人们思想行为的发展有现实的指导作用。从大学生的社会责任感教育来看，近期目标就是要引导大学生正确认识和处理改革开放和社会主义现代化建设中的各种现实问题，如国企攻坚、机构改革、改变城乡二元结构，等等，理顺情绪，振奋精神，为改革开放和社会主义现代化建设提供强大的精神动力。对于个人而言，近期目标就是要解决受教育者面临的种种思想困惑，比如在大学阶段引导大学生正确认识和处理成才与做人、治学与恋爱等关系，促进大学生全面发展和健康成长。

## 第二节　大学生社会责任感教育的路径

社会责任感是我们应具备的基本道德素质，是国家不断进步的活力保证，大学生作为社会发展的主要促进者，更加应该具有社会责任感。由于社会环境的复杂性以及大学生自身思想的局限性，一些大学生存在社会责任感缺失的问题，不利于他们的成长和社会的进步，需要引起思想政治教育工作者的重视，并且采取措施加以纠正，逐步提高和完善大学生的道德素质，深化大学生对社会责任感的认知，提升大学生承担责任履行义务的能力。大学生社会责任感的培养不是依靠自发自觉就可以实现的，而是全社会共同努力的结果。对于高校来说，对大学生进行责任感培养是一项重要的教育任务，是当前高校思想政治教育工作中一个重要的研究课题，学校及教师应该在党和国家相关政策方针的指导下，积极完善思想政治教育内容，创新教育方式，尊重大学生的主体地位，通过各方面的共同配合，逐步增强大学生的社会责任感，使得大学生能够真正承担起为国家发展和社会主义建设做贡献的历史使命。

## 一、大学生社会责任感教育的经验

回顾大学生社会责任感教育的历史可知：我国大学生社会责任感教育总体上是成功的，有好多经验值得借鉴。其中最重要的一条就是：坚持中国共产党的领导，与多部门保持密切联系，发挥协同创新作用，体现与时俱进的时代特征。

### （一）要坚持中国共产党的领导

中国共产党是中国革命和中国特色社会主义建设的领导核心，大学生是中国革命的排头兵，他们有知识、有文化、有理想，在革命低谷时容易掀起革命新浪潮，也是中国特色社会主义建设的中坚力量，他们有热情、有抱负、有责任，在建设事业中努力做好祖国的"未来者"和"接班人"。大学生社会责任感教育也是中国革命和中国特色社会主义建设中的一项伟大工程。

以"五四运动"为例。"五四运动"是一场由学生带头，工人、农民、商人、群众等各阶层参加的反帝反封建的群众爱国运动和思想解放运动，揭开了新民主主义革命的序幕，从此无产阶级登上了政治舞台，为中国共产党的成立提供了阶级上、思想上和干部上的条件。"五四运动"联合了广大群众，为中国共产党的成立提供了阶级条件。"五四运动"传播了马克思主义，为中国共产党的成立提供了思想条件。"五四运动"中一些领导者和参与者，后来直接成为中国共产党的领导人之一，为中国共产党的成立提供了干部上的条件。因此，大学生社会责任感教育要以中国共产党的领导为核心，具体包括以下三方面。

1. 要坚持中国共产党的政治领导

中国共产党对大学生社会责任感教育的政治领导主要指中国共产党对有关大学生社会责任感教育的路线、方针、政策等方面的领导，对大学生社会责任感教育的政治立场、政治方向、政治原则、政治道路等方面的领导。党和国家从 1980 年至今颁布了数十个文件，涉及高校思想政治教育和大学生社会责任感教育各个方面。

2. 要坚持中国共产党的思想领导

中国共产党对大学生社会责任感教育的思想领导主要指以马克思列宁主义、毛泽东思想、邓小平理论、"三个代表"重要思想、科学发展观和习近平新时代中国特色社会主义思想为指导，对有关大学生社会责任感教育的理论渊源、理论创新、理论完善等方面的领导，对有关大学生社会责任感教育的思想方法等方面的领导。

3. 要坚持中国共产党的组织领导

（1）坚持党管干部原则

坚持这一原则就是要制定好干部路线，确定大学生社会责任感教育干部选人用人标准，组织大学生社会责任感教育干部接受培训、经受实践锻炼，建设高素质大学生社会责任感教育干部队伍。优化大学生社会责任感教育领导班子的知识结构和专业结构，注重培养选拔政治强、专业精、善治理、敢担当、作风正的大学生社会责任感教育领导干部。深化大学生社会责任感教育干部人事制度改革。

（2）坚持抓好基层工作

抓好这项工作就是要加强大学生社会责任感教育基层组织建设、党员队伍建设，充分发挥基层党组织和模范党员作用，把党有关大学生社会责任感教育的路线、方针、政策和重大工作部署落实到基层。

## （二）要发挥多部门协同创新作用

大学生社会责任感教育是一项系统工程，需要多部门齐抓共管才能取得效果。

1. 从纵向上看

大学生社会责任感教育要国家、地方齐心协力。

首先，国家要发挥大学生社会责任感教育的宏观管理职能。国家职能包括对内职能和对外职能。国家对内行使着政治统治和社会管理的职能，对国内社会、经济、文化、教育、军事、生态、国防、外交等各方面进行宏观管理。大学生社会责任感教育自然也在国家宏观管理范围之内。国家对大学生社会责任感教育的宏观管理体现了两个特性。

一是政治统治性。大学生社会责任感教育更多的是一种思想政治教育，按照思想政治教育定义，思想政治教育具有阶级性，是统治阶级维护阶级统治的工具。因此，国家对大学生社会责任感教育的宏观管理要体现政治统治性。

二是社会管理性。从教育内容看，大学生社会责任感教育关注的是社会责任。社会责任需要人们在社会生活中通过社会活动体现出来，而人们的社会生活和社会活动受到一定社会规范的制约，接受国家对社会的管理。从教育实施者看，大学生社会责任感教育不仅仅是教育部门的事，还涉及社会中的经济、文化、日常等各方面。例如：经济方面，要设立大学生社会责任感教育的专项资金，保证大学生社会责任感教育的有效持续投入；文化方面，要创设大学生社会责任感教育文化氛围，发挥文化育人的独特功能；日常方面，要拓宽大学生社会责任感教育的日常生活渠道。

其次，地方要依据国家方针、政策加强对地方大学生社会责任感教育的管理。地方部门一方面要认真贯彻落实好国家关于大学生社会责任感教育相关的方针、政策，另一方面还要根据地方特色，开展具有地方特色的大学生社会责任感教育，例如，对于红色资源比较丰富的地方，可以将红色资源的开发与利用融入大学生社会责任感教育当中。因此，地方要将国家关于大学生社会责任感教育相关的方针、政策与地方实际相结合。

2. 从横向上看

大学生社会责任感教育要社会、高校、家庭紧密配合。

首先，从名称上看，既然是大学生社会责任感教育，那么必然要涉及社会。另外，从教育方法看，大学生社会责任感教育需要大学生参加社会实践。在社会实践中，必然要受到社会规范、社会有关部门的管理。

其次，高校是大学生社会责任感教育的主要承担者，要将培养有社会责任感的大学生作为目标之一。大学生社会责任感教育的承担者包括社会、高校、家庭等，而高校是专门对大学生进行系统教育的地方，有专业的教师、规范的课程、完整的计划、完善的设施。另外，大学生的大部分时间都是在学校度过的，校园时光是大学生学习的大好时机，大学生社会责任感教育要把握好这一时机。因此，高校是最主要的承担者。

最后，家庭在大学生社会责任感教育中起着潜移默化的作用。大学生社会责任感教育的基础是家庭责任教育。即父母对孩子进行的对自己、对家庭成员的责任教育。总之，社会、高校、家庭有着密切联系，家庭教育是启蒙，学校教育是主要途径，社会教育是家庭教育和学校教育在社会上的扩展和延伸。

## （三）要与时俱进

与时俱进是马克思主义关于一切事物都是联系、变化、发展的表达，也是马克思主义的一大特征。与时俱进指的是站在社会时代前列和实践前沿，坚持解放思想，实事求是，一切从实际出发，开拓进取，准确把握时代特征，在大胆探索中继承发展。大学生社会责任感教育要与时俱进就必须做到以下几方面。

1. 要体现进取性

大学生社会责任感教育要有一种时不我待、不进则退的紧迫感，要有一种历史忧患意识，要有奋发有为的精神和不甘示弱的雄心壮志。

2 要体现时代性

大学生社会责任感教育的理论和人们对大学生社会责任感教育的认识要跟上社会的步伐和时代的发展，不仅要与时代同步，还要把握世界发展大趋势。

3. 要体现开放性

大学生社会责任感教育要求人们有世界眼光和战略眼光，在分析问题、解决问题时，一方面要着眼国内现实与未来的情况，另一方面还要着眼世界现实与未来的情况。

4. 要体现创新性

大学生社会责任感教育的创新性要求人们不断发现和掌握关于大学生社会责任感教育的新真理，从而避免大学生社会责任感教育的真理可能因跟不上事物的发展变化而产生偏差或变为谬论。由我国大学生社会责任感教育的历史进程可知，我国大学生社会责任教育在各方面都体现了与时俱进的特征，都体现了进取性、时代性、开放性、创新性。新民主主义革命时期，处在水深火热中的中华民族开始了艰苦斗争，体现了忧患意识、奋发有为的斗争精神。此时期大学生社会责任感教育以培养进步青年为目标，使他们承担起反帝反封建的社会责任。

五四运动前后，十月革命为我国送来了马克思主义，开启了社会主义革命新的时代。期间，一些留日的中国学生向国内陆续介绍了一些有关马克思主义的词汇和相关译作。例如，当时留学日本东京的中国留学生马君武先后结识并拜见了梁启超、孙中山等先进分子，走上了民主革命道路，于 1903 年在《译书汇编》上发表了《社会主义与进化论比较》一文。为动员广大大学生积极参加革命，肩负历史给予的改造社会的历史重任，毛泽东在《湖南自修大学创立宣言》中指出："自修大学学生不但修学，还要有向上的意思……为革新社会做准备。"毛泽东在《入学须知》中更是明确规定："我们的目的在于改造现实社会。"社会主义建设时期，全国各族人民在"一个中心，两个基本点"的建设路线指引下，掀起了建设社会主义的高潮。这时大学生社会责任感教育以培养德、智、体、美、劳全面发展的大学生为目标，使他们成为合格的社会主义建设者和接班人。这一时期，高校思想政治教育和社会责任感教育得到进一步发展，在大学生中开展了反对唯心主义的思想教育，并围绕巩固新生政权和恢复国民经济对大学生进行社会责任感教育。改革开放在为我国带来许多利益的同时，也带来不利影响，出现了享乐主义、利己主义等不良思潮，侵蚀着大学生的世界观、人生观、价值观。这一时期，大学生社会责任感教育主要以邓小平理论教育、“三观”教育、素质教育、民族精神教育、“三讲”教育等为内容。

## 二、大学生社会责任感教育的路径

### （一）以创新创业教育为契机

广义的创新不只是指一种经济行为，在本质上是现实的人进行的有目的的创造性实践活动。广义的创业不只是建立新企业，兼有经济、政治和社会意义。创新与创业是“双生关系”：创业不是创新，创新也不是创业；创业不一定涉及创新，创新也不一定涉及创业；成功创业离不开创新，成功创新也往往在创业过程中产生。“创新”后面加“创业”实质是内在规定了创新的应用属性，是指向创业的创新，重在应用的创新。“创新创业教育”既包含了“创新教育”“创业教育”的科学内涵，又不与二者简单等同，成为一个综合的教育系统。既彰显了国家战略，又表达了社会需求，既突出了本质规定，又明确了价值取向，成为新时期科学引领高等教育改革与发展方向的全新教育理念和模式。

1. 创新创业教育与大学生社会责任感教育的联系

（1）创新创业教育与大学生社会责任感教育在目标上契合

创新创业教育以培养具有创新创业基本素质和开创型个性的人才为目标。新时代大学生社会责任感教育以培养为实现中华民族伟大复兴而奋斗的时代新人为目标。从终极目的上来看，创新创业教育蕴含丰富的价值。

①创新创业教育的价值形态。创新创业教育的价值理想是根本与核心，创新创业教育的价值目标是创新创业教育价值理想的具体化，创新创业教育的价值存在则是价值的展示。

②创新创业教育的“终极价值”。“转化”是一种质的改变，由接受创新创业知识到形成创新创业智慧，由新发明、新发现、新创造到知识资本化，由创新创业意向到采取创新创业行动。

③创新创业教育的“转识成智”。“转识成智”就是把知识转化为智慧，知识与智慧的关系是哲学的基本问题之一。科学知识的进步能解决人生观问题。要求创业教育教师有“转识成智”的能力，以智慧促进知识的实际应用，全面提升综合素质，具有反思、批判和变革的精神。

④创新创业教育的“转知成资”。“转知成资”就是把知识转化为资本。创业教育是学术界和企业界之间联系的纽带，需要将教学和科研与知识资本化

紧密结合，深入挖掘科技成果中的“商业价值”和“创新价值”，积极促成知识资本化和创新商业化，使高校更好地为经济与社会发展服务。

⑤创新创业教育的“转意成行”。“转意成行”就是把创业意向转化为创业行为。创业意向与创业行为联系紧密。创业意向是将创业者的注意力、精力和行为引向某个特定目标的一种心理状态，是创业者进行创业的前提条件，是潜在创业者对从事创业活动与否的一种主观态度或心理准备状态及其程度，是个人采取创业行为的倾向程度大小。中国大学生的创业意向一般概念较模糊，没有创业经验；有创业意向的大学生比例较小；没有自主创业意识。创业意向与高校支持呈正相关，高校发展水平对个人创业意向具有显著的影响。因此，要增强创新创业教育的实效性，创造条件使大学生获得实际创业体验和创业经历。社会责任感教育目标明晰了创新创业教育的价值导向，培养为实现中华民族伟大复兴而奋斗的时代新人是高校创新创业人才培养的首要目标。为此，要促成个人价值与社会价值的融合，体现富有时代意义的核心价值与主流文化，培养具有国家情怀和人文情怀的创新创业人才。社会责任感教育目标是使新时代大学生形成正确的创业观的重要前提。为此，要促成个人成长与职业发展的融合，形成科学的创业规划。社会责任感教育目标是使新时代大学生形成创业人格的基本要求。为此，要促成物质财富与精神财富的统一，构建社会责任感培养的有效机制，使创新创业教育成为有效场域。在创新创业教育目标中，“创新创业基本素质”要体现在创新创业者个人的综合素质之中，是体现创新创业者个人价值的根本。“开创型个性”是“创新创业基本素质”中的重要内容，在一定程度上决定了“创新创业基本素质”的获得。而“创新创业基本素质”的获得又有利于“开创型个性”的培养。

因此，“创新创业基本素质”与“开创型个性”相互促进，共同促进创新创业教育目标的达成，最终有利于创新创业者个人的发展以及创新创业者个人自我价值的实现。然而完整的人生也需要全面实现完整的人生价值。完整的人生价值包括自我价值和社会价值，是自我价值和社会价值的统一。如果说创新创业教育目标体现个人价值，那么新时代大学生社会责任感教育目标则更多体现人的社会价值。二者的教育目标在实现完整的人生价值这一更高层次目标上达到契合。

（2）创新创业教育与大学生社会责任感教育在内容上相通

创新创业教育的内容包括“术”和“道”两个方面的教育。创新创业教育中“术”的教育指创新创业相关理论知识、技能、政策、制度等方面的学习和培训。创新创业教育中“道”的教育指创新创业教育要培养人们具有为实现中华民族伟大复兴中国梦而创新创业的伟大理想，坚定创新创业的信念不动摇，将个人创新创业之路与国家、民族、社会的前途命运联系在一起。同样，大学生社会责任感教育的内容也包括“术”和“道”两个方面的教育。大学生社会责任感教育中“术”的教育指大学生在承担社会责任时需要的知识储备、技能水平、实践能力等方面的教育。大学生社会责任感教育中“道”的教育指大学生如何树立为实现中华民族伟大复兴中国梦而承担社会责任的理想。创新创业教育与大学生社会责任感教育在内容上相通具体表现为以下几点。

①创新创业教育与大学生社会责任感教育在“术”的教育内容上的相通。创新创业相关理论知识包括古今中外创新创业史、创新创业理念、创新创业理论基础等。在中外创新创业史的教育中，中外创业者的成功和失败可以为创新创业教育提供生动的案例，有利于开展案例教学。在创新创业理念的教育中，在旧的创新创业理念指导下不易找到好的工作，无奈之下进行创业，创业成功的标志也仅仅是通过创办企业获得更好的生活。新的创新创业理念则不仅限于此，还包括学业、就业、创业、事业的统一，创新创业教育的全程化、全员化等。创新创业理论基础的教育包括马克思主义关于联系、发展、矛盾的哲学原理及方法论，创新创业心理学，大学生职业规划等。创新创业的技能水平是创新创业能否成功的关键，包括专业技能、人际交往技能、心理调节技能，专业技能是根本、人际交往技能是保障、心理调节技能是支撑。创新创业教育政策包括国家、省市、学校等制定的政策，通过这方面的教育使人们在创新创业方面得到更多的支持，同时也避免因违反相关政策规定而给创新创业带来不必要的麻烦。大学生承担社会责任的知识储备主要是专业知识，大学生在专业知识的学习上要“精”“准”，同时还要涉猎其他领域的知识，提高专业技能。

②创新创业教育与大学生社会责任感教育在“道”的教育内容上的相通。创新创业中的理想教育包括个人理想、家庭理想、社会理想。其中，个人理想包括通过创新创业提升自己的自豪感、自我效能感。家庭理想包括通过创新创业给家庭带来荣誉等。社会理想包括通过创新创业为社会树立学习的榜样。创新创业是一项“摸着石头过河”的事业，面对困难和失败，人们要树立不怕困难，勇于胜利的信心。创新创业虽然是个人的事，但是如果创新创业的项目不符合社会和国家的利益也难以成功。对于新时代大学生而言，新时代赋予大学生崇高的社会责任。而崇高的社会责任要以大学生的个人责任、家庭责任为基础。大学生在履行社会责任和义务的过程中，同样会面临一些困难，同样也需要越挫越勇的信心。

2. 在创新创业教育中融入大学生社会责任感教育

（1）在创新创业教育的校园文化中融入大学生社会责任感教育

高校校园文化是以大学生为主体，以大学生的课外活动为主要内容，以高校校园为主要空间，以高校校园精神为主要特征的一种群体文化，主要包括以大学生为代表的文化观念以及他们特有的思维特征、行为特征，其中高校校园风气最能体现高校校园文化本质。或者说，高校校园文化包括高校校园建筑设计、校园景观等物化形态的文化和高校的传统、高校校风、高校学风、高校师生及其他人员间的人际关系、集体舆论、各项规章制度、心理氛围等非物化形态的文化。高校校园文化具有互动性、渗透性、传承性等特征，具有提高师生科学文化和思想道德素质，培养良好的道德情操，营造生机勃勃、积极向上氛围的功能。因此，各高校都要重视校园文化的建设。创新创业教育与大学生社会责任感教育要相得益彰，共同发展，离不开一种将二者融为一体的高校校园文化。如何在创新创业教育的校园文化中融入新时代大学生社会责任感教育？这就需要充分发挥高校创新创业校园文化的德育功能，使高校校园文化服务于大学生社会责任感教育。

①打造“榜样育人”高校校园文化。文化与高校的结合，必然使得文化具有教育意义。“榜样的力量是无穷的”，说的就是榜样蕴含着巨大的教育能量。正因如此，榜样教育法也成为思想政治教育方法体系中一种重要的教育方法。在创新创业教育中，通过先进人物报告会、主题宣讲会、主题班会等形式，结合微信、微博等新媒体平台，宣传报道创新创业典型人物，把他们在创新创业中的感恩奉献、诚实守信、家国情怀等优秀品质传递给新时代大学生，让大学生明白创新创业不仅是为了自己获利，更是承担社会责任的体现。

②在高校校园环境的美化中融入社会责任元素。可在诸如教室、展览厅、操场、食堂、图书馆、孵化基地、创新创业实训基地等与创新创业相关场所张贴爱国敬业、知法守法、社会责任等宣传标语，让大学生意识到艰苦奋斗、工匠精神、乐于奉献、勇于担当的重要性。

③打造创新创业的实践性高校校园文化。文化是由人在实践中创造的，文化也只有反作用于实践才有实际意义。可见，文化的来源与去向都指向实践。因此，文化必然带有实践性，从这一意义上说文化是一种实践性文化，而不仅仅是一种理论性文化。相应地，高校校园文化是由师生在教育教学活动中创造的并反作用于教育教学这一实践性活动的文化。而创新创业不仅仅停留在理论层面，更重要的是在实践层面，如大学生创新创业活动、创业竞赛等。在这些

创新创业实践活动中，把大学生社会责任感教育融入其中，以社会责任感教育保障创新创业教育的质量。

（2）在创新创业教育的课程内容中融入大学生社会责任感教育

课程内容是开展创新创业教育和大学生社会责任感教育的重要载体。高校课程内容体系按照不同方法可以分为不同类型。例如，有专业课程内容和非专业课程内容之分，有必修课程内容和选修课程内容之分，有理论课程内容和实践课程内容之分。

①在创新创业教育的专业与非专业课程内容中融入大学生社会责任感教育。目前高校课程内容体系朝着两个看似矛盾实则统一的方向发展：一是高校课程内容体系越来越精细化，某一学科体系可以分为多个层次；二是高校课程内容体系越来越趋于融合，一些交叉学科、边缘学科的课程体系内容不断出现。高校大学生的学习模式是按照学院、专业来编排的，大学生普遍都重视自己的专业学习，而对非专业的学习不怎么重视。其原因是绝大多数大学生对自己的专业的选择都是出于自己的意愿。这种对专业课程内容的一厢情愿导致大学生在非专业课程内容上的精力减少。这一方面有利于大学生对创新创业专业课程内容的学习，另一方面在一定程度上阻碍了大学生对非专业课程内容的学习。为此，要通过责任感教育使得大学生明白他们也应该担负起学习非专业课程内容的责任。

②在创新创业教育的必修与选修课程内容中融入大学生社会责任感教育。创新创业教育必修课程内容包括创新创业教育公共课程内容、基础课程内容和专业课程内容。创新创业教育选修课程内容有的是为介绍创新创业教育最新研究成果，有些是为扩大学生知识面，有些是为满足学生的兴趣爱好，发展某方面的才能。学好创新创业必修课是培养新时代大学生的职责，而创新创业选修课的设置也为大学生如何选课提供了空间。他们对自身承担的学习责任在很大程度上影响了他们对创新创业课程内容的选择。

③在创新创业教育的理论与实践课程内容中融入大学生社会责任感教育。创新创业教育除了创新创业技能教育之外，主要是创新创业相关理论课程内容的教育教学，包括创新创业意识、创新创业品德。新时代大学生社会责任感教育除了承担社会责任的技能教育之外，主要是社会责任意识教育。二者都与高校思想政治理论课相联系，也都在高校思想政治理论课教育教学范围之内。在创新创业教育的理论教育教学中，创新创业不光停留在办企业、开公司等经济活动领域，还存在于其他社会领域。可以说创新无处不在，无时不有。因此，大学生社会责任感教育相关理论也存在理论创新的空间。创业需要创新，创业

是实践，创新是理论。创新创业教育这一表述体现了理论教育与实践教育的统一。创新创业教育的实践课程内容包括校内实训、校外实习等。在创新创业的校内实训教学中，要使学生热爱实训设备，从而培养爱护公物的良好品德和相关责任。教师可以把爱护实训设备的责任分解到各组，再由各组分解到个人。创新创业教育的校外实习是校内实训和实际工作的过渡。教师可以在校外实习前做好校内实训的总结，将校内实训的责任教育的成果融入校外实习时的责任教育之中，做好责任教育的动员工作。进行校外实习后，学校要与实习单位相互配合，做好社会责任感教育。

（3）在创新创业教育的师资建设中融入大学生社会责任感教育

在大学生社会责任感教育中，大学生是教育主体，教师是主导。虽然大学生社会责任感教育的成效最终靠学生的社会责任行为来体现，但是教师在其中起着主导的作用。这在创新创业教育中也一样，教师在创新创业教育中也起着非常重要的作用。因此，如何在创新创业教育中融入大学生社会责任感教育，建设一支强大的师资队伍显得尤为重要。

①加大创新创业教育师资在职培训力度。高校辅导员、学生工作处人员、就业指导部门人员、经济管理类教师等构成目前高校创新创业教育师资力量的主体，他们有的在大学生社会责任感教育方面知识和经验相对欠缺。因此，要加强对以上人员的培训，提升他们的政治素养，拓宽他们的知识面，提升他们的素养。高校辅导员要努力学习学生事务管理方面的知识，做好学生的思想政治工作，还要掌握心理咨询技术。学生工作处要全面协调学生思想政治工作、学生行为规范管理和学生成长成才。就业指导部门要发挥创新创业教育的核心作用，除了提供就业信息、创业政策、毕业生服务之外，还要发挥其教育功能，在创新创业的管理中进行创新创业教育和相关责任教育。经济管理类教师要夯实自己有关创新创业的知识基础，还要与创新创业人士做朋友，把他们的案例加工提炼，为教育教学服务。

②扩充具有思想政治教育尤其是社会责任感教育背景的创新创业师资资源。通过教师招聘、内部转岗、人才引进等方式扩充具有思想政治教育尤其是社会责任感教育背景的创新创业师资资源。在扩充师资力量过程中，除了要考虑创新创业教育所必需的知识和技能，还要考虑创新创业教师的思想政治素质和道德水平。

③搭建平台，促进教师之间的交流。高校要搭建平台，促进创新创业专兼职教师、思想政治理论课教师、心理健康教育教师、创新创业导师之间，就如

何把大学生社会责任感教育融入创新创业教育开展交流，让有效的教学方法、先进的教育理念等在交流中得以传播。

## （二）以社会主义核心价值观教育为引领

大学生社会责任感教育要朝着正确的方向前进需要以社会主义核心价值观教育为引领。二者都是一种马克思主义教育、思想政治教育和道德教育。在国家层面、社会层面和个人层面，社会主义核心价值观要与大学生社会责任中的国家责任、社会责任、个人责任相对应。所以，二者在许多方面存在一定的共同点，这使社会主义核心价值观教育能够在一定程度上引领大学生社会责任感教育。

1. 社会主义核心价值观教育与大学生社会责任感教育的联系

（1）社会主义核心价值观教育与大学生社会责任感教育有着共同之处

社会主义核心价值观教育与大学生社会责任感教育都是一种马克思主义教育，又是一种思想政治教育，也是一种道德教育，并且都具有历史性、现代性和未来性的特征。

首先，二者都是一种马克思主义教育。马克思主义理论是我们认识世界和改造世界的思想武器，是我们立党立国的指导思想，是中国特色社会主义事业的指导思想，对新时代大学生学习、生活、成长、成才以及未来工作都有人生指导意义。马克思主义理论包括马克思主义哲学、政治经济学和科学社会主义。社会主义核心价值观中的各个层面以及每个层面中的各个部分和大学生社会责任中的国家责任、家庭责任、个人责任都体现着马克思主义哲学关于一切事物都是联系发展的原理。政治经济学是一门研究社会生产、资本、流通、交换、分配和消费等经济活动、经济关系和经济规律的学科。社会主义核心价值观教育和大学生社会责任感教育正是在社会主义市场经济的完善和发展中产生的，并为其服务。科学社会主义是关于社会主义本质、性质、特征和发展规律，关于无产阶级解放的学说。我国的核心价值观不是资本主义核心价值观而是社会主义核心价值观，我国大学生承担的社会责任也应该是有利于解放和发展生产力这一社会主义本质的实现的。

其次，二者都是一种思想政治教育。思想政治理论课是大学生接受思想政治教育的主渠道。马克思主义理论研究和建设工程重点教材《思想道德修养与法律基础》（2018 年版）中有一章系统全面地介绍了社会主义核心价值观教育。社会上出现了许多有关大学生社会责任感教育的著作。例如，魏进平等合著的《全国大学生社会责任感调查报告》，魏娜著的《90 后大学生社会责任感调查报告》，魏海苓著的《责任与担当：大学生社会责任感养成机制研究》，包雅玮、程雪婷合著的《青年大学生社会责任感培育研究》，等等，这些著作都可以作为大学生社会责任感教育的参考资料。此外，二者都是一种道德教育。为人民服务是一种高层次、高境界的美德。社会主义核心价值观所描述的社会是广大人民所向往的理想社会，反映了最广大人民的价值诉求。有社会责任感，勇于承担社会责任是大学生拥有良好道德品质的表现。

最后，二者都具有历史性、现代性和未来性特征。社会主义核心价值观是从社会主义核心价值体系中提炼出来的，社会主义核心价值体系是从“八荣八耻”社会主义荣辱观中丰富起来的，具有历史性特征。社会主义核心价值观同当今中国最鲜明的时代主题相适应，是当代中国精神的集中体现，具有现代性。社会主义核心价值观是当代中国发展进步的精神指引，指引着共产主义这一理想社会的实现，具有未来性特征。大学生社会责任感教育继承和发展了历史上社会责任文化及社会责任感教育思想，具有历史性特征。社会责任在不同时代有不同侧重点，新时代的社会责任有新的主题，新的社会责任担当又为未来社会责任担当奠定基础。因此，大学生社会责任感教育又具有历史性和未来性特征。

（2）社会主义核心价值观教育与大学生社会责任感教育有着对应一致的内容

社会主义核心价值观各个层面以及各个层面中的各部分内容与大学生社会责任各个部分有一致的地方。例如，社会主义核心价值观国家层面的“富强”指的是国家要强大起来，为此就要实现中华民族伟大复兴中国梦，而实现中华民族伟大复兴中国梦是新时代大学生最重要的社会责任。社会主义核心价值观中的“民主”就是要坚持以人民为中心的思想，坚持全心全意为人民服务的宗旨，健全和完善人民当家作主制度体系，坚持人民民主专政，坚持走中国特色社会主义政治道路。这其实也就是新时代大学生的一种政治责任。社会主义核心价值观中的“自由、平等、公正、法治”反映了人们对美好社会的期望和憧憬。一个“自由、平等、公正、法治”的社会也是一个和谐的社会。家庭是社会的细胞，社会和谐的根基在家庭和谐。家庭责任也是新时代大学生的一种重要责任。社会主义核心价值观中的“敬业”就是要干一行、爱一行、专一行，不断提高职业道德水平和职业技能水平，在自己的工作岗位上为社会做出最大贡献。虽然大学生还没正式步入社会从事某种职业，但是学业也可以看成大学生的一种职业。教育部在 2018 年的《教育部关于狠抓新时代全国高等学校本科教育工作会议精神落实的通知》中指出要加强学习过程考核，严格考试纪律、严把毕业出口关，取消“清考”制度。可见，学业责任也是大学生的一种重要责任，在学习上做到“敬业”也是一种对自己负责任的表现。社会主义核心价值观中的“诚信、友善”体现的是人与人之间一种美好的关系，这种关系可以被视为一种自己对他人的责任。

2. 在社会主义核心价值观教育中融入大学生社会责任感教育

（1）在社会主义核心价值观国家层面教育中融入大学生社会责任感教育

社会主义核心价值观在国家层面提炼为“富强、民主、文明、和谐”，这与十九大报告提出“把我国建设成为富强民主文明和谐美丽的社会主义现代化强国”的奋斗目标相一致。其中，“富强”可以看作经济建设，“民主”可以看作政治建设，“文明”可以看作文化建设。因此，在社会主义核心价值观国家层面教育中融入新时代大学生社会责任感教育可以从以下方面入手。

一是在“富强”价值观教育中融入大学生的经济建设责任教育。社会主义核心价值观中的“富强”价值观就是要实现国富民强。实现国富民强就是要解放和发展生产力，解放和发展生产力主要靠科学技术，因为科学技术是第一生产力。生产力包括劳动者、劳动资料和劳动对象，其中劳动者是决定生产力水平的重要因素。新时代大学生正处在学习科学技术的关键时期，要把握大好时光，努力学习科学文化知识，为中国特色社会主义经济建设贡献力量。

二是在“民主”价值观教育中融入大学生的政治建设责任教育。社会主义核心价值观中的“民主”价值观就是要发展社会主义民主政治，就是要坚持中国特色社会主义政治发展道路，健全人民当家作主制度体系，巩固和发展爱国统一战线，坚持“一国两制”，推进祖国统一。大学生要心系国家和民族的前途命运，认识我国社会主义民主政治制度与西方国家民主政治制度的不同之处，增强对我国民主政治制度的自信心，还要将国家意义上的民主政治制度运用到学校层面上来，在学校的学习和生活中营造民主氛围。

三是在“文明”价值观教育中融入大学生的文化建设责任教育。社会主义核心价值观中的“文明”价值观就是要提高广大人民群众的科学文化素质和思想道德素质，使物质文明和精神文明协调发展。就学校范围来说，可以通过“文明校园”“文明学院”“文明班级”“文明寝室”等评选活动增强大学生的责任感，还可以通过学校文化建设来增强大学生的文化建设责任感。

（2）在社会主义核心价值观社会层面教育中融入大学生社会责任感教育

社会主义核心价值观在社会层面提炼为“自由、平等、公正、法治”，这是社会主义和谐社会的必要要素。在社会主义核心价值观社会层面教育中融入大学生社会责任感教育要从大处着眼，从小处着手。从大处着眼就是要教育大学生深刻理解“自由、平等、公正、法治”的社会主义核心价值观回答了我们要建设什么样的社会这一问题，认识到“自由、平等、公正、法治”的社会主义核心价值观与实现国家治理体系和治理能力现代化的要求相契合。从小处着手就是要在学校这个小社会中教育新时代大学生要时时刻刻以“自由、平等、公正、法治”的社会主义核心价值观指导自己的学习和生活，处理好自己与自己、自己与别人、自己与教师、学习与恋爱、学业与毕业等各种矛盾关系，在校外实践活动中要遵守社会规范和社会公共秩序，为建设社会主义和谐校园和社会主义和谐社会贡献力量。

（3）在社会主义核心价值观个人层面教育中融入大学生社会责任感教育

社会主义核心价值观在个人层面提炼为“爱国、敬业、诚信、友善”，对大学生而言就是要处理好自己与国家、自己与学业、自己与自己、自己与他人的关系。这些关系涉及大学生的个体责任，自己与国家的关系涉及自己对国家承担的责任，自己与学业的关系涉及自己对自己学业承担的责任，自己与自己的责任涉及自己对自己承担的责任，自己与他人的关系涉及自己对他人承担的责任。大学生处理好自己与国家的关系首先就是要爱国。爱国主义是中华民族的优良传统，是中国革命、改革和建设取得胜利的精神动力之一。大学生爱国主义教育就是要让大学生在中国历史教育中树立起为建设社会主义现代化强国，实现中华民族伟大复兴中国梦而奋斗的理想，并以高度的社会责任感来激励自己。大学生处理好自己与学业的关系首先就是要敬业。这就要在理论上教育大学生认识到学业与敬业的关系，在实践中通过课堂管理、学业考评、学习规划、学习辅导等方面规范大学生的学习行为，解决学习中的困难。大学生处理好自己与自己的关系首先就是要讲诚信。这就要教育大学生不要自欺欺人，否则摧毁的是自己，这也是一种对自己不负责任的行为。大学生处理好自己与他人的关系首先就是要友善。这就要教育大学生在人际交往中怀着一颗善良的心，想他人之所想，急他人之所急，与人为善。

## （三）以中华优秀传统文化教育为起点

大学生社会责任感教育以中华优秀传统文化教育为起点，基于以下原因。①文化包括社会责任文化，相应地，文化教育自然包括社会责任文化教育。就教育本身而言，教育要以文化为起点，教育本身也具有文化性。②文化的形成与发展是一个日积月累的过程。中华优秀传统文化更是一个去粗取精，去伪存真，由此及彼，由表及里的过程。“天下兴亡，匹夫有责”激励着一代代中国人为中华民族的兴旺发达而奋斗。大学生也要继承和发扬“天下兴亡，匹夫有责”这一中华民族优秀传统责任文化中的责任精神。

1. 中华优秀传统文化教育与大学生社会责任感教育的联系

（1）中华优秀传统文化蕴含着丰富的社会责任思想

中华优秀传统文化是中国文化的根和源头，中华优秀传统文化不仅含有丰富的社会责任思想，而且渗透进中国人的血液和生活中。中国传统文化已经成为中国人的思维主轴和行为主轴，是中国人生活方式和生存方式的一个组成部分。如果大学生社会责任研究不与中华优秀传统文化相结合，就不能融入大学生的日常行为中去。中华优秀传统文化大体可以分为官方的优秀传统文化和非官方的优秀传统文化。这两方面各自都蕴含着丰富的社会责任思想。

①官方优秀传统文化中的社会责任思想。官方优秀传统文化一般体现在官员、思想家及其著作中。例如，出自孔子为《周易》写的《象传》中的“天行健，君子以自强不息；地势坤，君子以厚德载物”。这两句话的意思是宇宙不停运转，人应效法天地，永远不断地前进。大地的气势宽厚和顺，君子也应该像大地一样，提高自我道德修养，增厚自己的美德，以便能够容载万物。然而要达到这样一种状态，君子就应该担当起自我提升的责任，从而为担当社会责任奠定基础。中华民族是一个具有忧患意识的民族。《易传》说：“君子安而不忘危，存而不忘亡，治而不忘乱。”这句话的意思是说君子在安定的时候不能忘记可能出现的危险，在生存的时候不能忘记可能的灭亡，国家安定、治理有序的时候不能忘记可能出现的祸乱。这就是我们所说的“居安思危”。近年来，“忧患意识”一词频繁出现在党和政府的文件及领导人的讲话中，影响当代中国人的价值观念和中国的发展道路。虽然新时代我国各方面都处在平稳当中，但是新时代大学生要有危机意识、忧患意识、责任意识。2015 年习近平在向中华全国青年联合会第十二届委员会全体会议、中华全国学生联合会第二十六次代表大会发来的贺信中说到“士不可以不弘毅，任重而道远”，以此勉励全国各界青年、大学生要关心国家的前途、民族的命运、人民的幸福，自觉承担起应该承担的责任。

另外，《离骚》中的“吾将上下而求索”，《孟子》中的“穷则独善其身，达则兼济天下”“乐以天下，忧以天下”，《吕氏春秋》中的“士之为人，当理不避其难，临患忘利，遗生行义，视死如归”，张载的“为天地立心，为生民立命，为往圣继绝学，为万世开太平”，《后汉书·李膺传》中的“欲以天下风教是非为己任”，程颢、程颐弟子整理的《二程遗书》中的“大抵上意不欲抑介甫，要得人担当了”，文天祥奏折中的“天下有事，凡能担当开拓排难解纷，惟其才耳”，顾宪成的“当京官不忠心事主，当地方官不志在民生，隐求乡里不讲正义，不配称为君子”，陈继儒的“大事难事看担当，逆境顺境看襟度，临喜临怒看涵养，群行群止看识见”，王船山的“匡维世教以救君之失，存人理于天下者，非士大夫之责乎？”等，都蕴含着丰富的担当社会责任的思想。

②非官方优秀传统文化中的社会责任思想。非官方优秀传统文化这里指民间具有乡土气息的优秀传统文化。恩格斯在《德国民间故事书》中说道：“民间故事书的使命是使农民在繁重的劳动之余，傍晚疲惫地回到家里时消遣解闷，振奋精神，得到慰藉，使他忘却劳累，把他那贫瘠的田地变成芳香馥郁的花园；它的使命是把工匠的作坊和可怜的徒工的简陋楼阁变幻成诗的世界和金碧辉煌的宫殿，把他身体粗壮的情人变成体态优美的公主。但是民间故事书还有一个使命，这就是同《圣经》一样使他们有明确的道德感，使他们意识到自己的力量、自己的权利和自己的自由，激发他的勇气并唤起他对祖国的热爱。”由此可见，民间故事承担着三个社会责任：一是为辛苦劳作之后的农民提供娱乐和休息，使他们从疲倦中恢复精神活力；二是为农民提供对美好生活的向往；三是为没有受过多少教育的农民提供道德教育、思想教育、政治教育的载体。在中华传统文化中，如“叶公好龙”“对牛弹琴”“农夫和蛇”“夸父追日”“孙悟空七十二变”“进京赶考”等中国人熟知的典故、民间故事，被毛泽东用来解读政治原则、哲学道理、军事策略等，将深邃的道理变得生动有形，增强了感染力和说服力，创造性地继承和发展了马克思主义。

（2）中华优秀传统文化教育与大学生社会责任感教育相互联系、相互促进

一个民族、一个国家的发展都离不开这个国家优秀传统文化的传承。中华优秀传统文化是我们中华民族引以为豪的突出优势，是我们国家最深厚的文化软实力，蕴含着丰富的传统责任伦理思想。传统责任伦理是大学生社会责任体系中重要的组成部分，对大学生社会责任的有效担当起着伦理层面的指导作用。责任伦理不仅是现代社会的理念，还是传统社会关注的对象，在中国从孔孟以来就有责任伦理的传统，重视责任承担是中华民族一项重要的传统美德。传统责任伦理作为传统文化的重要组成部分，在中华文明的历史长河中已经濡化为民族精神基因，潜移默化地影响着人们的思维方式和行为习惯。中华民族的伦理文化源远流长，蕴含着丰富的责任伦理思想。这些责任伦理思想的教育与大学生社会责任感教育紧密联系，主要体现在五方面。①父慈子孝、兄友弟恭的家庭责任伦理思想教育是大学生家庭责任教育的重要方面。②修己安人、仁者

爱人的人际责任伦理思想教育为大学生人际关系提供有益参考，使他们在担当社会责任的实际行动中能有良好的人际关系。③重义济世、敬业乐群的职业责任伦理思想教育有利于大学生走出校园，走进社会，做好本职工作，在自己所从事的工作岗位上做出贡献，较好地承担起职业责任。④清正廉洁、公正无私的行政责任伦理思想教育是新时代党员、干部大学生以及立志从政的大学生社会责任感教育的前期教育。⑤民胞物与、爱惜万物的环境责任伦理思想教育是新时代大学生承担建设美丽中国责任的首要教育。

总之，传统责任伦理是大学生公民责任感培育的重要资源。要把大学生塑造成为具有民族责任感和使命感、爱国的、积极主动的社会主义好公民，可以从传统责任伦理资源中汲取有益的部分，尤其是吸收中国传统价值当中那些经过现代性转化后仍然具有现代引领和指导意义的优秀价值资源。

2. 在中华优秀传统文化教育中融入大学生社会责任感教育

中华优秀传统文化蕴含着丰富的社会责任思想，中华优秀传统文化与大学生社会责任感教育相互联系、相互促进。这就为中华优秀传统文化教育融入大学生社会责任感教育提供了可能。那么，如何在中华优秀传统文化教育中融入大学生社会责任感教育？可以从以下方面入手。

（1）在中华优秀传统文化的教学和实践中融入大学生社会责任感教育

中华优秀传统文化主要存在于高校汉语言文学、国学等相关专业中，也存在于其他各专业课程中。高校应着力打造“文化型”课堂，将中华优秀传统文化全面融入课堂教学。

一是要开展中华优秀传统文化集中式教学。这方面包括汉语言文学、国学等专业的课程教学，邀请在中华优秀传统文化传播及教育教学中做出突出贡献的专家、学者来校开展相关专题讲座。

二是要开展中华优秀传统文化渗透式教学。充分挖掘其他专业课程的中华优秀传统文化资源，发挥各门专业课程在中华优秀传统文化教学及新时代大学生社会责任感教育中的作用。高校各门课程都蕴含着丰富的中华优秀传统文化资源及社会责任感教育资源。如教育学中关于中国古代教育家教育思想的教学，教师就可以挖掘其中教育方面的优秀传统文化及其蕴含的责任思想。如唐代文学家韩愈《师说》中的“师者，所以传道受业解惑也”，意思是：老师，是用来传授道理、交给学业、解释疑难问题的人，这就表明教师应对自己的职业承担一定的责任。管理类课程中关于公司、企业等市场主体社会责任的讨论蕴含着中华优秀传统文华中管理方面的思想，可以成为大学生社会责任感教育的素材。在工科类课程中，可以借用“庖丁解牛”“木匠鲁班”等古代具有工匠精神的例子来开展大学生职业责任教育。在中华优秀传统文化实践方面，可以利用中秋节、清明节等中华传统节日开展纪念活动，组织志愿者活动，开展中华优秀传统文化传播实践活动，使大学生在传播中华优秀传统文化的实践中明确责任目标。同时开展传播中华优秀传统文化的技能培训，避免传播实践的盲目性和随意性，从而提高大学生的社会责任意识及其践行能力。另外，通过中华优秀传统文化传播实践，大学生对自身应该承担的社会责任有了更加直观的认识，能获得直接经验，从而进一步明确自己的角色，并在角色承担中体验社会责任，为向社会责任行为转化提供条件。

（2）建设带有中华优秀传统文化气息的校园环境，发挥环境育人功效

要发挥校园环境对大学生社会责任感教育的作用需要两步。

一是建设带有中华优秀传统文化气息的校园环境。良好的校园环境是开展大学社会责任感教育的基础。首先，“高校应更多地在校园文化空间的营造上融入中华优秀传统文化元素”，让大学生从内心深处对中华优秀传统文化产生认同感，从而受到良好的社会责任感教育。其次，充分利用高校社团、高校广播电台、宣传栏、校报、文化艺术节、各类比赛评比、微博、微信等载体，加大对中华优秀传统文化的宣传，形成良好的舆论导向。最后，深挖中华传统节日中的德育因素，为弘扬中华优秀传统文化提供素材。

二是实现带有中华优秀传统文化气息的校园环境向带有责任气息的校园环境的转化。高校给人以不同的感觉主要在于校园环境中所自带气息的差异。校园环境气息可以分为开放型气息、封闭型气息、自主型气息、控制型气息、亲密型气息等。校园环境气息越来越多地纳入高校的评估管理中。比如高校要提高中华优秀传统文化的教育成效，培养和提高大学生的中华优秀传统文化素养，可以开展高校带有中华优秀传统文化气息的校园环境的评估工作，通过评估来把握高校在提高大学生中华优秀传统文化综合素质等方面的实施情况，继而制定相应的教育改革方案。为实现带有中华优秀传统文化气息的校园环境向带有责任气息的校园环境的转化，在具体实施过程中，首先，可以创建由中华优秀传统文化与社会责任文化融合而成的校园环境文化共同体，开设中华优秀传统道德责任及现代社会责任相关论坛。其次，发挥教师示范带头作用。环境影响人，人也影响环境。教师和学生的言行是校园环境的一个重要因素。按照社会学习理论的观点，教师的榜样示范作用对学生发展有着潜移默化的影响。教师的治学态度、教学态度及总的世界观、人生观、价值观本身就起着新时代大学生社会责任感教育的作用。一位治学严谨、教学认真、活到老学到老的教师，会让

学生体悟到这位教师身上的职业责任。教师对教育教学之外社会事务参与的热情，也会让学生领会到个体的相关社会责任。最后，在学校管理上，可以通过拓宽大学生参与管理的渠道来给大学生社会责任感教育提供机会。

### （四）充分发挥思想政治教育的主导作用

思想政治教育是培养大学生形成正确价值观念的主要途径，具有重要的导向作用。高校要充分发挥思想政治教育的教育作用，注重教师队伍师德建设，不断提高思想政治教育的实效性。

#### 1. 深化大学生素质教育

根据《普通高校思想政治理论课建设体系创新计划》文件精神，要求高校提升大学生的综合素质，深化大学生的素质教育，提高大学生的思想道德水平，实现大学生的全面发展与进步。高校思想政治课教学不仅要重视专业知识的教学，更要注重大学生的素质教育，最大限度地发掘大学生的各项潜能，不断实现大学生的个性发展。《国家中长期教育改革和发展规划纲要（2010—2020年）》文件中指出：素质教育是以人为本的教育模式，是实现我国科教兴国战略的基本要求，全国各级各所学校都应将素质教育作为长期指导思想来开展。高校教育的根本任务是为社会发展培养人才，因此，高校应将实现大学生的全面发展作为主流的教育思想，优化大学生的教育方式，完善大学生的知识结构，在德育过程中注重对大学生的政治素养和历史使命感的培养，教育大学生建立起崇高的信念目标，引导大学生逐步形成正确的价值观念。

此外，高校教育要提升当代大学生的动手能力，为大学生提供更多的实践机会，在实践中提高大学生适应社会的能力，学会为人处世，提高大学生的职业道德水平，从而增强大学生的社会责任感，增强大学生为社会生活服务的能力，养成对他人、对工作、对社会负责任的意识。高校人才培养目标的实现，必须以素质教育为基础，提高大学生的人文道德素质水平，不断将当代大学生培养成为具有高超的专业水平、远大的社会主义理想、健康的体魄与心理的优秀人才，使得当代大学生成为具有深厚社会责任情感的一代青年。

#### 2. 重视思想政治课的教育作用

《中共中央宣传部教育部关于进一步加强和改进高等学校思想政治理论课的意见》（以下简称《意见》）中指出，全国各所院校应深刻掌握《意见》要求，加强对马克思主义和思想政治教育的教学，有效提升学生的学习积极性。良好的教育不仅应体现在教育出学习成绩好的学生，更应该体现在提高学生的思想素质上。高校应该重视思想政治教育这一领域，在学生学习的过程中，关注他们的思想动态，提高高校思想政治教育的实效性。当代大学生在高校主要是通过“两课”的学习来培养自己的价值情感的，但由于课程本身内容的枯燥，常受到大学生的“冷落”，学习也只是为了应付考试，没能引起大学生足够的重视，使得思想政治教育的效果并不理想。

因此，在进行思想政治课教学的过程中，教师应认真对待每一次的教学活动，加强学习课时的安排，对大学生的学习成果进行监督，逐渐使大学生重视起对自身社会责任感的培养。教师在教学中应积极引进学生感兴趣的教学素材，进行以贴近学生实际生活为目标的课堂教学，既有利于改变思想政治理论学习内容的空泛与枯燥，也有利于提高学生学习的效率，增强社会责任感教育的实效性。

另外，在思想政治课的教学过程中，应突出社会责任感的教育内容。社会责任感是大学生应具备的基本道德情感，加强对当代大学生的社会责任感教育，是提高大学生自身综合素质的必然要求。高校思想政治教育工作者应该重视对当代大学生进行社会责任感的培养教育工作，在教学活动中突出社会责任感教育这一内容，从而为社会发展培养出综合素质高的青年人才。

### （五）丰富大学生社会责任感教育内容

社会责任感教育是高校思想政治教育中的重要组成部分，在平时的教学工作中，教师应不断丰富和完善当代大学生社会责任感的教育内容，坚持以中国特色社会主义核心价值体系为理论导向，重视社会责任感教育，加强公民意识教育，深化大学生的社会责任情感。

1. 注重公民意识培养

中共十七大报告曾明确提出，“加强公民意识教育，树立社会主义民主法治、自由平等、公平正义理念”，要求全社会重视加强公民教育，通过培养，使每个个体认识到自己所享有的权利和应履行的义务，主动承担责任，积极参与到社会建设中去，树立公民意识，为建设既美好又公正的社会而努力。公民教育体现出了中国教育发展的新方向，高校教育应将公民意识培养落实到具体的教学工作中，具体包括对大学生的主体意识、权利义务意识、法制意识、国民意识的培养教育，培养大学生成为合格的现代公民，增强大学生的国家观念和社会归属感。

第一，应结合学校、地方的实际情况，因地制宜地设计公民意识教育计划。虽然我国现有的很多德育课程中存在着公民教育内容，但是许多公民教育的内容结构不是很合理，以公民教育为主题的教育内容不突出，使得学生对公民意识的理解和认识存在偏差。因此，高校可以根据实际情况，研究相应的校本课程，突出大学生公民意识教育，优化公民教育的课程结构，重构德育课程的内容体系。

第二,充分发挥与公民教育有关的其他课程的教育作用。无论是历史、地理、语文等人文社会科学课程，还是数学、物理、化学等理科课程，都可以作为公民教育的有利素材，教师要善于发现这些课程中对公民意识以及公民行动形成有利的内容，使得公民教育跨学科进行。

第三，开展公民意识的课外培养活动。公民教育的成功进行最终要落实在公民行动的完成上，高校要组织大学生参加社会服务活动，在实践中，要充分尊重大学生的主体地位和自主性，不断提高大学生的社会实践能力。

2. 全方位渗透爱国主义教育

爱国主义是社会责任感的进一步情感升华，是社会责任感的核心体现。我国处于社会主义发展的关键时期，每个公民尤其是大学生要明确自己对国家、对社会的职责所在，心怀国家前途与命运，提高自身对中华民族的自信心与自豪感，将个人的命运与社会和国家的发展紧密联系在一起。自党的十八大以来，党和国家将弘扬爱国主义精神、增强爱国主义教育作为重大战略部署，习近平总书记对宣传爱国主义精神发表了许多重要讲话，提出从青年抓起，在学校中积极进行爱国主义教育，培育以爱国主义为核心的民族精神和以改革创新为核心的时代精神，逐步实现中华民族伟大复兴的中国梦。爱国主义教育是高校思想政治教育的重要组成部分，根据《中共教育部党组关于教育系统深入开展爱国主义教育的实施意见》文件要求，各级学校尤其是高校要注重将爱国主义教育贯穿到教育的全部过程中去，通过班会、座谈会、专题讲座等教育形式，对大学生进行爱国主义宣传教育，培养大学生的爱国热情和民族精神。每个教师都要注重对大学生爱国主义情感的培养，把爱国教育与专业教学融合在一起，全方位地对大学生渗透爱国情感，不断丰富爱国主义体系的内容。对大学生开展社会主义核心价值体系教育，使得爱国主义、爱社会主义的观念牢固存于大学生的脑海之中。根据学校情况，可在每周一或者重大节日组织大学生举行升国旗仪式，带领大学生到爱国主义教育基地学习观看，学习爱国英雄的模范历史事迹，让大学生受到热爱国家的熏陶。

另外，要重视对中华民族传统文化和传统美德的继承和发扬，不断挖掘中国传统文化的现代价值，从传统文化中提取出对现今社会有利的因素，推进优秀文化的创新。中国传统美德的核心具体体现在为他人、民族、国家奉献的精神方面，学校教育可把对传统文化的学习作为切入点，吸收优秀文化的精髓，使大学生形成社会责任心以及为人民服务的能力，从身边的点滴做起，从继承中华民族的传统美德做起，逐渐成为有社会责任感的新青年。

3. 教育大学生形成正确的价值观念

对大学生进行社会责任感教育从根本上看是培养大学生形成正确的价值观、人生观和世界观，在实际教学过程中，教师应教育大学生形成正确的价值观念，用马克思主义理论武装大学生的头脑，用正确的眼光认识社会，教育大学生形成崇高的理想信念，找到自身的社会角色定位，承担相应的社会职责。

（1）加强集体观念的培养教育

个人与集体相互依存、共同发展，大学生应该牢固树立集体主义精神和团队精神，正确对待个人利益与集体利益的辩证关系，杜绝重个人利益轻集体利益思想的产生，在集体生活中积极承担责任，形成对集体负责的意识。

（2）深化社会主义共同理想教育

理想和责任密切相关，理想是责任感形成的动力，教师应教育大学生树立远大的共产主义理想信念，将自身理想的实现与国家发展结合在一起。个人价值是通过对社会做贡献的大小来体现的，大学生要正确看待付出与回报的关系，通过自己的努力，为社会发展做出贡献。

（3）弘扬社会主义荣辱观

教育大学生在日常生活中，分清荣辱，规范自身的行为，提高自身的道德素质。通过对大学生价值观念的培养，可以深化大学生的社会责任情感。社会责任情感是动力源泉，在内心强烈情感的驱动下，促使自身责任行为的产生。

## （六）创新大学生社会责任感教育方式

培养当代大学生社会责任感可以从教育模式上创新，在教学过程中提高大学生的主导地位，引导大学生积极参与课堂学习，并且提供更多的平台让大学生参与社会实践，深化大学生的社会责任意识。

1. 改善课堂授课模式

增强大学生的社会责任意识，课堂教学是主要渠道，学校和教师要充分发挥课堂教学的教育平台作用，优化并改善传统的单向教育模式，发挥大学生自身的主观能动性，提高社会责任感教育的实效性。在实际的教学过程中，教师多是将德育内容直接传授给大学生，忽视了大学生的主导地位，不能使大学生真正从内心意识到社会责任感的重要性。因此，高校要注重对传统教育模式的创新改革，改变以往强硬向大学生传输知识的模式，在课堂教育中提高大学生自身的主导地位，让他们主动参与教学活动，采取灵活多样的教育方式激发大学生的学习热情。

第一，在社会责任感教育的过程中，将社会生活中的热点案例引进课堂，组织大学生学习，鼓励大学生讨论和思索，活跃课堂氛围，改正大学生对社会现象的错误认识，使大学生认识到自身社会责任感与社会进步的紧密联系，调动大学生的学习热情。学校和教师要认真学习党和国家制定的各项方针政策，掌握国务院和教育部颁布的文件精神，将社会热点、国内外局势与教学内容有效结合。在教学过程中，可以设置社会责任感模块化教学，引导大学生学习党和国家的各项政策和重大会议精神，学习社会上的优秀模范事迹，教学内容可结合社会实际问题和国家时事政策展开，以大学生感兴趣的社会热点为切入点，设置具体的情景吸引他们分析讨论，这样有利于增强他们学习的主体性和积极性。在大学生参与教学的过程中，做到认真思考，从而真正认识到社会责任感对自身素质提升的重要性，养成关注国家、关注社会发展的自觉意识。在教学中不断深化大学生对社会的情感认知，不断指导大学生形成主动承担社会责任的意识。教师不仅要注重自身对国内外大事的了解，与时俱进，更应在教学活动中找到切入点，站在大学生的角度，设计出科学的教学计划，让大学生参与到教学活动中去。

第二，可以通过设置小组评比的方式鼓励大学生自觉养成为社会奉献的情感。将班级学生分成若干个小组，每个小组可以自主制订学习计划，搜集社会上的责任模范事迹，利用周末的时间共同到社会上参加公益活动，增强为社会服务的本领。这种小组合作学习方式的开展既可以促进每个小组成员自身责任情感和行为的形成，也能加强每个小组成员对其他成员以及集体的责任感，时刻督促自己将任务完成到最好，以便在各小组评比中获得好成绩。

2. 拓宽社会责任实践平台

实践出真知，对大学生进行社会责任感教育，不仅要让大学生从情感上对社会责任感获得深刻认同，而且还要拓宽履行社会责任的实践平台，开展丰富的社会实践活动使大学生把责任认知落实到具体的行动中去，促进责任情感得到进一步提升。据调查，现在许多大学生对社会责任感还停留在认识的初级阶段，知道要去帮助社会上需要帮助的人，却很少去实施，明白要勇于同违法现象做斗争，却由于害怕或自己能力有限选择置之不问，这些现象说明当代大学生缺乏社会责任行为，缺乏社会实践能力，知与行达不到统一。

一个人社会责任感的形成不是“闭门造车”就能形成的，应该通过实践来提高为社会服务的能力，在实际中感受社会生活的复杂性与多样性。《中共中央国务院关于进一步加强和改进大学生思想政治教育的意见》文件提到，全国各高校要重视对大学生社会实践活动的组织与开展，促进大学生社会实践体制的建立，掌握大学生的思想特点，创新实践模式，提供各种实践平台，鼓励并支持大学生走出学校，了解社会、服务社会。结合学校实际情况，可以从以下几方面开展大学生社会实践工作。

第一，积极利用社团、团日活动组织大学生参加社会实践，让大学生认识到社会实践的好处，并且愿意去参加社团志愿活动，参与社会服务工作。深刻把握习近平总书记提出的“三严三实”的精神，通过学校的各个支部、社团、班级等平台开展大量的社会公益活动，以吸引大学生报名参加。学校管理者应多鼓励社团的建设并支持其发展，保证社团活动的经费支出，以“四进四信”思想为指导，在课余时间，广泛开展团日、团课活动，让大学生到社会上参加公益活动，如“三下乡”活动、“四进社区”活动、到敬老院照顾孤寡老人、保护环境卫生等公益活动，让大学生亲身帮助社会上需要关心的人，使得社会责任感意识真正落实在自己的行动中。

第二，将社会责任感理论与实践教育作为“必修课”纳入教学计划，设置单独的学分作为期末考核。据新闻报道，安徽省高校已经把大学生社会实践和志愿服务活动作为独立学分设置，规定大学生平均每星期进行不低于 1 小时的社会责任服务，并且把参与服务活动的时间、表现等作为毕业考核内容。这一措施的改进，有利于督促大学生社会责任行为的落实，通过学校统一组织或者大学生自主安排，在做公益的过程中获得学分，可以调动大学生的服务积极性，培养他们的实践能力。

第三，完善对大学生毕业实习的安排管理，提升大学生的职业素养及就业能力。各院校应该统一安排大学生尤其是毕业生的实习工作，具有充足的实习经费和岗位，与社会上的相关单位开展合作，安排大学生参加实际工作。通过实习，大学生能将所学的课本知识加以应用，在工作中树立为本职工作负责任的意识，养成良好的职业道德和素养，为毕业后就业打下实践基础，以便更快更好地适应新的工作。

### （七）营造浓厚的责任感教育氛围

环境影响和改造着人，良好的环境有利于大学生的健康成长。对当代大学生进行社会责任感培养教育，要营造良好的客观环境和氛围，重视校园文化建设，广泛宣扬道德模范事迹，开展感恩教育活动，从而让大学生受到熏陶，不断增强大学生的社会责任情感。

1. 加强校园文化建设

加强校园文化建设，在校园中渲染浓厚的社会责任感教育氛围，有利于大学生从思想上认识到社会责任感的重要性，对培养大学生具备高度的社会责任情感有一定的促进作用。大学生的成长与校园的各项设施以及各方面管理有着密切的关系，要建立良好的校园环境，渲染浓厚的责任感气氛，加强以弘扬社会责任感为主旋律的校园流行文化建设，使得大学生受到感染与熏陶，有助于他们社会责任感的塑造与形成。

第一，利用校园媒介平台，深化大学生对社会责任感的认知。一方面，可以通过校园网站、校园广播、校园报纸等各种媒介平台对社会责任感进行大力宣扬，让大学生争做模范。通过校园网络对大学生进行思想政治教育，创新思想政治教育新方式。例如：通过建立微博、微信校园公众号、校园贴吧等平台对社会责任模范、身边的好人好事进行记录；在校园网站上设立“爱心传递”的专题栏目，让大学生了解需要献爱心的事情，并组织举行相应的帮助活动；在校园宣传栏设立专门的责任感教育专栏版面，定时更换新的事迹，在校园中传递社会上的正能量，强调履行责任行为的重要性。另一方面，还可以通过开办主题讲座、座谈会的方式来培养大学生的社会责任意识，以生活中的真实例子为素材，教导大学生向榜样学习，使大学生形成奉献社会的精神。

第二，加强对校园网络的监管。高校要加强对校园网络的监管，对于网络上出现的不正当言论，要及时加以监控，并正确引导大学生形成正确的价值观，净化校园网络环境，营造积极的社会责任氛围。

第三，在校园中开展“践行社会责任优秀集体和个人”等的评选活动。通过开展评比活动，可以调动大学生履行社会责任的积极性，时刻督促自己完成应尽的社会义务，使大学生课余时间到社会上参加社会公益活动，从而不断培养大学生的社会责任意识。

2. 弘扬道德模范先进事迹

榜样典范的力量是无限的，对人们的影响和教育具有直观而又深刻的作用。在对大学生的社会责任感培养的过程中，要正确利用榜样典范的事迹，无论是历史上的伟人还是如今社会上涌现的好人好事，都可以作为榜样素材引导大学生学习模仿，促进大学生责任情感的形成。

第一，教师应该不时地向大学生宣传学校里出现的好人好事以及社会上具有正能量的人和事，给大学生树立道德模范，将社会责任感教育具体化，让大学生学习优秀道德模范的崇高的思想和不平凡的作为。从古至今，我国社会涌现出了很多具有爱国热情、有责任担当的名人事迹。例如：南宋时期的爱国诗人文天祥，宋元战争爆发，成为俘虏却宁死不屈，留下“人生自古谁无死？留取丹心照汗青”的千古诗句；清末民族英雄林则徐，是中华民族抵御外侮的历史功臣，在西方列强的肆意侵略下，竭力维护祖国利益；抗日英雄杨靖宇，率领部队与日军交战数百次，最后在孤身一人与日寇斡旋中壮烈牺牲；著名核物理学家邓稼先，在美国获得博士学位后毅然回到祖国，到最危险的第一线工作，为我国建立科技强国贡献出了自己的毕生力量；等等。这些事例都是值得赞美的典范。新中国成立以来，社会上的各行各业都有大量的责任模范事迹出现，他们为我国各项事业的建设贡献了自己的力量，很多大学生也具备强烈的责任情感，出现了很多感人事迹。

例如长江大学 15 名大学生奋不顾身，组成“人梯”，跳入水中挽救了两条生命，在危急时刻，他们不言代价与回报，主动承担起责任，是新时期的社会英雄；在就业选择上，一些大学毕业生能主动申请到基层工作，没有一丝怨言去做扎根山区的村干部。张广秀作为大学生村官的典范，她不畏条件艰苦，把自己的全部身心都融入山村建设中，关心村民生活，踏实为村民解决困难，即使在自己患重病期间，仍心系工作，鼓励自己不要被困难所击倒，积极治疗，今后还要回到自己的岗位继续奉献，实现自身的理想。青年大学生要从优秀事迹中汲取正能量，学习他们不平凡的作为，鞭策自己也能成为一个有价值的青年。

第二，教师应该引导大学生定期总结自身社会责任感的践行情况。将社会上出现的道德楷模作为自己努力的目标，学习他们为国家、为社会、为人民所做出的贡献，塑造自己正确的道德是非观念，在学习和对比中发现自身的不足，及时总结自己的成败，反省自己责任情感和行为的欠缺之处，并采取行动积极加以改正，使得自己也成为对社会有用的人。

3. 引入感恩教育加深责任情感

感恩是中华民族的传统美德，感恩心与责任感紧密相连，具备责任感的人肯定会具备强烈的感恩意识。当代大学生大多是在父母长辈的过分疼爱的环境中成长的，一切事情由家长包办，依赖性强、独立性差，只懂得享受而不主动付出，缺乏对父母、对集体、对社会的感恩意识和回报行为，对他人的责任感不强。因此，高校思想政治教育要以贴近大学生的具体生活为原则，开展感恩教育活动，重视对大学生感恩意识的培育，使其明白在得到别人关怀、恩惠的时候，要心存感恩，并化为实际行动，回报他人。

学校可在特定节日开展以感恩为主题的活动，例如在母亲节、感恩节等节日，以专题讲座、张贴海报或者组织学生看与感恩有关的电影节目的形式，引入感恩意识教育，增强大学生的责任情感。

首先，要教导大学生树立尊敬父母、关心父母及家人的意识，要真正明白并体谅父母的辛苦，养成给家里常打电话、关心家人生活的习惯。当前，一些大学生不懂得疼爱自己的父母，为了自己的虚荣心对父母无限索取，对待学习也不认真，随意浪费生活费，这些现象让人感到痛心。所以，对当代大学生进行感恩教育尤为重要，通过感恩教育，让大学生明白享受与义务的平等，在家主动承担一些家务活，与家人共同承担家庭责任，时刻以感恩的心对待他人，继承中华民族孝文化的传统美德，从家庭小事做起，逐步养成对社会负责的意识与能力。

其次，大学生要尊敬师长，与同学、朋友和睦相处，搞好宿舍关系。“师者，所以传道授业解惑者也”，我们的成长、成才都离不开教师的耐心帮助，教师给予我们的教育之恩仅次于父母的养育之恩，因此，在学校中要铭记教师的教育之恩，尊敬学校的各科教师和前辈，用优秀的成绩回报教师。朋友和同学是人生最大的财富，在我们遇到困难时，会给予帮助和力量，鼓励我们度过坎坷，共同分担苦难。在与朋友交往时，要以真挚的态度对待，与朋友同甘共苦，尤其是大学生要处理好同宿舍其他舍友之间的关系。由于大学生来自不同的省份，有不同的生活习惯，难免会碰到摩擦，所以，在日常的寝室生活中，要做到互相照顾，包容他人的缺点，主动关爱舍友，营造和睦相处的宿舍环境。

此外，大学生还必须树立起感恩陌生人、感恩社会、感恩大自然的意识，我们都生活在由许多个体组成的社会大环境中，享受着大自然提供的各种宝贵资源，以及社会进步给我们的生活带来的便捷，还有许多陌生人为社会生活带来了很多帮助，因此，大学生要爱护自然资源，珍惜社会发展成果，感谢他人的帮助，增强社会责任感，服务社会，为社会主义现代化的建设事业贡献力量。

### （八）注重大学生的自我教育

高校思想政治教育对当代大学生社会责任感的形成起着至关重要的作用，但是要达到大学生真正、自觉认识社会责任感重要性的目的，还要培养大学生具备自我教育的能力，重视大学生的主体地位，将社会责任感真正内化于心中。

1. 客观认识和评价自己

要想成为一个对社会有贡献的人，首先要对自己有深刻的了解，客观总结自己的优点和缺点，不断提高自身素质。

第一，要注重对专业知识的学习，努力学习科学文化知识，提高知识技能，只有具备丰富文化知识的人才能正确分辨善恶是非，以理性角度对待人生，自觉承担起自己的责任。社会上一些不负责行为的出现，大多是他们知识水平不高。

第二，向优秀榜样学习，在对比中发现自身的不足。将社会上出现的道德楷模作为自己学习的目标，学习他们为国家、为社会、为人民所做出的贡献，通过对模范榜样的学习模仿，可以发现自身的不足，积极改正，使得自己也成为道德高尚的人。

第三，要制定符合自己未来和切合实际的规划。对自己有深刻全面的了解，客观总结自己的优点和缺点，扬长避短，制定出短期目标和长期目标，这对大学生尤为重要。大学生应该严格要求自己，充分利用自己的时间，提高自身的综合素质，增强社会责任感，以便在毕业找工作时获得更多的优势和选择。

2. 正确看待个人与社会的辩证关系

大学生要正确认识自身与社会之间的关系，明白自己所肩负的各项社会责任，将集体利益放在首位，把自身融入社会这个大集体中，要处理好自身理想与国家进步的辩证关系，树立正确的世界观、人生观、价值观，以马克思主义的立场、观点和方法正确分析社会的各种现象。一个人的价值归根到底体现为对社会和国家所做的贡献有多少，大学生应该督促自己从身边的小事做起，努力纠正社会上的不良风气，用自己的正能量感染身边更多的人，不断营造出一个人人负责的和谐环境，践行社会主义核心价值观。时刻教育自己要正确对待自身努力与社会发展之间的辩证关系，正确看待个人利益与集体利益之间的密切联系，这不仅有利于大学生个人人格的完善，逐步树立建设中国特色社会主义的共同理想和艰苦奋斗的必胜信念，还能帮助大学生在面对社会生活中所发生的一些事件时，能够以清晰的思维和意识去分析，有条不紊地采取措施解决，不断提升自身能力，从而成为对社会有用的人才。

# 参考文献

[1] 丁文敏．大学生责任教育概论 [M]．济南：山东人民出版社，2012．

[2] 程玉梅．高职院校文化建设与学生社会责任感养成研究 [M]．合肥：安徽教育出版社，2014．

[3] 张瑞．大学生责任教育新编 [M]．济南：山东人民出版社，2014．

[4] 魏进平，魏娜，张剑军．全国大学生社会责任感调查报告 [M]．北京：中国书籍出版社，2015．

[5] 杜敏．以敢于责任担当精神创新大学生思想政治教育工作 [M]．北京：中国文史出版社，2015．

[6] 魏娜．90 后大学生社会责任感调查报告 [M]．北京：知识产权出版社，2015．

[7] 曾淑煌．教育责任与责任教育 [M]．厦门：厦门大学出版社，2016．

[8] 陶培之．当代中国大学社会责任研究 [M]．苏州：苏州大学出版社，2020．

[9] 贾晋华，曾振宇．社会责任与个体价值：儒学伦理学的现代启示 [M]．济南：齐鲁书社，2019．

[10] 刘玉新，钟戌显．互联网视域下大学生社会责任感培养 [J]．新闻研究导刊，2020（5）：222-223．

[11] 任云丽，王壮壮．大学生社会责任感培养的对策及意义 [J]．现代交际，2020（7）：22-23．

[12] 张玉萍．高校在大学生社会责任感培养中的价值及路径研究 [J]．佳木斯教育学院学报，2020（1）：14-15．

[13] 刘波，陈淑．基于互联网思维的大学生社会责任感培养探析 [J]．盐城工学院学报（社会科学版），2019（4）：107-110．

[14] 苏勉萍．基于新媒体探析家庭教育对培养当代大学生社会责任感的影响 [J]．传播力研究，2019（33）：255．

[15] 袁博．新时代大学生社会责任感培育机制探究 [J]．现代企业，2019（11）：118-119.

[16] 刘鹏程，张达盼，刘玉卓，等．新时代大学生社会责任感培育研究 [J]．吉林省教育学院学报，2019（11）：11-14.

[17] 雷荣珍，王永明．当代大学生社会责任感培育研究 [J]．才智，2019（27）：94.

[18] 王程．实践育人视阈下大学生社会责任感培育体系构建 [J]．商洛学院学报，2019（5）：86-91.

[19] 唐燕飞．新时代背景下大学生社会责任感教育路径研究 [J]．科技风，2019（19）：37.

[20] 慕春梅．新时代高校对大学生社会责任感培育现状及策略探析 [J]．现代商贸工业，2018（35）：103-105.